博观丛书

反思与重构

——高等教育制度的创新与实践

贺鹏丽——著

Higher Education

Reflection and Reconstruction: Innovation and Practice of Higher Education System

经济管理出版社
ECONOMY & MANAGEMENT PUBLISHING HOUSE

图书在版编目（CIP）数据

反思与重构：高等教育制度的创新与实践 / 贺鹏丽著．—北京：经济管理出版，2020.8
ISBN 978－7－5096－7276－1

Ⅰ．①反…　Ⅱ．①贺…　Ⅲ．①高等教育—教育制度—研究—中国　Ⅳ．① G649.22

中国版本图书馆 CIP 数据核字（2020）第 133560 号

组稿编辑：高　娅
责任编辑：高　娅
责任印制：黄章平
责任校对：陈　颖

出版发行：经济管理出版社
（北京市海淀区北蜂窝 8 号中雅大厦 A 座 11 层 100038）
网　　址：www.E-mp.com.cn
电　　话：（010）51915602
印　　刷：北京玺诚印务有限公司
经　　销：新华书店
开　　本：710 mm × 1000 mm/16
印　　张：15. 25
字　　数：220 千字
版　　次：2020 年 8 月第 1 版　2020 年 8 月第 1 次印刷
书　　号：ISBN 978-7-5096-7276-1
定　　价：68 .00 元

联系地址：北京阜外月坛北小街 2 号
电话：（010）68022974　邮编：100836

前言

教育制度是一个国家各级各类教育机构与组织的体系及其运行规则的总和。教育制度包括两个方面，即教育机构和教育组织，以及教育机构和教育组织赖以存在和运行的一整套规则。高等教育制度是教育制度的一部分，也是高等教育发展的保障。我国自改革开放以来，得益于高等教育制度创新，实现了高等教育的跨越式发展，取得了举世瞩目的成就。当前，我国高等教育正处于改革的关键时期，在知识经济和全球经济一体化的大背景下，我国高等教育制度的创新与实践研究显得尤为必要。

本书主要内容包括：第一章从现代高等教育制度的演变谈起，通过对现代高等教育制度演变的阐述，对现代高等教育制度进行了整体介绍。在明确了高等教育制度的发展后，从现代高等教育内核体系入手，对现代高等教育的学术独立精神、学术自治制度以及自组织体系进行了说明与论述，对现代高等教育的本质进行了分析。同时，对于影响现代高等教育的根本因素进行了分析与阐述，为后文中对我国现代高等教育制度的反思与重构奠定了基础。第二章从世界高等教育制度发展入手，对英国、德国、法国、美国、日本、印度、新加坡等欧洲、美洲和亚洲国家的高等教育制度发展与变迁进行了分析，并通过对各国高等教育制度发展特点的揭示，为中国高等教育制度发展与改革提供借鉴经验。第三章从中国现代高等教育制度的起源与发展、中国现代高等教育制度的发展特征，以及中国现代高等教育的探索与改革三个方面，对中国现代高等教育制度进行了全面分析，为中国现代高等教育制度的反思和重构奠定了基础。第四章从中国高等教育制度创新的经济背景与趋势背景两方面对中国高等教育制度创新的历史背景进行了分析，在明确了中国高等教育制度创新的大背景后，对当前中国高等教育制度已经取得的成果以及存在的不足进行了详细分析，对中国高等教育制度进行反思。第五章从中国高等教育制度创新的内涵入手，分析了中国高等教育制度创新的基本条件与影响因素。第六章从中国高等教育法律法规制度与中国高等教育质量管理制度两方面对中国高等教育外部制度的创新与实践进行了分析。第七章从中国高等教育人才选拔制度、中国高等教育教学管理制度和中国高等教育开放制度三个方面对中国高等教育内部制度创新与实践进行了分析。

本书是一本研究现代高等教育的著作。本书语言平实、质朴，观点清晰明了，注重理论与实践相结合。本书适用于高校教师以及对高等教育改革有兴趣的读者。由于笔力有限，书中观点或有遗漏，有贻笑大方之处，欢迎广大读者斧正。

目　录

第一章 现代高等教育制度概述

高等教育是一种特殊的人类文化现象，现代高等教育的产生和发展经历了漫长的历史过程。高等教育最早可以追溯到11世纪时期。在长达数百年的演进过程中，经过不断变迁演进，逐步形成了现代高等教育制度。

第一节 高等教育制度的定义及内核体系

现代高等教育制度是伴随着高等学校的产生和发展而建立起来的，而要弄清现代高等教育的内涵必须先从教育制度与高等教育制度入手。

一、高等教育制度的定义

所谓“制度”一词包含两个方面的内涵，一是机构或组织的系统，二是机构或组织系统运行的规则。①

教育制度是制度的亚层次概念，是一个国家各级各类教育机构与组织的体系及其运行规则的总和。从整体上来看，教育制度包括

---

① 曾羽．中国高等教育制度变迁及创新研究[M]．上海：复旦大学出版社，2015.

两个方面，一方面即各级各类教育机构与组织，另一方面则为教育机构与组织赖以生存与运行的一整套规则。[①]

高等教育是在完成中等教育的基础上进行的专业教育和职业教育，是培养高级专门人才和职业人员的主要社会活动。关于高等教育制度的概念，当前，国内外学者从不同角度，对其进行了多样化的阐述。主要观点如下：许庆豫和葛学敏在其主编的《国别高等教育制度研究》中指出，从现实及实践的角度出发，指出："高等教育制度是指国家的高等教育方针、高等教育运行规则、高等教育实施机构以及其间的关系。"而在王焕勋主编的《实用教育大词典》中指出：高等教育是"一国教育制度的组成部分之一，属于教育制度的最高层次。指一国各级各类高等学校和高等教育机构的系统。它规定各级各类高等学校和高等教育机构的性质、任务、入学条件、学习年限以及它们之间的关系。"而别敦荣在《我所理解的我国现代大学制度》中指出："高等教育制度是指高等学校这种组织在运行过程中所形成的对内和对外的制度总称，既包括外部制度，也包括内部制度，是外部制度和内部制度的有机统一。一方面表现为内部制度在外部制度的背景下发挥作用，在一定条件下，内部制度的设计和建设受到外部制度的制约；另一方面，外部制度通过内部制度发挥其影响。"[②]曾羽在其著作《中国高等教育制度变迁》中从高等教育人才培养、科学研究、社会服务三个角度来看，将高等教育制度的概念从宏观和微观两方面进行阐释：从宏观上来看，高等教育制度是指一个国家或地区的高等教育制度体系，主要是指学校与外部的关系，包括政府宏观管理、市场适度调节、社会广泛参与、学校依法自主办学等诸多方面；从微观上看，高等教育是指一所院校内部操作与运行的制度与机制，包括入学标准、招生与就业、课程设置、学位要求、考试制度、教师聘任、管理体系与财务管理等。[③]

高等教育制度并不是一成不变的，而是随着现代社会的发展而不断变迁的。关于现代高等教育制度的定义，国内外学者鲜少进行

---

① 顾基平．高等教育法规概论 [M]．长沙：湖南师范大学出版社，2015.
② 姚加惠．高等教育学制比较研究 [M]．厦门：厦门大学出版社，2014.
③ 曾羽．中国高等教育制度变迁及创新研究 [M]．上海：复旦大学出版社，2015.

论述，我国学者田联进和冒荣在所著的《中国现代高等教育制度反思与重构——基于权力关系的视角》中，从三个角度对现代高等教育制度的定义进行了分析和阐释。首先，从象牙塔角度看高等教育制度，高等教育制度实质上是学术自由、大学自治、教学与科研相结合的制度。其次，从西方象牙塔外的社会视角看高等教育，现代高等教育制度是指为多元、异质、矛盾性大学而创作的制度。最后，从社会中心的实用性角度来看，现代高等教育制度是以知识经济为背景，是适应知识经济时代，由“社会边缘走向社会中心”的教育制度。①

二、现代高等教育制度的内核体系

现代高等教育的内核体系包括独立的批判精神、学术自治以及自组织机制三个方面。其中，独立的批判精神为现代高等教育的本质特征，学术自治制度为现代高等教育的根本制度，自组织机制则是现代高等教育实现前两者的基础和前提。

首先，独立的批判精神。大学作为高等教育的外在形式之一，是世界上存在时间最长的组织形式之一，其存在时长超过了世界上任何一种形式的政府和法律。而在漫长的历史长河中，大学独立的批判精神作为大学独有的一种特质，始终没有发生改变，并逐渐发展成为现代高等教育中大学的本质特征。这一本质特征也是以大学学术自由、学术自治为核心的根本制度。大学的独立批判精神是大学追求真理的价值理念的外在表现。早在中世纪时期，大学就秉承独立的批判精神而在当时享有独一无二的地位，被誉为“灵魂殿堂之中一盏光芒四射的明灯”。德国洪堡在对传统的德国大学进行改革时，将独立的批判精神引入德国新大学。独立的批判精神之所以成为大学的本质特征是因为大学的内在要求。无论是历史上哪一个时期，无论国家属于哪种政治体制，经济发展是先进还是落后，都需要大学进行知识的传承和传递，并对现有的知识进行分析和批判，

① 田联进，冒荣．中国现代高等教育制度反思与重构——基于权力关系的视角[J]．高等教育研究，2014,35(5):54.

同时对未知的学问进行深入的探索。而大学的批判精神则是学者在知识传承和传递、科研创造和探索真理过程中所形成的一种独有的求真、求实的特质，是人才培养、科研创造以及探索人类未知的真理的内在需求，因此，大学的独立批判精神成为大学独有的、受社会保护的特质。此外，大学的独立批判精神还是人类在追求真理和科学的过程中所必备的特质。

其次，学术自治制度。学术自治和学术自由是大学作为一种社会组织所追求的目标，是学者对追求真理的必备特质。早在中世纪时期，一些大学中就已建立了学生行会或教师行会，并通过行会组织对学校进行管理，初步体现出学术自治的特点。之后，无论大学如何变迁，学术自治和学术自由均被视为大学最为核心和根本的制度。大学的学术自治制度是由大学培养人才、追求真理，以及进行科学研究的本质所决定的，也是实现人才培养、知识传承、科学研究和真理探索的必备条件。学术自治制度并不意味着大学享有的自由是绝对的；相反，大学享有的自由在国家体制和法律的允许之内。大学学术自治制度的实现是由校长、教授或董事会组织专门的管理机构对学校进行内部治理而实现的。

最后，自组织机制。无论是大学的独立批判精神和学术自治制度，都是依赖于大学的独特功能来实现的。无论是历史早期大学还是现代大学，均具有最传统的职能，即教学职能，随着社会的发展，在柏林大学成立之后，大学的职能除了教学外还增加了科研职能，到了19世纪中后期，随着经济发展和社会进步，为了适应社会人才培养的需求，大学的职能又新增了走出象牙塔，服务社会的职能。除了职能之外，大学的变通性和活力十分旺盛。在高等教育发展史上，大学经历了从精英教育向大众教育转变的过程，此外，大学中聚集了世界上最优秀的学者和海量优秀学生，这使大学充满活力和发展潜力，使大学拥有极高的社会声望。这些共同形成了高等教育的自组织形式，推动高等教育不断向前发展。

三、高等教育内核体系的影响因素

高等教育的独立批判精神和学术自治制度以及保障前两者运行的自组织体系受到外界社会环境多种因素的影响和干扰。

首先，政治因素对高等教育内核体系的干扰。政治因素对高等教育的影响最主要体现在其对高等教育的学术自治权的争夺上，纵观高等教育的发展史，就是一部政府、社会和大学对学术自治权的争夺史。中世纪时期，在学生行会和教师行会形成之前，大学中教师的任免权掌握在地方大法官和主教手里。大学的办学自治权需要教皇特许。1231 年，巴黎大学获得了教皇的“特许状”，在教皇的特许下成为学术自治机构。此后，欧洲多所大学获得了特许状，相继获得了办公学自治权。洪堡在创建德国柏林大学之初即提出只有获得学术自由和学术自治才能实现大学的使命，因此，德国大学虽然为国立大学但是却享有自治权。1975 年，德国颁布的《联邦大学大纲法》也规定大学享有自治权。20 世纪，西方国家纷纷颁布有关高等教育学术自由和学术自治的法律法规政策，赋予大学自治权。我国的高等教育实行在党委领导下的校长负责制，在一定程度上保障大学的自治权。

其次，财源因素对高等教育内核体系的干扰。人才培养需要大量资金支持，对于高等教育来说，财源是大学立校的基础，关系到大学能否生存、发展。现代大学的外部财源供给包括以下几种渠道：政府资金支持，慈善捐赠、企业界投入、学费等。欧美等西方国家的大学历来有捐赠收入的传统，大学经费的来源多为大财团、社会团体及慈善人士的捐赠。例如，美国赠地学院中许多学院均因捐赠而得以建立或扩大规模，并发展为世界名校，例如，耶鲁大学、达特茅斯学院等。除此之外，国家财政拨款是大学的主要资金来源之一，例如，德国的国立大学就是国家扶助的大学。而我国的公立大学主要费用投入也为国家财政拨款。此外，企业界投入、学费也是现代大学收入的重要组成部分。如果缺乏办学资金，则不仅现代教育的内核体系受到干扰，甚至会影响到大学的存亡。

再次，质量监督对高等教育内核体系的干扰。高等教育是培养人才的专门机构，而高等教育质量的高低反映在培养的人才是否适应社会发展需要上。随着社会经济的发展和科技的进步，高等教育在社会中的智力中心地位越来越突出，高等教育质量也越来越受到社会外界的关注。因此，许多国家成立了高等教育质量的外部监督或评价机制对高等教育质量进行监控。世界最早的高等教育质量外部评估体系可追溯至20世纪初期。1904年，美国医学教育和医院委员会成立，1905年，该组织根据毕业生在许可证考试中的通过率对医学院进行等级分类，制定了医学院的等级评价制度。此后各种专业认证组织相继成立，对各个专业领域的教育进行认证。1913年，美国中北部院校协会的成立开创了院校认证的先河。1949年，美国成立了“全国认证委员会”和全国地区性认证机构委员会对美国高等院校进行认证。之后，世界各国纷纷效仿美国对高等教育进行等级认证。

最后，外界对于高等教育内核中学术自治和学术自由的干扰。在现代高等教育中，大学的学术自治和学术自由面临着外部力量的强势干预。具体来说，包括对大学言论、思想以及精神层面的干预。例如，中世纪时期的大学即受到教会的思想干预，并在大学中设置了宗教考试。此外，意识形态和政治权力的干预也是高等教育面临的主要外部力量干预之一。例如，20世纪初期，德国受到外部意识形态干预，规定大学的社会民主党党员不得取得教授职位。20世纪30年代，德国大学的学术自由和学术自治受到极强的意识形态干预，迫使包括爱因斯坦在内的一大批科学家流亡他乡。除此之外，高等教育还受到政治权力的干预。例如，20世纪中期，美国政府与多家大家和研究机构签订科技合同，以此对大学的学术研究方向进行干扰。

第二节　现代高等教育制度演变

现代高等教育制度的起源，可追溯于欧洲中世纪时期。然而中世纪的高等教育中的学术自由属于团体自治性质，个人自由的特征并不彰显，而真正具有现代实质性内涵的高等教育制度的诞生则需追溯到18世纪至19世纪时期的洪堡改革，尤其是柏林大学的创立，开启了真正的学术自由。

一、现代高等教育的开端：德国柏林大学

柏林大学创办于1810年，是由德国教育家威廉姆·冯·洪堡和费希特人领导创立的。洪堡是19世纪德国著名的教育家、语言学家和政治家，也是柏林洪堡大学的创始人。在柏林大学成立之前的1806年，普鲁士在与法国的耶拿战争中被打败。在经济上，英国的工业革命即将完成，然而德国境内却仍然军阀割据、邦国林立，当时德国境内最大的是普鲁士公国，无论是政治上还是经济上，当时的德国均处于落后地位。而普鲁士公国在与法国的战役失败后，被迫签订了梯尔西特和约，失去了包括哈勒等大学在内的易北西河以西的所有地区。可以说，当时的整个普鲁士公国，甚至整个德意志民族均处于内忧外患之中。而对这样的处境，普鲁士的一些有识之士提出要建立一个“新政府”“新军队”“新教育”。18世纪中后期至19世纪初期，新人文主义在德国兴起。洪堡作为新人文主义的代表人物，在出任普鲁士第一任内务大臣期间对于柏林大学的创办起到了关键作用。洪堡认为，一所大学应既具有对科学的探求，也具有个性与道德的修养。他的这一理念决定了大学的本质是以纯粹学术知识为对象的学术研究机构。这种纯学术的倾向一直是洪堡教育理论的核心之一。洪堡在《论柏林高等学术机构的内部和外部组织》一书中，推崇大学科研探索与人才培养应是一种自由行为，而不是出于功利目的，这也是其积极论证的观点之一。柏林大学与中世纪其他大学的区别在于科学与研究相结合、追求真正的学术自由、强调德行和修养三个方面。其一，柏林大学将科研与教学相统一，在教学中进行科研，使科研中的教师与学生达到优势互补。洪堡是明确提出教学与科研相统一的第一人。[①] 在这一思想的指导下，柏林大学各学部均设立了研讨班和研究所，并依托这些机构将教学与科研紧密结合起来，这也奠定了柏林大学作为现代大学的根本。这一特点，使教师在普通教学之余，也须在一门特定领域中取得较高的学术造诣，同时具备一定的独到见解；而学生在学习知识

① 苏慧雯.洪堡的大学科研观及其实践影响[D].长沙：湖南师范大学，2015：36.

之余，参与科研活动，为科研领域注入新鲜的学术力量。同时，强调科研的独立性，在治学和科研中，强调纯科学、纯学问的研究，单纯以追求真理和科学为目的，远离政治与经济利益纷扰。其二，柏林大学强调纯粹的、不受干涉的学术自由。柏林大学的创办者洪堡十分推崇学术自由。他认为，学术有其自身的特点，无论是教师还是学生都应从自身的兴趣出发，本着为学术负责的态度而从事学术工作，同时反对政府对于学术的干涉。柏林大学所强调的学术自由包括教师研究自由、教学自由，以及学生学习自由。其三，强调德行和修养。除了前两点之外，洪堡还认为，大学是完善人格的场所，大学教育培养的目标是有修养、有理智、个性和谐、全面发展的“完人”。在洪堡思想的影响下，德国柏林大学的建立，极大地推动了德国高等教育的现代化进程。到19世纪中后期，德国的高等教育机构已成为科学研究的后花园，培养了无数科学精英，其中不乏诺贝尔奖获得者，德国也成为继英国之后的世界科学中心。

二、现代高等教育制度的发展：美国大学的崛起与英国大学的改革

早在殖民地时期，美国高等教育即创建并发展起来，殖民地时期也是美国高等教育初创时期，其主要方式是将英国高等教育模式为主的欧洲高等教育模式移植并引进美国。到1775年，英属殖民地创办了哈佛学院、耶鲁学院和威廉·玛丽学院等一批美国大学。此时的美国大学所遵循的管理模式是“学术法人与外行董事会相互交叉的美国学院和大学的基本管理模式”。现代意义上的高等教育直到19世纪才出现。1850年，美国的大学中还没有看到科学研究的踪迹。美国南北战争时期，美国高等教育体系开始初步发展。随着德国洪堡的大学理念在美国大学中深入发展，以及受德国柏林大学在科学上所取得的成就启发，美国大学也开始重视科研在大学中的影响，相应地，科研也成为美国大学的职能之一。19世纪，美国大学借鉴德国的高等教育模式开始崛起，美国康乃尔大学、约翰·霍普金斯大学、斯坦福大学、芝加哥大学等相继开始推行以教学与科研相结合的现代大学“学术革命”。此外，这一时期，美国

还出现了州立大学、赠地学院等，为美国高等教育的发展带来了新的契机。在德国洪堡教育制度的影响下，美国成为世界上首个运用大学—学院—研究生院模式培养科研人才的高等教育机构。美国高等教育制度也逐渐衍化为在英国学院制模式的基础上，借鉴并学习德国的现代大学模式，同时结合美国实用主义，共同融合成的独特的高等教育制度，这一制度也创造了20世纪美国高等教育的黄金时代。美国大学中的学术自由理念与学术自治制度则于20世纪初期才逐步走向成熟。1900年，斯坦福大学著名经济学家爱德华·罗斯事件成为美国大学建立教授终身聘任制的导火索。这一事件十多年后，1913年，霍普斯金大学的18名教授联名发出了“成立全国性的教授联合会”的倡议信，号召美国9所著名大学共同制定解聘教授的正当理由、程序以及教授终身聘任制的一般原则，同时调查处理大学管理当局侵袭学术自由的事件。这一倡议得到了美国大学的广泛响应。1915年，美国大学教授协会正式诞生。1945年，美国大学教授联合发表的《关于学术自由与终身职教的原则声明》中正式赋予学术自由、学术自治实质性内容，美国大学中的“终身职教”理念也相应制度化，成为美国大学现代化的重要因素。

世界高等教育的科学中心先后经历了意大利、法国、德国和美国四次迁移，英国在世界高等教育发展中曾做出一定贡献。20世纪初期，英国伯明翰大学等一些现代大学开设了与现代技术和工业相关的课程，这些学校的显著特征为职业性教育。

三、现代高等教育制度的历史发展逻辑

现代高等教育制度在不同国家中的历史发展逻辑也不相同，欧美国家的现代高等教育制度大致可分为传统型、政府型、移植型三种类型。传统型现代高等教育制度逻辑是指以英国为代表的现代高等教育制度。英国的高等教育制度是沿袭古典大学传统，同时在保持现代大学格律的基础上产生的，其既有现代大学的观念，同时也保持着古典大学的品性，从本质上来说，英国高等教育制度是革新与保守相互博弈、互相统一的过程，是一种传统型的现代高等教育制度。英国的牛津大学、剑桥大学创办时间久，但是却保持着“学

术自由”的理念。除了牛津、剑桥以及苏格兰大学外，大多是19世纪以后创办的新大学，其受到洪堡高等教育理念的影响，并对牛津和剑桥的大学制度产生影响。尽管英国大学的科技多为国家而服务，然而其核心仍然是学术自由和学术自治。总体而言，英国现代高等教育制度是在缓慢、渐进、内生的过程中实现的。

德国的现代高等教育制度是由政府主导的，在政府发挥作用的基础上，教授拥有学术自由的权利，这两个方面构成了现代高等教育政府型制度的基本逻辑。德国的柏林大学在创办之初，就将独立自由的精神以及科学研究融入大学之中，并且在国家和政府的掌控下运行。洪堡在强调大学独立自由精神的同时，也无法避免政府对大学的控制权力和责任。洪堡大学自由精神的思想，“不是通过摆脱国家享有自由，而是要在国家中享有自由”。[①]洪堡大学自由精神的实现也正是得益于洪堡实行了强有力的，甚至是专制的决定，才使柏林大学能够创办起来。[②]柏林大学的成功也与当时社会上的一些哲学家、教育家的教育理念与德国时局达成一种耦合有关，例如，当时施莱尔马赫拟定的草案“临时章程”的思想在政府拟定的章程中得到了充分的体现。这种社会背景和前提使洪堡的教育理念能够在政府认可并支持的教育机构中生长。此外，德国大学还由政府颁布的法令加以规定。从以上分析中可以看出，德国现代高等教育制度是在政府的主导下发展和演化的。

美国是一个移民国家，其高等教育制度最初是移植和借鉴英国学院制和德国现代大学的产物，例如，美国早期移植自英国的大学有牛津大学、剑桥大学等九所殖民地学院，后期还模仿德国现代大学模式创建了霍普斯金大学。然而，无论是早期还是后期的移植大学，随着时间的推移，最终均与美国内在的教育模式相结合。这种高等教育制度的特点一直贯穿于美国高等教育发展的整个历史过程。例如，移植来的英国学院制与德国科学研究最终内化为美国的研究生教育；移植而来的学术自由、学术自治的理念与美国教授协

---

① [德]威廉·冯·洪堡. 论国家的作用[M]. 林荣远，冯兴元译. 北京：中国社会科学出版，1998.

② [德]彼得·贝格拉. 威廉·冯·洪堡传[M]. 袁杰译. 北京：商务印书馆，1994.

会相结合，最终内化为美国高等教育的教授终身职教制度等。因此可以说，美国高等教育的移植型内生式的制度，最终与美国自身的政治、法律、经济、文化相结合。

从以上三个国家的三种现代高等教育制度的路径发展可以看出，欧美各国的现代高等教育制度的逻辑及其路径均与其自身的政治、经济和民族文化传统有着直接关系。无论是哪一种路径，无论是移植还是创新，均对现代高等教育制度起着推动作用。

四、现代高等教育制度在中国

中国现代高等教育制度的建立经历了漫长的探索期，与世界现代高等教育发展相比，中国现代高等教育的起步较晚，在近一个世纪以来才逐渐建立并发展起来。与欧美等国的现代高等教育制度发展模式相同，中国现代高等教育制度也与中国自身的政治、经济和民族文化传统有着直接关系。

首先，中国高等教育制度具有移植和借鉴别国高等教育制度的特点。1902~1903 年，京师大学堂创建，标志着中国近代高等教育雏形的建立。京师大学堂是借鉴日本东京大学的模式而创建的，由此可见中国高等教育制度的起源是制度移植的结果。1921 年前后，我国高等教育制度的移植对象从日本变更为美国。1927 年，蔡元培对北京大学的改革，是我国近代高等教育制度的一次重要改革尝试，这次改革以借鉴德国大学模式为主，同时又借鉴了法国大学模式，由此可见，北京大学改革是建立在德国、法国模式的移植之上。中华人民共和国成立初期，我国以苏联模式为样本，全面建设高等教育制度，这一时期，我国高等教育制度建设中存在着明显的移植苏联高等教育制度的倾向。改革开放后，我国高等教育制度在发展与改革中，又先后借鉴了欧洲和美国大学制度。从以上分析中可以看出，我国近一个世纪以来的高等教育制度对于其他国家高等教育制度的移植和借鉴特点十分明显，而这种移植和借鉴过程大多是由政府进行主导的。然而，值得注意的是，我国高等教育制度在移植和借鉴别国的高等教育制度后，缺乏对高等教育制度“本土性”的改造与创新，没有与我国国情和实际进行良好的结合，因此，当前我国未能建立起完善的、具有我国社会主义特色的高等教育制度。未来，我国高等教育制度创新应坚持在向外寻找发展路径的同时，重视自身制度的建设与创新。

其次，我国高等教育制度呈现出在外界压力下发展的特点。我国高等教育制度的发展与英国现代高等教育制度的缓慢、渐进、内生的过程不同，不是自然演化的结果，而是呈现出在外界压力下发展的特点。我国近代高等教育制度是在清朝末年帝国资本主义列强的逼迫下，不得已而进行的洋务运动中建立起来的。洋务学堂创办的目的是学习西学，培养西式人才，以救亡图存。从这一角度来看，近代高等教育是在外界压力下而产生的。中华人民共和国成立后，我国高等教育正处于百废待兴的状态，在尽快恢复高等教育的压力下，全面移植了苏联高等教育制度。自1958年开始，中苏关系交恶后，中国高等教育制度急于摆脱苏联模式的影响，而进行了一系列改革。改革开放后，随着社会主义计划经济向市场经济转型，我国高等教育所处的内外部环境发生了巨大而深刻的变化，由此带来了一系列高等教育制度与社会发展之间的不适应和不协调状况，使我国高等教育不得不进行改革与创新。进入21世纪后，随着经济全球化、知识经济时代的到来，对高等教育提出了新的要求，为我国高等教育的改革与发展奠定了环境基础。由此可见，一个多世纪以来，我国高等教育制度均呈现出在外界压力下发展的特点，这一特点导致我国高等教育制度的发展并非高等教育本身的发展规律所致，高等教育制度变迁依附于社会力量，因此，难以彰显我国高等教育的独立人格。

最后，政府在中国高等教育制度发展过程中处于绝对主导地位。中国现代高等教育制度与德国现代高等教育制度相似，均是由政府进行主导的。无论是中国清末民国期间的高等教育制度还是中华人民共和国成立后的高等教育制度，政府均在高等教育制度发展中起着绝对主导作用。中华人民共和国成立初期，政府在大学中的权力占绝对地位，无论是高校的专业调整，还是人才招聘等一切规章制度都由政府包办。教师等知识分子在高校中处于从属地位。改革开放后，随着我国改革开放和市场经济的发展，我国政府在高校中的政治权力逐渐减弱，教师等知识分子的地位不断提高。政府在中国高等教育制度中的绝对主导地位，导致我国高校具有以下几个特点：其一，我国高校至今没有形成自身成熟的独特精神和文化传统。我国近现代意义上的高等教育制度产生于清朝末年，洋务运动推动了中国大学的产生，这一时期我国的大学是自上而下建立起来的，大学建立的初始阶段即具有极强的功利性和政治性目的。之后，大学始终在政府的严格管制下发展。从民国时期到中华人民共和国成立后，我国政府多借助行政命令对高校进行管理，大学依附于政府的意志和目标而发展，这使大学发展不仅受到自主权的阻碍，也对其作为学术性文化组织的自身发展逻辑的形成产生阻碍。当前，我国大学制度在政府放权与内部管理体制改革之间徘徊，没有形成自身成熟的独特精神与文化传统。其二，我国高校没有形成大学自治的传统。从 1902 年京师大学堂建立至今，我国高等教育制度均是在政府的主导下进行推进的。京师大学堂建立时，清政府为主导的高层统治者在大学内部管理机制上沿用了行政官僚体系模式。之后，民国时期，政府依然对高等学校进行集中控制与统一领导。中华人民共和国成立后，在照搬苏联经验的同时，我国政府对高等学校的强制控制达到顶峰，并形成了一套严格控制管理和安排大学组织的行为规则。这种政府主导高等教育制度的特点，使我国政府与高校之间长期处于领导与被领导的关系，导致我国高校缺乏大学自治基础。改革开放后，随着我国高等教育改革的深入，当前我国高校中已逐步落实了校长负责制，正朝着大学自治和学术自由的方向发展。其三，我国高校的自我约束机制不健全，易走向极端。中华人民共和国成立后，在我国高等教育的改革和发展过程中，出现过多次办学自主权的下放与收回的变革。然而在高校实际发展过程中，却出现了“一放就乱，一收就死”的局面。这一方面是由于政府已经意识到了高等教育制度对于高校发展的重要作用，然而还需对高等教育改革与创新进行逐渐摸索；另一方面，高校在长期的行政管理体制下，还未形成良好的自我约束机制，在获得自主权后，不能适应自我发展，易使政策在实施后变形。因此，当前我国高等教育改革呈现出政府逐步放宽高校自主权的特点。

综上所述，中国高等教育制度与西方高等教育制度在发展逻辑上呈现出不同特点。然而这并不影响中国高等教育制度具有现代高等教育制度独立的批判精神、学术自治以及自组织机制的特点。

第二章 世界高等教育制度变迁及特点

对世界现代高等教育进行反思与重构，首先应了解世界各国各地区高等教育制度的变迁及其特点，并从中总结其对于我国现代高等教育制度的启示。

第一节 欧洲各国高等教育制度及特点

欧洲是现代高等教育的起源地，尤其是在进入工业化后，为了适应大规模生产方式的需要，欧洲高等教育发展十分迅速。

一、英国高等教育的发展、特点与影响

英国是世界大学的发源地之一，其高等教育在世界上以发源早、繁荣兴盛、经久不衰而著称。然而英国高等教育的发展并非是一帆风顺的，而是一个有高潮，有低谷，充满波折的过程。尤其是第二次世界大战之后，当德国、美国等国家的高等教育进入新的发展阶段时，英国的高等教育则经历了改革；而进入 21 世纪以后，面对环境的影响和考验，英国的高等教育又迎来了一次新的发展机会，如今，英国的高等教育制度为英国经济发展做出了极大贡献，并取得了丰硕的研究成果与世界公认的学术声誉。

（一）英国高等教育制度的发展与演进

从英国的高等教育发展史来看，英国从第一个大学的建立发展到现代高等教育体系共经历了四个发展阶段。

第一个阶段：古典大学阶段。

英国的高等教育发展史可追溯到800多年前，成立至今已有800多年历史的牛津大学，就是英国最古老的大学。到了16世纪，英国除牛津大学外，还成立了包括剑桥大学在内的六所大学，这些大学被统称为古典大学。古典大学被誉为中世纪的“黑暗之花”。

这一时期英国高等教育制度表现在高等教育立法方面，牛津大学和剑桥大学创办初期，都受到教会的控制，而教会对于高等教育的规定，即英国高校最早的法律依据。1535年，英国的牛津大学和剑桥大学相继脱离了教会的统治，直接接受国王的监督。这使英国政府在高等教育的立法等方面拥有了较大的发言权。1570年，英皇颁布了关于剑桥大学的《伊丽莎白法律》，其中明确规定：学校行政领导权归大学副校长和各学院院长掌握。① 这一文件从法律上确认了英国大学的自主权。此后，直到19世纪中叶，英国相继颁布了牛津和剑桥法、牛津大学法、牛津大学和葡萄园主基金法、伦敦大学法等相关法律，为英国高等教育发展奠定了法律制度基础。

从高等教育机构类型和层次上来看，古典大学阶段，英国高等教育机构更偏重于文法、学术和特权。这一时期的英国高等院校是贵族和资产阶级的特权学校。这些大学有着共同的特点，即宗教背景。中世纪的古典大学无一例外均有着极为深厚的宗教背景，多为在教会的资助下从事经院哲学的教学与研究，其目的在于培养宗教人才和法律人才，从而巩固教会在世俗社会中的绝对地位。此外，中世纪大学只面向宗教人士开放，是为社会上小部分人服务的精英教育和贵族教育。

17世纪末至18世纪初期，培根的唯物论哲学和牛顿的数学、物理学等新兴科学知识和理论的兴起对英国大学的教堂内容产生了根本性的影响。在牛津大学和剑桥大学等古典大学中开始设立自然

---

① 聂智.出国留学指南——英国[M].上海：上海大学出版社，2013.

科学讲座，并普遍采用导师制教学形式进行教学。

从高等教育资源配置方面来看，古典大学的设置是依照皇家特许而建设的，大学经费及补助金是由财政部长任命的“大学拨款委员会”决定的。

19 世纪之后，随着资产阶级革命和工业革命的发展，英国走上了快速发展的道路。这一时期，英国国内的宗教力量开始淡出历史舞台，地方政府在社会上的影响力越来越大，并取代了宗教力量。社会环境的变化，使成立于中世纪时期、依靠宗教力量庇佑的古典大学纷纷陷入困境，其导致的结果为，中世纪大学无论从数量上还是规模上均不断缩减。面对严峻的环境，一些古典大学尝试做出一系列改革。具体包括两个方面：首先，在学科设置上，适应社会的发展需要建立了一些实验室，例如，著名的克莱伦顿和卡文迪什等。其次，在摆脱教会控制的同时，将由都会控制的古典大学，转为由地方政府介入管理，并参与古典大学的改造，使古典大学适应变化的环境并转化为现代大学。1850 年，英国政府成立了皇家委员会，并对当时的古典大学进行了较为全面的调查，这一调查也为英国政府介入、参与古典大学改造提供了契机。[①]

第二个阶段：城市大学阶段。

19 世纪中叶，随着英国资本主义的发展，英国一些城市的工业基础和经济实力均达到了一定规模，其对于人才的需求量越来越大，促使一些地方以富商投资或社会募集资金的方式建立新型大学，以满足城市对人才的需求。为了满足国内城市的发展需要，英国地方政府开始创建具有地方自治背景的城市学院。从高等教育机构类型和层次来看，这一时期，经由皇家特许，在工业和文化集中的城市诞生了一批新型城市大学学院。其中包括雷西大学学院、埃克塞特大学学院、利物浦大学学院等一批以地方命名的高等教育机构。这些地方城市学院大多具有较强的针对性和服务性，多围绕并依托所在城市的支柱产业开展教学与科研活动。此外，城市学院的建立与发展也改变了中世纪古典大学时期所形成的精英教育，而开始对

① 周凌．英国现代高等教育发展对我国“双一流”建设的启示[J].中国高教研究，2017(11):86.

大众开放，促进了高等教育大众化的趋势。从19世纪中叶至20世纪中叶，英国相继颁布了学院特许法、学校选址法、选址转让法、受赠学校法、利物浦大学法、利兹大学法、威尔士大学法等。从管理制度上来看，第二次世界大战以及世界经济危机为英国的发展带来了一定的挑战，为了应对战争与经济危机，英国中央政府的力量不断强化，其对于高等教育的影响表现在政府直接参与大学的管理，同时包括城市大学在内的高等教育的管理权从地方政府转移到中央政府。具体表现在以下三个方面：首先，新创办的城市学院进行合并，并将城市学院升级为隶属中央政府管理的城市大学；其次，1919年英国政府成立专门的大学拨款委员会，中央政府统一对城市大学进行资金拨付及宏观管理和控制；最后，成立专门的大学副校长委员会，专门协调中央与地方、政府与企业和社会的关系。这些措施对于后来英国高等教育的现代化改革起到了重要作用。

第三个阶段：多科技术学院和二元教育体制。

尽管受第二次世界大战的影响，英国的高等教育进行了一定的改革，然而直到20世纪50年代末，英国高等教育的规模仍然相对较小。而第二次世界大战所引发的技术革命与第三次工业革命为英国社会带来了极大的震撼。政府、企业以及社会各界均意识到高等技术教育所带来的巨大力量。第二次世界大战战后恢复时期，凯恩斯主义取代古典自由主义成为思想主流，在英国的高等教育改革中，政府逐渐占据了主导地位。

这一时期，英国的高等教育立法取得了较大发展。1944年，英国发布了教育法，这一法律成为英国现代教育制度的基础。1945年，英国政府发布《珀西报告》，该报告指出应建立一个以大学为核心的完整的技术专业教育体系，培养大量科技人才。1946年，巴洛委员会发表了《科技人才资源委员会的报告》，这一报告中也提出了加强大学技术专业教育体系与扩大招生规模的观点，并提出了十年内实现科技人员翻一倍的目标。而凯恩斯主义的本质则是一种扩张主义，通过积极的财政政策从市场与社会中提取资本为政府服务。这使政府和市场在扩招问题上达成了一致。1963年，英国高等教育委员会发布了《罗宾斯报告》，被政府作为高等教育制度改革与发展的重要文件。这一报告也揭开了英国高等教育大众化的序幕，标志着英国现代高等教育制度由精英型教育向大众型教育转折。然而，精英教育和大众教育在职业教育方面却存在着一定的矛盾。而由地方政府主导的技术学院也无法被传统大学所接受，因此，当时的英国出现了大学与技术学院并行发展的情况。1965 年，英国宣布在高等教育领域实施双元制，即将英国的高等教育分为以大学为代表的自治部门和以技术学院、教育学院为代表的公共部门。同年，英国成立了全国学位授予委员会，从体制上拓宽了高等教育大众化的发展道路。经过一系列改革，英国的高等教育规模开始迅速扩张。1966 年，英国教育大臣提交了《关于多科技术学院和其他学院的计划》的白皮书。从高等教育机构类型和层次上来看，这一时期，英国创建了一批新型地方大学，如苏塞克斯大学等，其办学方向是为地方未来发展培养人才。在学科设置方面，大学中除了传统学科之外，还增设了一批新学科。从高等教育资源配置方面来看，这一时期的地方新型大学在经费上既接受国家财政部的补助，又依靠地方行政部门资助办学。除此之外，这一时期，英国技术大学和学院迎来了大发展时期。1967 年，英国政府根据《罗宾斯报告》将原来的 10 所工科学院升级为独立的技术大学，其中包括伯明翰阿斯登大学、巴斯技术大学、布雷德大学、布鲁纳尔大学、伦敦市立大学、勒夫波洛技术大学、萨里大学、索尔福德大学、伦敦大学切尔学院、威尔士大学理工学院等。除此之外，1969~1973 年，英国政府还成立了 30 多所科技学院。

第四个阶段：现代高等教育体系的形成与发展。

20 世纪 70 年代，经济危机席卷西方世界，英国经济陷入了衰退，对此，英国政府不得不采取财政紧缩政策，这一时期英国政府针对高等教育做出了一系列政策调整。首先，对高等教育的拨款采取紧缩政策，对高等教育的经费进行削减；其次，对新建大学进行限制，同时鼓励函授教育的发展；再次，鼓励民办高校发展；最后，修订罗宾斯原则，为所有能从高等教育中获益并希望接受高等教育的人提供高等教育课程。

这一时期英国高等教育的立法取得了新进展。1972 年 12 月，英国政府发表了名为《教育，一个扩展的计划》的教育白皮书。1977年9月，泰勒委员会发布了题为《我们学校的新伙伴关系》的“泰勒报告”，这一报告于1980年成为教育法。20世纪80年代，英国加快了对高等教育的改革，并于1883年、1885年、1887年、1988年相继发布了《雷弗休姆报告》、《20世纪90年代英国高等教育的发展》绿皮书和《高等教育——迎接新的挑战》白皮书，《1988年教育改革法案》和高等教育白皮书等一系列政策，试图通过改革，使高等教育更好地为社会和经济服务。尤其是1988年出台的《1988年教育改革法案》成为英国历史上最重要的教育改革标志。① 这些政策在一定程度上化解了20世纪60年代英国高等教育中实施的大学和技术学院的矛盾，尤其是《1988年教育改革法案》规定，1989年英国的多科技术学院以及其他50所学院不再由地方教育行政部门进行管理，这一点成为多科技术学院迈向大学的第一步。1992年，英国出台的《继续教育和高等教育法》中废除了英国高等教育二元制，并规定多科技术学院升级为大学且拥有授予学位的权利。这一改革使英国大学的数量迅速增长，然而这也为英国高等教育埋下了教育质量下降和声誉受损的隐患。20世纪90年代中期，英国大学的教育质量与欧洲其他国家的差距越来越明显。1997年，英国政府针对高等教育的现状及出现的问题发表了《迪尔英报告》，这一报告对英国高等教育的发展状况进行了较为全面的反思，并对于未来的发展做出了具有战略性的构想和规范。这一报告中指出，高等教育应保证教育的公平性，提升生源素质；建立高等教育质量保障署，全面保障高等教育质量，以提升社会对于高等教育的信心。2008年，欧债危机爆发后，英国经济陷入困境。在此背景下，英国政府分别于2009年、2010年发布了《崇高志向：知识经济中的大学未来》《确保高等教育可持续发展的未来》两份报告。这两份报告中进一步增加了公平入学的机会，并对技术创新的相互转化进行了有效促进，努力构建世界一流教育体系。2016年，英国政府发布《高等教育：知识经济的成功之源》，其中指出英国

① 曾羽.中国高等教育制度变迁及创新研究[M].上海：复旦大学出版社，2015.

高等教育在提升教学水平、促进社会流动、丰富学生选择等方面是未来工作的重点。目前，英国高等教育已构建起以政府为主导，以市场为导向，多元合作，以培养世界一流大学和优势学科专业为目标的现代高等教育体系。

从高等教育机构类型和层次上来看，这一时期英国高等院校的类型呈现多样化和多元化发展，主要体现在办学规模、办学目的、学科构成、高校历史等多个方面。当代英国的高等院校既有按照皇家特许状或相关法律法规建立起来的早期大学，又有多科技术学校老师以及由此而升格的新大学、城市大学、私立大学和以远程教育为主的开放大学等。从学位授予权来看，英国大学均拥有独立的学位授予权，英国的学院中一部分颁发自己的学位资格证书，还有一部分学院由大学或全国认可机构授予学位和资格证书。从学科设置上来看，当前英国高等教育的学科类型十分多样，综合大学和学院多设置多样化的学科，同时也存在着一些侧重于一两个独特领域的专门学院，如艺术学院、舞蹈和戏剧学院、护理学院、农业学院等。从高等教育经费来源看，当代英国高等教育的办学经费主要来源于英国政府和欧盟务国政府，除此之外，英格兰高等教育基金委员会、威尔士高等教育基金委员会、北爱尔兰教育部和苏格兰高等教育基金委员会四大基金组织也为英国高等教育提供经费保障。另外，学费也是英国高等院校的经费来源之一。从高等教育层次来看，英国高等教育分为本科生、研究生两大层次，学习形式可分为全日制和部分时间制。本科生的学制通常为3~5年，根据具体学科不同而有所区别，研究生学制则为1~4年，根据全日制和部分时间制而有所区别。从高等教育质量保证与管理方面来看，英国建立了较为健全的高等教育质量管理制度。

（二）英国高等教育制度的特点

英国高等教育制度具有自主办学、独立发展；层次多样化、特色鲜明；精英教育和大众教育相互融合；完善的质量保证机制等几个鲜明的特点。

其一，自主办学，独立发展。在英国高等教育的发展变革中，始终坚持大学自治的特点。英国高校的管理与运行模式是由学校自主组织与实施的，因此是一种自主运行的组织体系。英国高等教育的自主运行模式包括自主进行人事任命、自主制定教育计划和教学方针、自主招生、自主确定教育和研究内容、自主决定学校未来发展方向。英国高等教育的独立发展首先体现在英国高校经济收入上。英国高校的经济总收入中，有60%来自英国政府或欧盟政府的投入；另外的40%则来源于非政府服务组织、学生缴纳的学费、学校获得的社会捐助费、企业合作费等。例如，大学可通过与地方政府或地方支柱产业合作，兴办科技园、转让科技成果和知识产权，以及举行培训等方式增加收入，以保障学校的独立发展。

其二，层次多样化、特色鲜明。英国高等教育体系层次具有多样性的特点。英国高等教育根据性质及特点，可以分为三种类型，分别为教学型高等教育、研究型和教学型高等教育、研究型高等教育。教学型大学的特点是以教学为中心，重视教学质量与学生数量，以保证全面满足大众对高等教育的需求，其发展重点则是确保学生数量不断壮大，同时通过与国际各类学校的合作，共同培养学生的伙伴关系，这类大学的代表如米德尔赛克斯大学等。研究型和教学型大学的特点是强调教学与科研并举，以利于英国大众高等教育目标的实施，这类大学的代表如伦敦国王大学、里兹大学等。研究型大学的特点是其在学术上具有较高水平，其科研成果丰硕，并对社会和经济产生了一系列较有影响力的成果，但其学生规模却相对较小，这类大学的代表如牛津大学、剑桥大学等。

其三，精英教育和大众教育相互融合。英国的高等教育起源于精英教育，英国早期的一批大学，如牛津大学、剑桥大学等即为精英教育的代表。到了18世纪末期，随着工业革命的迅猛发展，为了适应工业革命的需要，英国实用科学高等教育得到了极大推动。19世纪初期，英国社会上普遍接受了大学进行科学技术教育的核心理念。1836年，英国成立了伦敦大学，并明确将办学宗旨定位为：为中产阶级青年提供人文和科学教育。19世纪末期，英国许多城市均创办了城市学院和社区学院，面向社会大众招生，并培养实用型的技术人才。之后，英国高等教育呈现出精英教育与现代大众教育相融合的办学特色。

其四，完善的质量保证机制。英国高等教育十分注重教育的品质，关注教学质量和大学科研水平，这与英国健全的高等教育质量保证系统息息相关。英国高等教育质量保证机制包括内部品质保证程序、机构层级品质检视、专业论证和研究评鉴等多个要素，这一机制是通过一整套严格的原则和标准、规模而实现。高等教育质量保证局对学校、专业教育水准进行审计与质量控制，而高等教育内部还通过自设的质量监控部门，对内部质量进行保证。除此之外，英国高等教育还对每一所大学的科研水准进行评估，而这一评估结果直接关系到该校所获拨款数量的多少，因此对于英国高等教育的教学与学术发展战略具有较强的导向作用。

（三）英国高等教育制度对我国高等教育制度的启示

从上文中提到的英国高等教育的发展历程来看，英国现代高等教育的发展是政府、社会以及市场共同作用、相互协作的过程。其对中国现代高等教育的发展具有以下几点重要启示：

首先，我国现代高等教育建设应坚持党的领导不动摇。我国现代高等教育的特点是坚持党的领导，主要任务是为我国社会主义现代化建设培养高级专门人才，无论学习或借鉴哪一个国家的高等教育发展经验都不能偏离这一主题。因此，我国现代高等教育建设中应坚持党委领导下的校长负责制，积极在学校中发展各级党组织，并在此基础上细化和完善高校管理和运作流程。

其次，以政府主导为特色的多元化共治体系对我国现代高等教育的启示。当前，我国的现代高等教育取得了较大的成就，然而在现代高等教育管理上存在着政府权限过大，对于大学的招生规模、专业设置以及课程建设等存在着过多干预的现象。这种包办式的管理，不利于我国现代高等教育的整体发展。对此可借鉴英国高等教育发展中政府主导，但学校享有一定自主权的方法，在政府有效把控的前提下，进行规范、科学的发展，并允许社会和市场力量进入，形成政府、市场、社会合作治理的高等教育管理体系。这里所说的政府主导并不是指让政府放弃对大学的监督与指导，而是着力培养专门的、受政府指导，同时也受到社会和市场认可的中介机构，并使中介机构成为政府与大学、社会和市场之间沟通的桥梁。此外，我国现代高等教育的质量考评体系也以政府为主导，为了满足社会和市场发展的需求，必须引进更多的社会组织，对高等教育的质量进行多角度考核。例如，通过专业的评估机构对高等教育体系进行长期评估和跟踪，创新建立合理的评估体系等对我国的高等教育进行客观、全面的评价，推动我国现代高等教育质量的提升。

再次，完善高等教育内部治理体系。英国的高等教育制度坚持自主办学，构建了较为系统的内部管理体系，我国由于幅员辽阔，行业众多，各个地区和领域的大学所面临的问题也不相同，对此，我国的现代高等教育体系可以借鉴英国高等教育发展模式，通过建立大学与市场、社会的正反馈机制，激发大学内部自我管理体系的构建，提升大学自我管理水平。此外，高等教育的对象为学生，而我国现行的高等教育体系则将教学作为主要内容，忽视了学生的主观需求，出现教学内容与学生所需知识不相符的情况。因此，在现代高等教育建设中应树立学生的中心地位，围绕学生和社会市场需要进行教学，同时加强学生在高等教育评价体系中的话语权，让学生成为学校内部管理的核心力量之一。

最后，建立统一而有效的高等教育市场。英国现代高等教育制度发展的历程告诉我们，高等教育产品已经从公共产品转为准公共产品，这种转化的前提是建立一个统一的高等教育市场。而我国高等教育体系自 1985 年以来形成了中央政府、省、地市三级办学、两级管理的体制；2010 年我国出台《国家中长期教育改革和发展规划纲要（2010—2020）》，这一纲要中明确了省级政府为高等教育的管理主体，这一方面有利于调动地方政府的积极性，另一方面却不利于全国统一高等教育市场的形成。而从长远来看，一个统一的高等教育市场是我国现代高等教育的必然趋势，也唯其如此，才能更加适应社会和市场需求，促进大学科研成果转化，实现产学研一体化。

二、德国高等教育制度的发展、特点与影响

德国最早的大学是建于1348年的布拉格大学，此后，维也纳大学、海德堡大学、科隆大学相继成立，这些建于中世纪的德国早期大学与欧洲各国的大学类似，其大学的性质为教会团体在知识传递与教育上的需求。

（一）德国高等教育制度的发展与演进

德国现代大学的建设源于19世纪德国的洪堡等学者，这些学者对于德国高等教育的改革被称为“德国大学教育的第二次革命”，其最重要的功能即为德国高等教育的改革梳理并规划出两条重要思路。一条为在高等教育的管理上，国家应行使宏观管理权，高等学校应由国家举办；另一条则是把“自由”和“自治”作为德国现代高等学校存在的必要条件。在19世纪之前，中世纪大学的功能仅仅局限于传授已有的知识，然而这些已有的知识却无法跟上社会变迁的需要。尽管德国的大学经历了18世纪的大学改革运动，并且德国的哈勒大学和哥廷根大学在此次改革中取得了巨大成功，德国大学逐渐显现出学术自由、注重现代科学和哲学，以及注重科研的特点，这些特点已经具备了现代大学的特征，然而，从整体上看，大部分德国大学仍然处于衰落状态，其高等教育理念与制度仍然远远不能满足社会和时代的需求。

1800年前后，德国陷入内忧外患之中，大学改革成为势在必行之举。1809年，德国内政部厅长对当时德国的封建体制的学校进行改革；1810年，德国柏林大学在洪堡的筹备和普鲁士政府的支持下开学；1811年，费希特通过选举当选柏林大学第一任校长。由于柏林大学彻底贯彻了洪堡的教育理念，在开学之初就展现出不同于以往传统大学的新风貌。此外，新任校长费希特与柏林大学的教师也对大学的课程与方法进行持续不断的改革，最终柏林大学的改革取得了巨大成功，其成为德国所有大学的榜样。之后，德国新建了一批大学，例如，布雷斯劳大学、波恩大学、慕尼黑大学，以及莱比锡大学、海德堡大学等传统大学纷纷模仿柏林大学进行了改

革，德国大学中的新理念、课程、教学方法也蔚然成风。

20世纪四五十年代，第二次世界大战后，为了尽快恢复高等教育，德国恢复了高等教育的学术自治传统，而在学术自治理念的影响下，大学实现了真正意义上的“教授治校”。德国联邦政府对各州政府实施了严格的限制政策，防止各州政府对于高等学校进行控制和影响，强调高校的自主性。20世纪60年代，德国高等教育进入扩张期，其鲜明表现为新大学纷纷成立。1968年10月31日，联邦德国通过了《联邦共和国各州统一专科学校协定》，按照这一协定，将一批工程师学校，以及经济类、社会科学类、设计类、农业类等中等技术学校改为接近高校水平的高等专业学院。自1970年开始，一批新形式的专业高等学院和综合大学纷纷成立。1976年，德国出台了《高等学校总纲法》，这是联邦德国教育史上第一部运用于各州的纲领性法律。与此同时，20世纪90年代，随着欧盟的成立，德国高等教育与欧洲其他国家的学程相互融合，为了在国际竞争中占有一席之地，从1993年起，德国各州均对高等教育改革方向提出了建议书或报告书，这些改革措施涉及高等教育质量的品质机制、入学许可政策、学士与硕士阶段学制、助学政策、学费政策和精英大学的推动等，这些措施从根本上撼动了德国原有的高等教育结构，推动了大学在变革过程中展现出崭新的风貌。1995年，巴登—符腾堡州颁布了《职业学院法》，成为职业学院和高等专科学院以及培训场所办学的法律依据。1997年，德国制定了“职业教育改革计划”，强调修改和完善职业培训条例，开发新职业领域，并对高等教育制度进行了一系列改革。1999年，欧洲《博洛尼亚进程》旨在创立“欧洲高等教育区”，推动欧洲高校学制的统一和国际化进程。2003年，德国柏林召开了有关博洛尼亚计划的会议，拟定在2010年前全面实行分阶段的“学士—硕士”(Bachelor-Master)学位制。因此，德国于1998年开始对高等教育学制进行改革，引进了国际通用的学士和硕士课程，并出台了大学基本法修正案，对学士/硕士学位制、教授聘任制以及学校放权制度进行改革。从1999年至2000年冬季学期开始，德国高等院校中开始正式实施学士课程，并采用模块式课程设计，使用外语进行教学，以符合教育改革的需求。进入21世纪后，德国高等教育制度更加重视高等教育的质量、规模与国际化。2005年11月23日，德国高校校长联席会议通过了名为《是机会，而非负担：有关〈高等教育协定2020〉的建议》的决议，其中指出德国高等教育制度应提升德国高等教育的规模与质量。2007年4月24日，通过了《联邦及各州有关高等教育协定2020的行政协定》（草案）。2007年8月20日，联邦总理与各州州长正式签署了《高等教育协定2020》。此外，德国各联邦州层面还制定了相关的高等教育制度改革政策。

当前，从高等教育制度的类型和层次来看，德国高等教育可分为以下几种类型：从高等教育体制来看，德国高等教育分为公立高等学校和非公立高等学校两种类型。其中，公立高等学校多由州政府建设和管辖，因此又称为州立高等学校。非公立高等学校又分为联邦政府举办的少数高等学校、教会高等学校和私立高等学校。德国高等教育包括七种类型，即大学、综合高等学校、神学院、师范学院、艺术学院、高等专科学校和行政高等专科学校。从层次上来看，德国高等教育中存在三种层次，即本科教育、博士生教育以及高等专科学校教育。从学位制度来看，德国高等教育学位制度包括两级，即硕士学位和高级学位。其中硕士学位又包括文凭硕士学位、一般硕士学位和神学硕士学位；高级学位包括博士学位和教授备选资格学位两种类型。从高等教育制度内部管理制度来看，德国高等学校实行校长负责制。从高等教育资源配置制度上来看，德国高等学校属于国家机构文化体系的组成部分，因此，高等教育的主要经费来源为政府拨款。

（二）德国高等教育制度的特点

德国现代高等教育制度具有以下几个特点：其一，德国现代高等教育模式属于"早发内外结合"的模式。从全世界现代高等教育的发展史来看，各国的现代高等教育模式可分为早发内生型、后发外生型、后发内生型等几种模式。所谓早发内外结合，是指兼具早发内生型和后发外生型两种模式的特点。从时间上来看，德国高等教育现代化的过程在世界范围内属于较早启动，其中，哈勒大学和哥廷根大学被称为世界上最早的、具有现代意义的大学。而柏林大学的改革则在全世界范围内产生了积极影响。德国大学的改革则基本上是由德国内部改革而推动的，进入21世纪后，针对德国内外环境及国际形势的发展，德国现代高等教育也不断进行改革与探索。推动德国大学改革的原因，既有内部因素也有外部因素，因此属于早发内外结合的模式。其二，学术自由。从德国的高等教育发展史来看，德国高等教育的管理权限发生了多次变化，高等教育政策也已经历多次变动，然而德国高等教育中的学术自由特点却一直延续。此外，科学研究在德国的高等教育体系中占有十分重要的地位，其在德国高等教育的实践和改革中也得到了较好的继承和发展。也正因此，德国大学中的科研水平一直处于世界领先地位，并对19世纪德国大学的改革起到了积极的推动作用，进而对世界各国的高等教育发展起到了积极影响。其三，高等教育权利的转移。自1969年德国《高等学校总纲法》颁布以来，德国联邦政府对于高等教育学校的宏观管理和调控力度逐渐增强。联邦政府对高等教育具有立法权和投资权及其他权限，各州政府对本州境内的高等教育则进行实质性的管理和规划；而高等学校的具体学术事务则由高校内部的教授负责。其四，德国高等学校内部的管理特色独具一格。德国的高等教育学校拥有自我管理权，而其所在州政府则对其具有监督权。高等教育学校的内部管理特点主要体现在几个方面：德国高等教育对于政府的拨款依赖性较强；德国高等教育中的自我管理权限主要通过学术自治而实现；德国高等教育的自我管理主要通过教授治校而实现；德国各州的高等教育内部管理体制存在一定的差异性和多样性。

（三）德国高等教育制度对我国高等教育制度的启示

德国现代高等教育制度对于我国现代高等教育制度的启发包括以下几个方面：首先，高等教育制度改革方面，大学的生命在于变革。德国现代高等教育的发展史是一部不断变革的历史。18世纪，德国率先进行高等教育改革，并在19世纪完成了大学由宗教性向世俗性，以及教学与科研相结合的转变，这一改革使传统的大学充满活力，也奠定了德国高等教育跻身世界前列的基础。第二次世界大战之后，德国高等教育又面临着新的形势，迫使其进行改革；20世纪80年代中期，德国又掀起了新一轮的改革高潮。德国高等教育在改革中不断发展，走出了一条独特的现代高等教育道路。其次，高等教育制度本质方面，德国现代高等教育强调人本身的价值在大学中占有核心地位，其目的是培养“全人”。第二次世界大战后，在社会经济和政治环境的制约下，在大学工具价值明显增加的同时，德国高等教育仍然坚持“全人”的培养目标，使德国大学对人的价值追求得以保持。最后，高等教育内部管理制度方面，德国高等教育中教师的社会地位和责任达到了一种平衡。教师在文化知识上担负着传道、授业、解惑的责任，此外还承担着教师育人的学术责任，在道德上，教师还承担着道德责任。德国大学的教师责任与地位达到了一种平衡，教师的选聘十分严格，一旦被选中为大学教授，则享有极高的社会地位，且在聘期内还应进一步提升自己的学术水平和科研水平，否则就会被革出校门。在这种严格的制度下，大多数教授均能恪尽职守，这也是德国大学能够在较长时间内保持世界领先地位的原因之一。这一点也值得世界各国学习。

三、法国高等教育的发展、特点与影响

法国高等教育的起源较早，大约起源于800多年前的中世纪时期，其自中世纪时期就形成了“法国式”的高等教育管理特色，其特点为中央集权制、严格的升级制度，这些特点也是法国高等教育的科研水平与教学水平世界闻名的重要原因。

（一）法国高等教育制度的发展与演进

法国高等教育历史上的分水岭为1789年的法国大革命。在法国大革命前期，法国共有包括巴黎大学在内的20多所大学，这些大学建于法国各个省份。这一时期，法国高等教育经过长期的斗争逐渐确立了学术自治的办学模式，在专业设置上，设有文艺、医学、神学、法律四个学科。

1789年，法国大革命为高等教育的发展从政治上扫清了道路。

1791年，法国国民议会宪法委员会提出了废除大学、将中央控制的专业学院用以重新组织全国教育的思想。1792年，法国著名的政治哲学家孔多塞提出，应由国家主导全民教育事务，并在全国设立9所高等学院以取代过去全国各地的大学。1793年，法国国民公会颁布了《关于公共教育组织法》，史称“达鲁法案”。根据该法案，除巴黎大学外，法国设立于全国各地的22所大学被全部关闭，大学制度遭到削弱。1794年，为了适应工业革命的需要，法国开创了近代科学教育的高等教育机构——巴黎综合理工学院，该学院首次在课程中引进了近代科学内容，并开设了实用技术等相关课程。1806年5月10日，法国拿破仑摄政后颁布了《有关帝国大学的构成法》。1808年，拿破仑成立了“帝国大学”，这是一个集政治、管理与教学一体化的机构，名为大学，但实际上是掌管全国教育行政的领导机关，即中央政府的教育部。法国在此基础上建立起了中央集权的教育管理制度，对法国高等教育制度的发展有着深远影响。根据帝国大学制，法国的高等学校在保留各种专门学院、综合理工学院外，还成立了矿业学院和桥梁、道路学院，这些学院以培养相应的专门技术人才为主要目的。这几类院校在法国统一称作“大学校”。当前，大学校中除了包括培养工程师、建筑师、艺术家、军事人才、农学家、兽医等的专业大学外，还包括政治研究院、法国行政学院、高等商业学校。这些高等专业学院以培养专门人才为主要目的，对推动法国高等教育的多样化和社会化的发展起到了十分重要的作用。

1896年，法国通过了《国立大学组织法》，并结束了“大学校”长达近百年的功利化高等人才培养方向，同时建立起了一批包括文科、理科、法学、医学四科齐全的综合性大学。至此，法国高等教育体制中的两类截然不同的高等教育系统，即以综合大学为主体的方向指导体系和以大学校为主体的择优录取的传统精英教育体系同时并行，形成了法国高等教育制度中的双轨制。法国高等教育双轨制的特点是，从纵向上来看，政府及相关行政部门对法国各种高等教育教学和研究机构实行自上而下的管理；从横向上来看，高等教育教学机构之间以及教学机构和研究机构之间均保持内部相互独立、各司其职。

第二次世界大战后，法国高等教育制度取得了新的发展。20世纪60年代至90年代末，随着法国人口数量的增长，法国高等教育也逐渐向大众化迈进。1968年，法国政府颁布并实施《高等教育方向指导法》，又称《富尔法案》，该法案中要求大学校长由选举产生、发展多学科综合性大学，同时将旧的、作为独立法人机构的学院取消，建立起现行的法国大学体系。1968年和1984年分别颁布的《佛贺法案》和《沙曼希法案》，确定了现行法国高等教育机构组织法的基础。1986年，颁布了《德瓦凯法案》，对高等教育制度进行改革。1989年7月10日，法国政府颁布了《教育指导法》，旨在推动高等教育大众化，扩大大学学生数量。1991年，法国政府制定了《2000年的大学纲要》，对高等教育发展规划，为推动高等教育大众化做出了重大贡献，为法国高等教育注入了新的活力。1996年，法国大学咨询会议提出了关于大学改革的十大问题，并对法国高等教育制度进行了反思。1999年，欧洲博洛尼亚进程实施，对欧洲范围内的高等教育进行调整，法国高等教育制度也因此进行了一系列调整。其中包括建立高等教育体制结构“LMD体制”。2002年后，法国大学开始实行LMD（学士、硕士、博士）新大学学制，这一改革于2005~2006学年完成在所有大学中的实施。这些措施使法国高等教育与欧盟各国在同等学力的比较与认证、交换学生以及在就业市场上更趋容易，此外与非欧盟世界主要国家的高等教育制度更趋一致，以方便法国各大学吸引来自世界各地的优秀大学生。2006~2007学年，法国高等教育的新学制在法国各种类型的高等专业学院中实施并推广。2007年，法国成立“高等教育暨研究部”，对高等教育实行改革。2010年，法国政府出台“卓越大学计划”，旨在创建法国本土的世界顶尖大学。2011年，法国颁布了《2011~2014年法国国家改革计划》，提出了法国高等教育制度的发展与改革战略。

当前，从高等教育制度的类型和层次来看，法国高等教育的类型主要包括综合大学、高等专科学校、短期技术大学三种类型。从高等教育学制与学位来看，法国高等院校中的综合性大学学制为7

年，分为三个阶段，第一阶段为 2 年，学生修完所有规定课程并考试合格后，即获得“普通高等教育文凭”；第二阶段为 2 年，学生毕业后可获得硕士文凭，之后，学生可选择继续进入第三阶段学习或到社会上就业；第三阶段为 3 年，学生完成学业并通过答辩后，可获得第三阶段博士学位。法国大学的学制一般为 5 年，其中前 2 年为预科班学习，预科班考试合格后方可进入后 3 年的专业学习，考试成绩合格者可获得工程师、农艺师等文凭或教师学衔，之后可选择继续攻读博士学位。此外，其他不同类型学校的学制也有相应差别。从高等教育制度内部管理上来看，法国高等院校由决策机构大学委员会、教学与科研单位委员会、执行机构校长和教学与科研单位主任组成。从高等教育资源配置制度来看，法国高等教育经费来源于中央财政拨款和省市政府拨款以及个人或私人团体捐款，此外，综合大学不收学费，而高等专科学校的学费则十分昂贵。

（二）法国高等教育制度的特点

法国高等教育制度的发展具有以下几个特点：其一，国家投资占主体。法国对于高等教育的投入是较高的。据统计，法国 2000 年在高等教育领域的投资约为 170 亿欧元，占国民生产总值的 1.2%，较欧洲其他国家在高等教育上的投资略高。而从法国高等教育的投资比例来看，法国政府在教育领域的投资金额达 78.3%，占据主导地位。其二，大众教育与精英教育并重。法国高等教育在发展过程中既注重高等教育的精英化，也注重高等教育的大众化。法国的高等专业学院在选择生源时，往往注重考核，并且择优录取，这些生源经过培养，走出校门时多为各行各业的骨干和精英。而综合大学则主要面向社会大众，这两类学校相互协调，每一所学校均具有鲜明的办学特色和学科优势，因此形成了鲜明的办学风格，对造就法国高等教育享誉世界的盛名起了极为重要的推动作用。其三，自主性原则。法国 1968 年以及 1984 年的法律确认了法国高等教育鲜明的自主原则。大学是一个集科学、文化与专业性质为一体的国立机构，这一机构建立在学校内部选举原则的基础上，法国政府并不对法国大学的财政进行监督，只对法国大学财政的合法性与预算平衡进行监督与控制。其四，全方位开放原则。法国高等教育的开放性特点十分明显，法国的开放性表现在向科学研究开放、向地方政府开放、向社会经济界开放等多方位开放。

（三）法国高等教育制度对我国高等教育制度的启示

法国高等教育现代化的过程中既有失误，也积累了一些值得借鉴的经验。首先，法国的高等教育在现代化的进程中，在教育管理上追求高度集中与统一，这使地方办学的主动性与积极性受到一定程度的限制，从而降低了教育管理的效能。而我国当前同样处于高等教育制度深化改革之际，在推动高等教育快速发展的过程中，应注意高等教育规模和高等教育质量之间的和谐发展。除此之外，还应注意不同类型高等院校之间的分工与层次。其次，法国的职业教育在法国高等教育的现代化进程中不断发展，并且在第二次世界大战时期发展成为国民教育体系中不容忽视的教育体系。而我国高等教育制度在改革与发展过程中，应从我国国情出发，尊重高等教育发展规律，同时发展我国特色高等教育。最后，法国高等教育改革过程中，始终将高等教育的政府权力和高校自主之间的关系作为改革重点。我国高等教育制度中，政府对于高等院校的行政性干预较强，因此，应借鉴法国高等教育改革中的经验与不足，正确处理政府权力与高校自主权之间的关系。除此之外，我国高等教育制度改革中也应注意推动高等教育制度的国际化发展，推动世界一流大学建设。

第二节 美国高等教育制度变迁及特点

美国高等教育成立时间虽然较晚，然而发展十分迅速，尤其是在借鉴欧洲其他国家的教育制度，以及建设现代高等教育制度方面，美国高等教育的发展为我国高等教育制度的发展和改革提供了许多借鉴。

一、美国高等教育制度的发展史

美国高等教育的发展可以追溯到美国独立前的殖民地时期。从古至今，美国高等教育的发展可大致分为四个时期，即殖民地时期、独立战争至南北战争时期、南北战争至第二次世界大战期间、第二次世界大战至今。

（一）第一阶段：殖民地时期的高等教育

1492年，哥伦布在航海中发现了美洲大陆，16世纪时期，英国等殖民者纷纷如同潮水般涌向美洲大陆，开始开拓并争夺殖民地；1607年，第一个英属殖民地在弗吉尼亚建立，1732年，第13个英属殖民地在佐治亚成立。殖民地时期，美国高等教育的发展继承了欧洲大陆高等教育的特点，其中，英国学院的传统在这一时期的美国表现得十分明显。殖民地时期，美国高等教育的成就可简单概括为早期九大学院的建立。其中，1636年，马萨诸塞总法院拨款创办了一所高等教育学院，1638年，该学院为了纪念青年牧师约翰·哈佛对于学院的捐赠而将其命名为"哈佛学院"。这一学院的创立标志着殖民地时期美国高等教育发展的兴起。① 此后，威廉·玛丽学院、耶鲁学院、宾夕法尼亚学院、普林斯顿学院、国王学院、罗德岛学院、拉特格斯学院及达特默斯学院等相继创办。

在这一时期，美国高等教育学校的创设动机多为宗教动机，例如，美国殖民地时期成立的高等教育院校中除宾夕法尼亚学院外，包括哈佛学院在内的八所学院均是出于明确的宗教动机而设立的。这一时期，早期的九所学院分别由不同的宗教教派控制，并为各教派的利益而服务。在高等教育的职能方面，殖民地时期的学院多表现出明显的出世特征，不少学校的办学目的均是为教会培养人才；此外，殖民地时期美国高等教育的教学内容多为神学或宗教科目。此外，这一时期，高等教育学院的创立受英国高等教育模式的影响较深，既受到包括牛津大学和剑桥大学等英格兰主要高等教育学校的影响，也受到苏格兰大学传统的影响。

从高等教育法律法规设立上来看，这一时期美国高等教育立法是通过契约状形式进行保障的。1650年，马赛诸塞总法院在为哈佛学院颁发特许状时，授权学院设立了一个行政管理机构——院务

① 韩梦洁，张德祥．美国高等教育制度的传承、变革与启示[J]．中国高教研究，2014(1):39-44.

委员会。此外，学校的建立还需得到立法或行政机关的许可，例如，哈佛学院 1963 年设立时得到了马赛诸塞总法院和该殖民地总监的批准。

从高等教育管理模式上来看，美国早期的殖民地学院显现出与欧洲大陆大学不一样的特点。自中世纪以来，欧洲的高等教育学院或大学多奉行自我管理模式，美国早期殖民地学院在建校之初就由地方政府官员、教师或牧师成立校监委员会对学院政策等进行制定或管理。例如，哈佛学院建立初期即成立了由 12 名校外非教育行业人士组成的校监委员会对学校的政策进行制定，并承担对教职人员的聘任与解雇责任。

从课程设置上来看，尽管这一时期学院的主要任务是为宗教服务，但在课程设置上表现出贴近社会需要的倾向。尤其是 18 世纪后期，受欧洲启蒙运动和苏格兰大学课程设置的影响，美国大学的课程设置也相应发生了变化。例如，哈佛学院早在 17 世纪中叶就曾试图设立法律与医学课程以培养相应人才。耶鲁学院最初的基本职能是培养牧师，但在汤姆斯·克莱普任院长期间，还开设了国民政府的性质、法院种类、宪法、土地法、民法、惯例法、军队与海事法规、“农业、商业、航海、医学、解剖学、纹章学、炮术训练概论”等讲座，传播相关专业知识。进入 18 世纪后，还开设了律师、医生、绅士等相关课程，以培养相关人才。又如国王学院于 1754 年开设了航海、测量、矿物学、地理、商业和管理、家政等课程。综上所述，殖民地学院的课程设置上多以神学、古典人文学科、职业训练学科为主。

从学校层级上来看，殖民地时期的高等学院多培养学士人才，而非像欧洲大学那样设置学士、硕士、博士多层级制度。直到美国南北战争后，美国大学才开始提供硕士和博士学位的研究生教育。1642 年，美国哈佛学院为 9 位学生授予了学士学位，成为美国高等教育史上首次颁发的学士学位。1768 年，美国宾夕法尼亚大学开创了第一个医学学士学位，之后，威廉·玛丽学院开创了法律学士学位。

从资金制度来看，殖民地时期的高等教育学院还对政府的资助存在依赖关系，大多依赖于政府财政拨款和摆渡税、过桥税、皮革税、烟草税、银行税等税收资助。

总而言之，殖民地学院的设置奠定了美国高等教育制度基础，对美国高等教育制度的发展产生了重要影响。

（二）第二阶段：独立战争至南北战争时期

1776年美国独立战争后，采取三权分立的原则创建了具有独立主权的政府机构。殖民地时期建设的高等教育学院不能适应美国社会发展的需要，而且这些早期的殖民地时期的高等教育学院多集中在美国东部地区的少数城市中。

从法律法规上来看，这一时期，美国高等教育中最重要的立法为1785年颁布的《土地法令》，这一法令中始创联邦资助州立教育事业发展的先例。在这一制度的支持下，与此同时，随着美国领土向西部和南部开拓了许多疆域，吸引大量移民进入西部，加入西进运动，西部地区兴起了“州立大学运动”，在这些地区成立了多所州立大学。1776年，弗吉尼亚州在宪法中规定设置州立大学，1795年，美国第一所州立大学在北卡罗莱纳州正式建立。此后，乔治亚州、俄亥俄州、田纳西州、马里兰州、南卡罗莱纳州以及肯塔基州先后创办了州立大学。这些州立大学多属于私立大学，尽管这些州立大学名为大学，但其所提供的教育水平却较低，并且虽然得到了政府的授权和管理，但是其管理权却并非属于州政府所有。在这一时期，美国私立高等教育学校也发展起来。例如，1821年创办的乔治·华盛顿大学，即是由当时一位名叫路德·赖斯的牧师以与教会有关的教育机构的名义创办的，其办学宗旨为培养一批有教养的牧师。1821年，马萨诸塞州安姆哈斯特城学院的创办人就是安姆哈斯特城和附近城镇的居民。此外，这一时期美国高等教育中最重要的事件之一即为19世纪的“达特茅斯法案”，该法案以法律形式确定了私立大学的地位，并明确了大学的所有权问题，为美国私立大学的兴起与发展创造了有利的社会环境。

美国第一所真正意义上的、被美国学术界广泛认可的州立大学应为弗吉尼亚大学。弗吉尼亚大学是在美国第三任总统托马斯·杰斐逊的推动下创办的，于1825年成立，弗吉尼亚大学的诞生促进了美国南部和西部大学的创办，标志着美国的高等教育进入新的发展阶段。弗吉尼亚大学在创立之初就展现出其与众不同的特点，其教学目标为向学生提供高于当时学院水平的教学，学生拥有选课的自由，并且可以将某一职业作为自己的专业；此外，弗吉尼亚大学被明确为一所州立高等教育机构，而非私立大学或半公立的大学；该大学在教学实践上还表现出鲜明的入世特征。美国教育史学家布鲁贝克曾对弗吉尼亚大学做出评价："杰斐逊在弗吉尼亚夏洛茨维尔建立的大学，是美国第一所真正的州立大学。"除了弗吉尼亚外，创办州立大学的热潮还扩展到了西部，例如，成立于1928年的印第安纳大学、成立于1837年的密执安大学、成立于1848年的威斯康星大学、成立于1851年的明尼苏达大学、成立于1855年的加利福尼亚大学等。到美国南北战争前夕，当时美国的27个州中，已经在25个州建立了共66所州立大学，然而由于种种原因，美国州立大学的存活率较低。除了以上所提到的大学外，这一时期，美国较为有名的大学还有创办于1847年的衣阿华大学、创办于1861年的华盛顿大学、创办于1853年的康奈尔学院、创办于1829年的罗彻斯特理工学院、创办于1847年的纽约市立学院等。这一时期，美国的高等教育取得了一定的发展，从殖民地时期的9所大学，到南北战争期间，高等教育学校的数量增加至260所，另外，高校的规模也有所壮大。

从课程设置上来看，这一时期高等教育课程设置上学科种类更加多样。例如，弗吉尼亚大学开设了古典语言、现代语言、数学、自然哲学、自然历史、解剖学、医学和道德哲学八门课程，学生除了学习专业知识外，还可进行课程选修。从教育种类上来看，这一时期，除了传统的文理高等学院外，美国高等专业学院也逐渐兴起。例如，1802年西点军校、1824年伦塞勒多科技术学院等专业学校建立，为社会经济的发展培养了大量专业工程技术人才。受专门学院的影响，传统文理学院开设了单独的工程系或工程学院。例如，联合学院于1845年创办了市政工程系；1847年哈佛学院创设了劳伦斯理学院，耶鲁学院创设了科学技术系；1852年达特茅斯学院创建了钱勒理学院，布朗学院开设了实用科学系。另外，1855 年，宾夕法尼亚大学创建了矿物、艺术与工业制造系。除此之外，高等教育中的神学院、法学院、医学院、理学院等也发展起来。

（三）第三阶段：南北战争至第二次世界大战期间

19 世纪是美国高等教育发展的关键时期。南北战争的爆发吹响了美国高等教育第一次重大改革的号角，美国现代高等教育制度在这次改革中建立起来。[①] 美国南北战争的结束，标志着美国历史上旧时代的终结，新时代的开启。

从法律法规上来看，这一时期，美国高等教育制度中最重要的法规即《莫土地尔法案》。19 世纪中后叶，尤其是 1864 年南北战争结束后，美国经济开始腾飞，这一时期，美国的工业化、城市化发展突飞猛进，成为这一时期社会发展的主旋律。美国高等教育历史上出现了著名的赠地运动。所谓赠地运动，是指 1861 年 12 月，佛蒙特州的众议员贾斯廷·莫里尔在国会上提出的“授予土地设立学院以促进农业和机械技艺在各州和准州发展的议案”。1862 年，该法案被命名为“莫雷尔法”，也称“赠地学院法”。莫雷尔法中规定，联邦政府按照美国各州参加国会的议员人数每人拨给 3 万英亩土地，并使用这些赠地所获得的收益在每个州境内资助开办一所农工学院，即所谓的“赠地学院”，这些学院中主要讲授有关农业和机械技艺方面的知识，为美国工农业的发展培养专门人才。莫里尔法对美国的高等教育产生了极为深远的影响，莫雷尔法成功后，美国国会于 1874 年又通过了《海奇法》、第二个莫雷尔法、《史密斯—来沃法》等一系列法律法规，为美国高等教育带来了一场巨大的革命，促使美国传统高等教育制度发生了一系列重大变化。第一，打破了美国高等教育的封闭体系，加强了高等学校和社会之间的联系，其改变了早期殖民地学院中英国大学的模式，除了在大学中教授人文经典知识之外，还教授学生实用的农工学科知识，为社会输送大批实用的技术人才。“莫里尔法”实施后，美国各州的高等教育学校均受益于该制度，其中 28 个州单独设置了农工学院，

---

① 王英杰．美国高等教育的发展与改革 [M]．北京：人民教育出版社，1993.

其余州则将获得的土地划拨给已有的州立学院或州立大学，并在州立大学内添设农工学院。美国一大批州立大学从该事件中获益，例如，美国著名的得克萨斯大学即是赠地运动的获益者。赠地运动还形成了美国高等教育重视实用技术的教育传统。第二，莫雷尔法确立了应用科学研究与工农业发展密切相关的农业和工艺学科在高等学校中的地位，推动高等学校内部结构的变化，使农业学院和工程学院成为大学的构成部分，推动大学开始向综合化方向发展。第三，莫雷尔法最近使高等学校开始面向中产阶级、工人以及农民的子女开放，推动了大学的大众化。第四，莫雷尔法打破了联邦政府不过问高等教育的传统，开创了联邦政府资助高等教育的先河，随着州立大学的成立，高等学校开始为本州社会和经济的发展提供全面服务。第五，莫雷尔法为高等学校引入了新的教学方法，改变了传统高等学校中死记硬背的传统教学方法。

从美国学术制度来看，1915年，美国大学教授协会诞生，1925年，美国教育委员会发布了《关于学术自由与终身职教的会议声明》，后经美国学院协会与美国大学教授协会签署认可，于1945年联合发表了《关于学术自由与终身职教的原则声明》，这一声明从制度上保障了美国高等教育中的学术自由精神。

从课程制度上来看，这一时期美国高等教育中的选修制逐渐确立并走向成熟。早在19世纪20年代，美国弗吉尼亚大学中即赋予了学生一定的选修课程的自由，并允许学生在选择专修课程的同时学习选修课程。1825年，哈佛大学颁布了《学校章程与规则》，其中提出了选修课程。1926年，哈佛学院现代语言学系允许学生选修一门现代语言课程，二年级学生则可在多门课程中进行选择。1839年，哈佛大学允许学生从二年级起选修科学、外语、历史等课程，以取代语言课程的学习。此后，哈佛大学逐步实现了全部课程实施选修制的改革。除了哈佛大学外，美国高等教育中的选修课类型还存在必修课与选修课各占一半，或实行主副修制、课程分组制等形式。选修制度的确定改变了高等教育的培养目标，促进了高等教育规模的扩大，充实了高等教育职能并重建了高等学校的教学组织形式，对于美国高等教育制度的完善与成熟具有重要意义。

从课程改革上来看，19世纪美国高等教育中兴起的“留学德国浪潮”对美国高等教育的课程改革起了较大的推动作用。19世纪时期，德国教育家洪堡提出了现代研究型大学的理念，倡导学术自由、教学自由、学习自由，以及教学与研究并重的办学理念，1810年遵循洪堡办学理念创办起来的柏林大学，迅速崛起为世界一流大学。受益于洪堡的办学理念，德国的高等教育取得了空前的繁荣发展，世界科学中心也转移到德国。德国因此吸引了大量来自世界各国的青年和学者，1814年，美国第一批四名美国学生奔赴德国大学学习，由此开始了长达了70多年的“留学德国浪潮”。从这一时期到第一次世界大战前，大约有一万多名美国青年学者到德国大学学习。留学德国浪潮运动的开展为美国高等教育的改革和崛起做出了重要贡献，也促进了美国高等教育的发展。这些留学者回到美国后，大多从事美国高等学校的教学和科研工作，并且成为美国高等教育改革的中坚力量。其中一些人还成为美国高等学校的校长，例如，威斯康星大学、密歇根大学、明尼苏达大学、康奈尔大学、加利福尼亚大学、霍普金斯大学等校长均是从德国留学回国的骨干力量。创建于1876年的约翰·霍普金斯大学在吉尔曼担任校长时，应用德国大学理念进行改革，从而带领霍普金斯大学发展成为一所世界知名大学，而霍普金斯大学也因此成为美国高等教育改革的引领者。从整体上来看，美国高等学校借鉴德国大学所产生的改革主要包括以下几个方面：其一，建立并发展研究生教育体制，确定哲学博士学位为最高研究学位，并结束了美国依靠其他国培养最高级人才的局面。其二，确立了科学研究在大学中的地位，美国留德学生借鉴德国教授们对真理的追求精神，把科学研究当作高等教育的重大使命。高等学校中科研地位的确定加速了教师的专业化，促使高等学校内部结构的变化，并确立了“系”的最基层的教学和科研机构体系。美国高等学校中的科研工作并没有学习欧洲建立单独的科学院体制，而是使大学成为国家基础科研的中心，促进了大学的迅速发展。其三，美国高等学校采纳了德国大学的“教与学自由”的原则，使大学中课程设置较之于以前更加灵活，教学内容现代化，在适应不同学生需求的同时，促进了高等学校的发展。其四，美国高等学校学习德国大学的教学方法，用讲授课和研讨课取代了美国大学传统教学方法，促进美国高等学校教学质量的提高。其五，美国高等学校除借鉴德国大学经验之外，还促进了美国高等学校的层次化，哈佛大学等一些大学由于开展了科学研究，建立了专业学院而发展成为综合大学；而另一些学院则由于坚持博雅教育，而保持了传统的英国本科教育。其六，美国高等学校的改革，尤其是大学科学研究和研究生教育的发展，使美国经济的发展越来越依赖大学，这不仅使政府为大学集中提供科研经费，也带来了越来越多的社会资金对大学的资助，推动美国高等学校迅速发展。总体而言，美国高等教育在学习和借鉴德国大学的经验时，并没有照抄和照搬德国经验，而是将德国大学的经验与美国的政治、经济环境以及历史文化传统结合起来，从而建立起具有美国特色的现代高等教育制度。从南北战争时期到第二次世界大战期间，美国高等教育学校的数量和规模增长迅速。据统计，1885 年，美国高等学校达 300 所，到了 1935 年，美国高等学校增长至 1600 多所，1940 年，美国高等学校上升至 1750 所。这一时期，美国还诞生了一批著名大学。例如，1892 年成立的美国芝加哥大学、1907 年成立的夏威夷大学、1922 年成立的阿拉斯加大学等。1870~1940 年，美国高等大学中的人数增加了 25 倍。由此可以看出，美国高等教育在这一时期的发展。

从高等教育层次来看，这一时期，美国的学位制度得到了较大发展。早在 1826 年，哈佛大学就开设了学士学位后的课程，然而受种种原因的影响，学位教育并没有取得较大发展。19 世纪中期，耶鲁大学重新开设了学士学位后教育，并于 1861 年颁发了美国教育史上最早的哲学博士学位。之后，随着美国高等教育制度全面向德国高等教育制度学习，美国高等教育的研究生教育发展起来。1876 年，霍普金斯大学成立后，将研究生教育视为重要使命，标志着美国高等教育制度中研究生教育层次的发轫。[①]1900 年，美国大学联合会成立，作为美国研究型大学的行会组织，建立了大学哲

① 许庆豫，葛学敏．国别高等教育研究 [M]．徐州：中国矿业大学出版社，2004.

学博士学位的统一标准，标志着美国高等教育制度的诞生。除了研究生教育外，美国高等教育中的初级学院也建立起来。19 世纪末 20 世纪初，美国教育者出于美国大学一二年级学生水平较低的事实建立起了初级学院。最早建立初级学院的大学为芝加哥大学。芝加哥大学对校内一二年级和三四年级的学生进行了区分，将一二年级学生归入初级学院，三四年级学生归入大学学院，完成初级学院学业任务的学生可取得协士学位，完成大学学院学业任务的学生则取得学士学位。1900 年，芝加哥大学授予了第一批初级学院毕业生协士学位。芝加哥大学的这一改革赢得了美国教育界人士的赞同，美国高校纷纷效仿芝加哥大学设立了初级学院。初级学院和研究生院的设立，使美国高等教育制度进一步完善，形成了包括初级学院、大学、研究生院三大层次，以及协士、学士、硕士、博士四种学位体系。美国高等教育学位体系的完善为世界高等教育学位制度的发展起到了极大的推动作用。

（四）第四阶段：第二次世界大战至今

第二次世界大战期间，美国十分注重对人才的培养，大力发展科技教育，吸引了包括爱因斯坦等一大批优秀的犹太科学家，他们对美国的科技发展做出了极为重要的贡献。此外，第二次世界大战期间，美国的高等学校积极从事军事科研活动，这一时期工业能力和经济实力均有了较大的增长。第二次世界大战后，美国的经济和科技均获得了飞速发展的时机。尤其是“冷战”时期，苏联于 1957 年成功发射了第一颗人造卫星，这一事件使美国朝野震动。美国政府认识到，要在“冷战”中取得胜利，必须在科学技术上取得领先地位，而在科学技术上的领先地位，必须通过优质的高等教育来实现，即办好大学，培养优秀人才。

从法律法规角度来看，1958 年，美国颁布了《国防教育法》，为美国确立了新的教育和科技政策，对于美国高等教育制度的发展具有深远的影响，使国家法律直接规定了美国高等教育制度的基本内容。具体来说，《国防教育法》从四个方面全面提升了美国高等教育的质量。其一，《国防教育法》中加强了美国高等学校自然科学、数学、现代外语等科目的教学，并将其和技术教育确定为美国高等学校的核心教学内容。其二，《国防教育法》中增加了联邦政府对教育经费的支持，并创造性地设置了“国防学生贷款”这一做法，开创了世界教育的先河。其三，国防教育法注重对于拥有卓越才能的学生的培养，并为其提供专门的奖学金和奖研金；此外，还设立了专门针对研究生的奖学金，鼓励研究生学习国家安全所需的学科。其四，《国防教育法》强化师范教育，并为未来的高等院校教师设立了特别补助金，鼓励更多人投身于教育事业。《国防教育法》的颁布，极大地促进了美国科技水平的发展，其对于美国教育的贡献十分巨大，因此被称为美国教育史上“划时代的文献”。在《国防教育法》的影响下，美国高等教育从20世纪40年代到20世纪80年代进入第二次大发展时期。除《国防教育法》外，这一时期，美国政府还颁布了一系列高等教育法律法规。其中主要有1963年颁布的《高等教育设施建设法》、1965年颁布的《高等教育法》，1972年通过的《高等教育法修正案》等。这些法律法规为美国高等教育制度提供了法律依据。

从高等教育认证角度来看，1922年，美国独立院校认证委员会制定了非官方组成的高等教育评价、认证制度，标志着美国高等教育制度走向成熟。1956年，美国独立院校认证委员会成为全国性认证机构，1993年，进一步成为独立的自治机构。当前，美国高等教育中已建立起了全国性的高等教育质量权威认证体系。

从高等教育经费来源与配置方面来看，这一时期，高等教育经费配置体制进一步完备，主要经费来源与配置可分为五种类型。首先，随着《国防教育法》的颁布，联邦政府开始持续对高等教育进行拨款，支持高等教育的发展。其次，除联邦政府拨款外，美国各州和地方政府也持续对高等教育进行拨款。再次，私人机构和财团捐款成为美国高等教育经费配置体制的重要构成部分。最后，学生学费也是高等教育经费的主要来源之一。除以上四种外，贷款项目成为高等教育持续发展的动力，在一定程度上构成了美国高等教育经费配置体制的一部分。

从高等教育层次来看，这一时期，美国高等教育的层次更加全面和丰富。首先，美国高等教育中的研究生教育得到了较大发展。第二次世界大战前，美国的高等教育大多以本科教育为主，而在第二次世界大战后，美国的研究生教育和博士教育得到了较大发展。1949 年，沃尔弗利美国人力资源和高级训练委员会的委托对美国的人力资源做了调查研究，1954 年，沃尔弗利发表了题为《美国的专业人才资源》的报告，呼吁大力发展研究生教育。1956 年，总统中等后教育委员会成立，要求大学尽快扩大和加强研究生教育。1958 年，国防教育法的通过又为研究生教育提供了必要的物质保证。1975 年，研究生与二年制学院学生占比达到在校大学生总人数的 46%。从研究生人数上来看，1940 年，研究生人数达 10 万人左右，而博士学位获得者为 3000 人；1970 年，研究生人数达 80 万人左右，而博士学位获得者为 3 万人左右。其次，初级学院转换为独立的社区学院，并逐渐在美国高等教育系统中占据举足轻重的地位。最后，博士后教育层次诞生并取得了较快发展。1933 年，普林斯顿高级研究所成立，标志着美国博士后教育正式诞生。[①]20 世纪五六十年代，美国博士后教育取得了较快发展。当前，美国高等教育制度中已形成了博士后、研究生教育、本科教育和专科教育四个层次，设置了博士、硕士、学士和协士四种学位。

二、美国现代高等教育制度发展的特点

美国高等教育制度的主要特点包括以下几个方面：

其一，从高等教育制度的学制与高校类型来看，美国高等教育呈现多样化、层次化特色。美国高等教育中各种不同类型的高校多达十多种，包括公立、私立、教会、非教会、高层次、中低层次以及低层次等。根据美国当局的统计，1955 年，美国高等学校数量达 1855 所，其中，文科学院 732 所，各种专业学校 288 所，师范学院 192 所，初级学院 505 所，市立高校 281 所。此外，同一时期，美国高等学校的类型还包括赠地学院、军事学校、技术学院等。这些高等院校的水平和层次不同，大学一般分为本科生和研究生教育

① 许庆豫，葛学敏．国别高等教育研究[M]．徐州：中国矿业大学出版社，2004.

两部分，本科生学制一般为四年，毕业后可获得学士学位；研究生教育则为一至两年，毕业后可获得硕士学位；而研究生修业三至五年则可获得博士学位。第二次世界大战后，美国高等学校中又增设了博士后教育，年限为一年。除大学外，美国高等学校还设有二年制的初级学院和社区学院，培养高等技术、职业技术人才，为四年制高校输送人才；除此之外还有企业办学，为企业培养专门的技术人才。从整体上来看，美国高等教育具有灵活性和多样性的特点，其既拥有高质量的、以科研和培养研究生为主的世界一流大学，也存在着大量适应社会发展，为社区、企业而服务的短期大学、社区学院和成人大学，形成了丰富多样、多层次的高等教育体系。

其二，从高等教育教学研究与实践制度来看，美国高等教育倡导产、学、研三者紧密结合。美国高等学校中有的侧重于科研，有的侧重于教学，而有的则是教学与科研并重。具体来说，美国高等学校中产学研三者相结合的主要方式包括企业委托学校设立培训、科研项目，为学校提供一定的培训费和技术转让费，为企业培训管理人员和技术人员，并向企业转让科研成果；学校向机关企业聘请拥有博士学位的学位高、有丰富实践经验的管理和工程技术人员兼任学校教师；此外，企业还为高等学校的学生提供现场教学和实习的场所。通过这些方式，高校获得了充足的教学、科研资金，使学生获得实习的机会，使学生提前对未来就业和工作要求有一个清晰的了解。这一特点，也决定了美国高等教育具有一定的职业定向。

美国高等教育改革中，大学走出了神秘的象牙塔，而成为美国经济发展的有力支柱。这一特点对于大学课程的设置具有重要意义。大学与企业的联系，不仅能够确保大学对人才的培养，符合社会的发展需要，还有利于推动学术研究。美国大学和企业的横向联系是通过三条渠道达成的，第一条渠道为大学科技人员个人与企业的联系，这种联系多带有随意性和偶然性的特点；第二条渠道为在大学中创办工程系；第三条渠道为创办新型技术院校，这三种渠道均在一定程度上推动了大学与企业间的合作与联系。除此之外，美国大学与企业的合作与联系还离不开政府的积极干预，大学与企业的性质不同，其追求的目标也具有一定的差异性，这使大学与企业之间的结合存在着一定的困难。然而，日新月异的新技术革命以及竞争激烈的国际压力使大学与企业间克服了观念和财力上的重重障碍而走到一起。这也与美国政府对于大学的资助政策和方式有关，例如，政府设立了“种子基金”，对创办两年的大学与企业合作建立的研究中心和工程研究中心进行支持；设置了“匹配基金”，鼓励企业对大学的支持，同时鼓励大学中的优秀青年科学家为企业的科技发展做出贡献；设置了“专用基金”，鼓励大学在计算机与生物工程方面建立大型实验室和研究中心。此外，美国政府还通过减税、宣传等方式，鼓励和调动社会力量对大学研究进行支持。这些都促进了美国大学与企业之间合作研究的发展，体现了美国大学与企业联系与合作的特点。

其三，从高等教育制度内部管理上来看，美国高等教育的学术自治和自由倾向十分明显。美国传统大学中具有较大的自治权力。无论大学经费来源是国家或政府拨付还是私人捐赠，也无论学校的正式批准是教皇训令、皇家特许状，还是联邦政府或州政府的立法条文，都不能干涉高校的自治管理。美国高等教育的学术自治和学术自由是受德国洪堡的理念和思想所影响的。洪堡认为，学术自由对于国家生活方式的改革十分重要，其要求在高等教育发展中限制国家权力、强调个人自由发展的权利。在保护美国高等教育的自治方面，私立大学起到了防止政府过分束缚的作用。1816 年，当新罕布什尔州政府企图违反达特茅斯学院董事会的意愿，对这个学院的特许状进行更改时，遭到联邦最高法院反对，这使达特茅斯学院的自治变得不可侵犯。这一事件被称为达特茅斯诉讼案，这一诉讼案的判决保证了私立学校的自治权，同时促进了院校之间的竞争和整个高等教育多样化的发展。除此之外，美国高等学校中还成立了诸如美国大学教授协会等专业组织，以保护学院和大学的学术自由。

美国高等教育的学院管理方面呈现出多样化的特点。美国大学基本上分为公立和私立两大类别，两个类别之间具有较大的差异性，尤其是私立学院和大学管理模式方面具有多样化的特点，有的大学或学院属于私立性质，有的则是由社团、教派或慈善机构创办的。然而，仅以公立和私立院校划分美国的高校并不是绝对的，因为有的私立学院也接受政府的补助，而有的公立学院或大学则也会接受私人资助。此外，根据美国1965年和1972年分别颁布的高等教育法和修正法案，公立院校和私立院校之间的差异越来越小。当前，无论是美国公立院校还是私立院校，其管理模式多采用非住校的董事会和住校行政管理官员即校长进行领导与管理。吸纳校外人士作为董事也是美国大学和学院的最高决策机构与世界上其他国家高校最高决策机构的不同之处。美国高等院校的院外董事代表广大社会利益，对院校的长远发展进行指导，掌握院校的最高决策权力。然而美国高等院校的董事会又是一个完全独立的法人，由于校外董事大多不住校，因此其将大部分权力委托给校长，因此美国的大学校长对学校管理具有决定性作用。此外，高等院校的董事会还起着大学与社会政治浪潮之间的缓冲作用，对于保证大学的正常教学和科研工作的稳定性、连续性、持续性具有重要意义。

其四，美国高等教育中的教师管理机制十分完善。美国的高等教育将培养高质量的人才作为高等教育的改革目标，而大学教师作为培养高质量人才的主体，是高校人才质量提高的关键。美国十分注重教师的培养，并强调大学教师的素质在高校中的重要性，认为高校教师的地位和素质，以及精神态度和对学校的责任感对于学生起着重要作用。因此，高等教育改革的关键即建立一支高素质的教师队伍。从教师制度上来看，美国高等学校中的教师类型可分为终身教师和合同教师两大类型。从教师制度上来看，美国高等院校的教师可分为三级，即助理教授、副教授、教授。一般来说，副教授由助理教授晋升而来，而副教授则需5~7年的时间才能晋升为教授。美国高等院校十分注重教师的评估，设立了形式多样的评估体系，包括年度评估、申请终身职位时的评估、晋升评估等，评估内容包括教师的教学评估、科研评估、行政服务评估等，这些评估也与教师的去留、聘任时的职位以及工资待遇问题直接挂钩。其中，最重要的评估为教师申请终身职位和晋升职称时的评估，其要求申请人必须出具包括教学证明、科研成果、行政服务等材料，评估标准十分严格，过程相当烦琐。

其五，从美国高等教育的开放性制度来看，美国高等教育办学体系的开放性特点十分鲜明。美国高等教育的开放性特点主要体现在四个方面，即办学理念的开放性、招生政策的开放性、管理体系的开放性以及大学校园的开放性。首先，办学理念的开放性主要表现在美国的高等教育十分重视国际化，美国大学将开展远程教学、建设跨国大学作为发展目标；将学生和教师的国际化程度作为教学水平的评价标准；注重教学和科研的国际合作与交流，并致力于培养学生的金融和贸易等技能，以此作为学生参与全球经济竞争的必需技能。其次，招生政策的开放性是指各级高等学校的招生政策各不相同，具有较强的灵活性，其中社区学院实行免试入学，普通高校实行“最低限度筛选”的招生政策，以考生的能力作为考核标准而不过分强调入学成绩；品牌大学因报考人数过多而实行“竞争招生”政策，注重学生的综合素质。再次，管理体系的开放性是指美国高等院校中的专业设置、课程设置以及教学内容和模式并没有统一的要求，各院校的课程设置均以市场需求作为导向，教学内容和模式则由各院校及教授根据培养目标和规格而自行设计。最后，美国大学校园的开放性则体现在整个大学的布局与城市建筑融为一体，没有校园围墙，而学校的校园、图书馆、实验室以及体育和文娱设施则向社会全面开放。

三、美国现代高等教育制度对我国的启示

美国高等教育制度现代化的改革对我国现代高等教育的启示包括以下几个方面：第一，大力发展高等教育，是提升综合国力的重要战略决策。美国高等教育的发展，极大地提高了国民素质，培养造就了一大批高层次、高素质的人才，有力地推动了美国经济的发展。我国的高等教育目前并不能适应社会与经济的发展，因此，在这一点上应借鉴美国高等教育的经验，加大对高等教育的投入，坚持科教兴国战略，推动中国高等教育的发展。第二，多样化、多层次的高等教育，造就了鲜明的办学特色。美国高等院校的培养目标和培养特色十分多元化，例如，达特茅斯学院作为美国一流大学与哈佛大学和耶鲁大学的区别在于达特茅斯学院长期坚持高素质的本科教育办学特色。此外，美国社区学院大多为两年制，不培养本科生。

我国高等学校也可借鉴美国高等院校的这一特色，坚持特色办学，打造一批特色鲜明的学校。第三，美国的一流大学在世界上的声誉较高，影响力巨大。美国拥有125所研究性大学，其中许多大学属于世界一流水平。这些一流大学办学经费充足、科研水平高，是美国社会经济和社会发展的中心，在美国经济发展中起着举足轻重的作用。我国的现代高等教育在发展中也应借鉴美国一流大学的办学经验，建立、健全人才引入机制，加快创办一流大学，推动我国高等教育的腾飞。第四，培养和发展高校学生的创造个性。美国高等教育十分注重培养学生的个性，鼓励学生和创造性。当前，我国现代高等院校也十分注重对学生素质教育的培养。在这方面，可以借鉴美国高等教育的特点，重视学生的个性发展，尊重人才的成长规律；改革教学方法，开阔学生视野，健全并完善符合中国国情的通才教育体系；从品格、智力、能力等多方面全面发展综合教育。第五，增强民族自信心和自豪感。美国高等教育的发展既与美国学习英国与德国的大学经验有关，又与美国的文化传统有着千丝万缕的联系。当前，我国的现代高等教育与世界发达国家相比还有一定的差距，但是也应看到在我国改革开放后短短时间内高等教育已经发生了巨大变化，因此我国高等教育应坚定发展信心，树立发展目标，在借鉴国外高校先进办学经验的同时，坚定中国特色社会主义信心，依托优秀的民族文化，加快建设和发展中国特色高等教育。

第三节 亚洲高等教育制度变迁及特点

20世纪以来，亚洲各国高等教育制度发展十分迅速，尤其是日本、印度以及新加坡等国家，其高等教育制度发展与变迁均对我国高等教育制度的发展与改革有许多可借鉴之处。

一、日本高等教育制度的发展历程与特点

日本的高等教育大致可分为第二次世界大战前和第二次世界大战后两个阶段。战前的日本高等教育来源于我国唐代的高等教育，

并且具有长达一千多年的历史。明治维新后，日本在短短数十年间由一个封建落后的国家一跃成为资本主义国家，日本高等教育制度的发展也十分迅速。

（一）日本高等教育制度的发展历程

明治维新前，日本的高等教育还没有形成；明治维新后，日本学习法国和德国的高等模式开始创建高等教育体系。1971 年，明治政府在中央设立了文部省，主管全国文化教育事业。1972 年，日本明治政府颁布了《学制令》，明确了日本教育体制，并实行中央集权式的大学区制。当时，日本共划分为 8 个大学区，之后改为 7 个大学区，每区各设一座大学。1877 年，明治政府将昌平学校（大学本校）、东京开成学校（大学南校）和东京医学校（大学东校）合并，改称东京大学。东京大学是日本近代史上第一所正规新制高等教育机构，由法学院、理学院、文学院、医学院四个学院组成。东京大学具有深厚的欧洲大学色彩，其招聘许多外籍教师到校讲课，同时派遣许多留学生到欧美学习最新的学术成果。这一时期，尽管日本只有东京大学一所正式大学，然而社会上也建立了一批相当于大学教育水平的高等专科学校，如庆应义塾、明治法律学校、东京专门学校、英吉利法律学校等，这些学校大多为私立高等专科学校。截至 1885 年，日本各类高等专科学校已发展至 102 所，这些高等专科学校后来多升格为正规大学，并成为日本最具影响力的一批大学。1879 年 9 月，日本颁布的《教育令》中废除了大学区制的教育管理体制，改为美国式地方分权制。1880 年，《教育令》被重新进行了修复，重新恢复实行大学区制，并确立了中央集权式的高等教育管理体制。

日本学制颁布后，日本各地建立了许多包括医学校、法学校、外国语学校等公立和私立专科学校。1886 年后，日本的专科教育发展起来；1905 年，日本政府第一次公布了《专科学校令》，对当时存在的专科学校加以整顿和提高，将专科学校纳入了正规高等教育系统。《专科学校令》的颁布从制度上加强了职业高等专业教育，成立了一批新的理科、工科方面的专科学校，如东京高等工业学校、大阪高等工业学校、千叶县县立园艺专科学校、上田蚕丝专科学校等工农业专科学校。为了满足国家经济发展的需要，日本于1907年、1910年、1918年分别在仙台创立了东北帝国大学、在福冈创立了九州帝国大学、在北海道创立了北海道帝国大学。截至1912年，日本高等教育制度和法规初步完善，包括研究生教育、本科生教育、专科生教育三个层次的高等教育层次基本完善；各类专业的高等学校基本齐全，日本高等教育基本创建完成。从此，日本开始了以大学为塔尖，多层次的双轨高等教育体系。1918年，日本政府颁发了《大学令》，对东京大学之外的单科大学和私立大学进行整顿，并确立了这些大学的合法性，日本也因此迎来了战前高等教育发展的繁荣期。

1926年，日本高等教育制度呈现出军国主义化与法西斯化的发展特点。[①]1935年，日本成立了教育改革委员会。1937年、1941年，日本教育委员会分别发布了《日本民族实体的基本原则》《臣民之道》，成为指导日本这一时期高等教育发展的主要文件。1937年，日本成立了“教育审议会”，对包括高等教育制度在内的各级教育制度进行改革。1940年9月，日本教育审议会对大学提出了20项改革建议，并颁布了《关于专科学校的纲要》，对高等教育进行改革，同时增设大学，在大学课程中加强了工科方面的专业，并设立了航空等专业，同时大力发展专科学校。

第二次世界大战后，日本高等教育制度先后进行了三次重大变革。日本高等教育制度的第一次重大变革为1945年至20世纪50年代中期。第二次世界大战结束时，日本高等教育正处于瘫痪状态。1946年11月，日本颁布了新的《日本国宪法》，为战后高等教育制度的发展奠定了改革与发展基础。1947年，颁布了《教育基本法》和《学校教育法》两个重要法案，彻底否定了第二次世界大战前和第二次世界大战期间军国主义教育政策，为高等教育的发展指明了方向。这一时期，日本大学的改革几乎全盘引进了美国高等教育制度，在美国教育使节团的建议下，日本将第二次世界大战前双轨制

① 胡剑虹．日本高等教育制度评介[D].苏州：苏州大学，2003.

调整为单一的四年制，并将多种类型的高等教育机构调整为一种类型的大学。自1949年起，日本将278所国立大学、高等学校和专科学校合并为69所新制国立大学，并实行新制大学制度。日本高等教育制度的第二次重大变革为20世纪50年代中后期到20世纪70年代初期。这一时期，日本高等教育制度改革的重点在于改革高等教育结构，增设大学，扩大办学规模，重视理工教育，培养科技人才。1957年、1960年、1965年、1967年日本先后制定了《新长期经济计划》《国民收入倍增计划》《中期经济计划》和《经济社会发展计划》,其中为高等教育制度的发展创造了条件。这一时期，日本创造了“产学结合”的高等教育培训模式，加强了学校与产业界人才的流动，保证了教师业务水平的提高，推动了日本高等教育制度的大发展。经过一系列改革，日本形成了多种高等教育机构并存的多元化格局，也为日本高等教育大众化的实现创造了条件。

日本高等教育制度第三次重大变革为20世纪70年代至今。20世纪70年代,为了克服高等教育领域中存在的问题,提高教育质量,日本分别于1970年、1972年和1973年三次修改了《大学设置基准》，通过强化大学基础课程教学、改组低质量大学等措施，从制度和管理方面促进了高等教育质量的提高。20世纪70年代后，日本政府和社会各界还加强了对高等教育的咨询活动，提高高等教育质量的好建议，并引发高等院校入学考试改革，提升了学生质量。1984年，日本国会批准成立了“临时教育审议会”，1987年，文部省成立了“教育改革推进本部”，并多次召开听证会，进行调查研究，陆续为日本高等教育提供了《关于研究生教育制度的弹力化》《关于修订学位制度及研究生教育的评价问题》《关于研究生教育的调整与充实》《关于研究生教育的数量调整问题》《关于提高研究生教育质量的审议结果》等咨询报告。此外，1987年7月，日本文部省还向国会提出了关于设立大学审议会的学校教育法修正案，该法案于同年9月在国会通过，《学校教育法》与“教育改革推进本部”等的设置为日本高等教育制度改革与发展提供了方向。

1993年，日本政府提出了修订《大学设置基准》的意见，并提出大学设置基准的灵活性，建设多样化的终身学习体系，扩大成人接受高等教育的机会，以应对高等教育适龄生源下降所带来的种种问题。20 世纪 90 年代末，日本短期大学、放送大学的学生也被允许插班进入本科班进行深造，这一改革使日本正规大学与短期大学和远程教育之间的界限越来越模糊，并且提高和扩大女性及在职成人接受高等教育的机会，促进了高等教育的规模化发展，进一步普及高等教育。20 世纪 80 年代中后期，随着经济国际化的影响，日本高等教育的国际化开始受到重视，此外，还实行大学开放政策，加强国际、校际交流。

除了以上内容外，日本政府采取了增加教育经费、改善办学条件以及提高教师待遇等措施，推动日本高等教育进入新的历史时期，并由此奠定了当代日本高等教育的基础。2001 年，日本文部科学省提出了三项“大学结构改革方针”，即推进国立大学的合并与重组，将企业或民间高校的经营方法引进国立大学，建立国立大学法人制度；此外还引入第三者评价机制，通过政府、大学和第三者评价机构对日本大学进行评估，鼓励国立大学和私立大学进行竞争，并将在竞争中排名前 30 名的大学建设成为世界一流大学。近年来，日本高等教育十分注重国际化。日本高等学校的国际化是在政府主导下进行的，早在 1983 年，日本政府即颁了“2000 年 10 万人”计划，拟通过一系列政策和措施，达到在 2000 年招收 10 万国际学生的计划。2008 年，日本又起草了“30 万国际学生计划”，计划通过吸引国际学生，提供“一站式”服务；改进入学考试、学校招生和移民，使留学日本更加便捷；保进大学全球化，提高大学吸引力；为国际学生创造良好的学习和生活环境；促进日本社会国际化等政策，到 2020 年使日本的国际学生增长至 30 万人。2009 年，日本开始实施“全球 30”计划，一方面选定了 13 所大学作为招收和教育国际学生的重点大学，并在 13 所大学内设置了 150 个全英文授课的学位项目，同时为国际学生提供日语培训和奖学金支持；另一方面，在 7 个国家的 8 座城市内设置海外办事处，以作为其他国家留学日本的海外联络基地。除了吸引留学生到日本外，日本政府还鼓励本国学生出国留学，并于 2012 年实施“迈向全球的日本”计划，以提高出国学生数量，据统计，截至 2016 年，日本共有 16000 学生出国留学。

当前，日本已形成了体系完善、层次分明的高等教育制度。高等教育机构包括高等专门学校、专门学校、短期大学、大学、研究生院等多种层次，并分为国立、公立和私立三种类型。不同层次的高等院校中学制也不相同，其中，高等专门学校以初中毕业生为对象，学制为5年；专门学校学制为1~3年；短期大学的学制通常为2年；而综合大学、多科大学和单科大学的学制一般为4年。此外，日本大学的大学院中设有硕士课程和博士课程，硕士课程学制为2年，博士课程学制为3年。从高等教育制度内部管理制度上来看，日本高等院校实行教授治学的学术管理制度。从高等教育资源配置制度上来看，日本高等教育经费由政府拨款、学费、校产收入、捐款、科研收入组成。

（二）日本高等教育制度的特征

日本高等教育制度具有以下特征。首先，通过立法对高等教育进行管理是日本高等教育制度中最突出的特点之一。在第二次世界大战后，为了拯救近乎瘫痪的高等教育，日本政府先后制定了数十部有关高等教育的法律和法令，将高等教育的设置、运营管理和组织权限等主要环节纳入民主化和法制化的轨道，形成了较为系统的高等教育法律体系，这些法律、法令成为日本高等教育管理中的法律依据。这些法律与法令对于加强日本高等教育的宏观管理，保障日本高等教育的连贯性、可行性和有法可依性起到了极为重要的作用。其次，日本高等教育发展过程中充分发挥了中介的作用。日本政府对于高等教育的改革，多通过临教审以及大学审议会进行，这也成为日本高等教育管理体制中极为鲜明的特色之一。例如，日本大学审议会机构在征求了社会各阶层、相关团体以及大学教授和学生的意见后提出了“关于教员采用的改善”以及“大学经营的灵活圆满化”等报告，这些报告对日本政府的高等教育决策产生了极为重要的影响。再次，实用主义导向是日本高等教育制度的另一个鲜明特色。东京大学自创办开始，就学习欧洲高等教育，注重精英教育，强调教学与科研并重。专门学校则学习美国高等教育模式，注重大众化教育，培养各类实用技术人才，以适应和满足社会需求，这类专门学校以私立院校为主。这类高校的学制和经费来源均体现出实用主义的风格。除此之外，日本高等院校的实验室和图书馆等教育设施均注重产学研相结合，并从总体上促进了国民素质的提高和产业技术水平的提升。最后，建设顶级大学，提高大学全球竞争力。日本十分重视高等教育的国际化，并颁布了一系列以提高大学国际化程度为宗旨的政策，以增强日本大学的全球竞争力。2011 年，日本实施了“再造日本计划”，加强日本大学与亚洲、北美、欧洲等国际教育的合作，开展国际院校合作，增强日本大学在全球教育中的影响力。2014 年，日本实施“顶级全球化大学计划”，将 13 所顶级日本研究型大学选为“顶级”型大学，计划在未来十年内进入国际大学排名前 100 位。除此之外，日本政府还推出了“世界顶级国际研究中心建设”“增强研究型大学执行力计划”等推动日本高等教育的国际化建设。

二、印度高等教育的发展与特点

印度作为世界文明古国，高等教育历史源远流长，而印度现代高等教育制度则发源于英属殖民地时期。1757 年，印度沦为英国的殖民地。1781 年，英国东印度公司在印度陵园加拉建立了加尔各答学院，开启了印度现代教育的开端。[①]

（一）印度高等教育制度的发展历程

印度的高等教育制度发展主要经历了三个阶段，即殖民时期、计划经济时期、市场化和全球化时代。殖民时期（1813~1947 年），1813~1815 年，托马考利在印度殖民政府的委托下起草了印度历史上第一份设立大学的建议报告草案。1854 年，印度殖民政府以《伍德文告》的形式批准建立大学。1857 年，印度殖民政府在借鉴和参照英国伦敦大学的基础上，建立了三所印度最早的大学。这一时期，印度殖民政府建立的大学主要是为了培养精英知识分子。受《伍

① 王丽娜．印度高等教育管理研究 [D]. 西北师范大学，2001.

德文告》的启示，印度殖民政府认识到了高等教育管理的重要性，之后陆续出台了一系列有关大学的政策、法律法规和机构。1888年，印度殖民政府成立了“印度教育委员会”；1902年，出台“科仲报告”；1904年，颁布了《印度大学法》，这一系列政策和法规进一步规范了大学的管理，提高了大学的办学质量，然而也使印度的高等教育得到了一定的限制。1917年，印度成立了“加尔各答大学委员会”，开始对大学进行改革。1919年，印度开始推行中央和地方共同管理高等教育的“分权制”措施。1927年，印度成立了哈格委员会，对包括科研和教学、精品课程、就业指导等在内的高等教育政策提出建议。1938年，印度殖民政府计划制定综合性国家教育发展规划，这一规划受第二次世界大战的影响，曾一度中断，并于1944年恢复并完成了《萨甘特报告》，在这一份报告中指出成立“大学拨款委员会”，以推动和提升印度高等教育的发展。这一时期，印度高等教育由殖民政府一手主导，其政策几乎完全引进英国高等教育的观念和制度模式，其目的是为了满足殖民政府的统治需要。除此之外，这一时期印度高等教育经历了从精英导向和较大规模的普通导向过渡，以及从集权制向分权制过渡，这些均为高等教育大众化的走向奠定了基础，并且使印度高等教育的治理进一步走向统一和规范。

20世纪50年代至80年代，是印度的计划经济时期。1947年，印度摆脱了殖民统治，宣布独立，新成立的尼赫鲁政府成立了“大学教育委员会”，该委员会开始制定国家大学教育发展规划，并对大学经费拨款、管理结构、高等教育的目的和语言，以及大学教师的任命和待遇等提出了建议性的建议和意见。20世纪五六十年代，印度高等教育制度并没有发生实质性的改变，然而印度的高等教育规模却迅速扩大。到了20世纪六七十年代，印度开始明确大学在国家经济和社会发展中的作用，开始实施扩大办学的政策，同时放宽入学条件，并对课程体系、研究生教育以及学术自由等做出了明确的规定。进入20世纪80年代后，印度开始对当时的高等教育政策进行全面评估，并于1986年出台了《国家教育政策》，制定了教育“行动计划”。这一时期，印度的高等教育政策进行了继承和革新，并明确了印度高等教育制度和权力，印度高等教育体系开始建立起来。

20世纪90年代至今，是印度高等教育发展的市场化和全球化时代。进入20世纪90年代后，在印度经济改革运动和高等教育大众化、国际化的发展趋势下，为了适应社会发展的需要，1992年，印度政府颁布了《国家教育政策修正案》和《新行动计划》，与此同时，印度开始大力发展私立高等院校。进入21世纪后，面对全球知识经济的迅猛发展，2005年印度成立了“国家知识委员会”，制定了包括教育、技术以及产业等在内的公共政策，以应对不断变化的国际竞争。印度大学的软件专业也趁势崛起，促进了印度IT产业的发展。受益于高等教育政策，印度的科技产业增长迅速，尤其是印度的软件领域创造了世界瞩目的神话，而高科技产业的迅猛发展，也促进了印度经济的腾飞。这一时期，印度通过制定各种新政策，对高等教育中出现的情况和问题进行有效解决，除此之外，还落实了高等教育质量的监控和保障政策。

（二）印度高等教育制度特征

印度高等教育制度包括三个主要特征。其一，政府主导，政策完备。从以上印度高等教育的发展来看，印度高等教育的发展是由政府推动的。印度的高等教育政策是一种中央集权制，由国家直接干预、控制、指导并监督国内高等学校，而所有的高等学校也必须遵循中央政府制定的方针和规定。印度政府成立了不同的教育管理机构，并在各级层面上出台了一系列相关政策和建议，形成了印度高等教育政策的多样性和多层化，进一步明确地体现了自上而下的国家控制制度变迁模式。印度政府还制定了一系列促进教育公平的法令和政策，增加普通民众接受高等教育的机会，提高弱势群体的受教育程度，同时成立专门的女子学院，提高女子受教育程度，由此推动政府对高等教育发展理念的转变，进一步普及了大众教育。其二，印度高等教育的特点之一即完善、灵活的教育体制。印度的高等教育体制详细完善，包括中央、邦、县等教育管理机构，这些教育管理机构门类齐全，相对独立，分工合理，体现出印度高等教育管理的多样化和科学化趋势，也为印度国家教育计划的制订、实施和执行提供了制度保证。与此同时，印度高等教育的办学模式也较为灵活，既有公立高等学校，也有私立高等学校；既有政府办学也有民间办学；既有正规大学或学院也有非正规的高等院校，这些多样化、社会化的办学模式有力地推动了印度高等教育的全面发展。其三，印度高等院校的风格呈现出多样化，既有英国风格，也有美国风格，呈现出多元融合的特征。这一特征是推动印度高等院校迅速崛起的原因之一。20 世纪，印度先后有 6 人获得多项诺贝尔奖，这也证明了印度高等教育制度的成功之处。

三、新加坡高等教育发展及特点

新加坡于 1819 年沦为英属殖民地，为了巩固殖民统治，英国殖民者开始对教育问题进行重视，并创办了大学，制定了各项法令，为新加坡高等教育制度的发展奠定了基础。

（一）新加坡高等教育制度的发展历程

1905 年，新加坡历史上的第一所高等院校——英王爱德华七世医务学校成立，这是一所私立学校。1916 年，该校颁发的医学和外科证书得到了大不列颠总医学委员会的认可。1929 年，莱佛士学院成立，这一学院是借鉴英国教育体系建立的。1949 年，马来联邦国立医科学校和莱佛士学院合并，统称为马来亚大学。这一高等学校的成立满足了新加坡社会发展的需求。1953 年，由华人创办的南洋大学成立。以上三所大学或学院构成了新加坡的早期高等教育。新加坡的早期高等教育制度基本借鉴了英国高等教育制度的模式，坚持自主办学，设置了文科、理科、医学专业，以及各种应用技术学科。1959 年，新加坡制定了适合民族发展的教育方针，初步形成了具有民族特色的高等教育体系。这期间，新加坡高等教育一方面选派优秀学子到欧美等国家留学，另一方面聘请国外优秀人才担任高等教育院校的教师，初步开始实施高等教育的国际化策略。20 世纪 80 年代，新加坡政府开始发展集约型高科技产业和服务业，为了适应社会经济的发展，新加坡政府将高等教育提升至国策层面，并大力推动高等教育的国际化进程。1979年和1989年新加坡两次出台了《丹顿报告》，加大引进海外人才，加强同英美等发达国家的科研合作和学术交流。20世纪90年代，新加坡政府开始充分利用国际资源，提升本国高等教育的国际化水平，并设立世界级大学的建设目标，制定了多所高校的国际化发展战略，并在全球范围内构建了全球性的大学联盟，培养出了一批优秀的国际化人才。1998年，新加坡政府制定了十年内引进十所全球顶尖大学在新加坡设立分校或合作办学的目标，2005年，这一目标已经达成。20世纪八九十年代，新加坡高等教育还经历了大众化向国际化发展的历程。进入21世纪后，随着国际竞争的加剧，新加坡政府和人民期望通过高等教育来提升国家的竞争力。为了迎合21世纪的各种挑战，新加坡政府先后于2001年、2003年、2005年、2007年、2011年分别设立了审查学位教育升学机会委员会、审查大学院校和毕业生人才规划委员会、杰出研究基金委员会、大学扩张委员会、升大学渠道委员会等机构，这些委员会通过进行民意调查，到世界其他国家学习，并经过详细的商议和探讨，为新加坡的高等教育改革提供了理论依据。这一时期，新加坡的高等教育经历了大学自治和规模扩张两次改革。

1997年，新加坡制定了高等教育发展的目标，其中之一即将新加坡国立大学、南洋理工大学打造成世界级一流大学。而世界一流大学的前提即引入一流的高等教育管理制度，建立健全高等教育管理系统，赋予大学一定的自治权。2000年4月，第二届亚太经济合作组织教育部长会议在新加坡国际会议中心举行，在这次会议上谈到教育管理系统的改革时，亚太经济合作组织成员国的各国教育部部长一致认为督导和评估教育成果将成为21世纪教育管理系统的主要部分。良好的教育监督体系和质量保障体系，要求政府必须转变其在教育管理系统中的角色和职能，将更大的自主权交给院校，而政府则主要承担拨款和监督的职责。2004年4月，新加坡成立了大学自治、自治和资金督导委员会，对新加坡国立大学和南洋理工大学以及受政府资助的私立大学的自治改革进行审查，并向政府提交切实可行的建议。2005年1月，该督导委员会向新加坡政府提交了《大学自治：迈向卓越巅峰》的报告，新加坡政府接受了这份报告的建议，并于2006年正式执行大学自治改革政策。大学自治改革政策的措施包括大学实行企业化管理、建立系统的大学问责制体系、调整政府拨款制度、改革大学收费制度等，经过一系列改革，新加坡的国立大学和南洋理工大学的自主管理权加大，此外，新加坡的大学资金也得到了合理的分配和使用，各个大学之间还形成了良性竞争，极大地提升了新加坡高等教育的整体水平，促进了新加坡高等教育的国际化发展，并且为新加坡在全球竞争力的提升做出了卓越贡献。

新加坡高等教育的另一次改革是规模扩张。新加坡大学进行自治改革后，国立大学、南洋理工大学和新加坡大学的理事会均获得了一定的管理权。然而，随着全球化经济环境的复杂程度越来越高，各国政府为了能够灵活地应对经济全球化的挑战，纷纷积极扩大高等教育的规模，意图通过多样化的高等教育形式迎合不同学生的发展需求，并与工业建立密切联系。为了弥补大学注重专业型人才培养的缺陷，世界各国尤其是美国成立了诸多具有特色的文理学院，培养出了一批具备多学科知识背景的综合性人才。此外，为了确保培养出能够促进本国经济发展的人才，2007年8月，新加坡成立了大学扩张委员会，该委员会向教育部提交了《大学扩张委员会报告——更多选择，更多超越的空间》，该报告经教育部审核通过后，对新加坡的高等教育实施规模扩张改革。新加坡高等教育的规模扩张改革包括三方面的内容。首先，促进现有大学的发展，针对已有的三所大学进行合理定位的同时有针对性地进行扩张。例如，新加坡国立大学，定位为培养一流本科生的研究型大学。此外，重点发展双轨工程项目和大学学者项目，以及国际教育。南洋理工大学定位为致力于科学技术的研究型大学，同时开展卓越工程项目，培养顶尖工程师，以担任科技官员和科技公司的领袖。新加坡管理大学则继续保持中等规模的招生，并在原有的商科和管理专业之外扩大领域，增设了一些新的专业和学位课程。新加坡规模扩张的第二个方面是扩展其他形式的学位教育。新加坡学位教育除自治大学以外，还包括理工学院和外国专业机构合作项目等政府资助的学位教育，以及由独立的学位授予机构提供的非政府资助的学位教育。新加坡规模扩张的第三个方面是成立新院校。2009 年 5 月，新加坡成立了新加坡科技学院，之后，在新加坡国立大学建立了文理学院，这些学院的成立均为新加坡高等教育的规模扩张改革起到了重要的推进作用。这次改革使新加坡的高等教育形成了一个多层次的高等教育结构。截至 2015 年，新加坡 70% 的学生均可获得某种形式的高等教育。2015 年后，新加坡的高等教育又迎来了新的变革，其发展趋势主要集中于开设不同形式的学位项目，形成多元互通的高等教育结构；配合经济发展需求，逐步扩大高等教育规模；推广应用型大学模式，关注应用型人才的培养，以及开展职后教育培训项目，促进成人高等教育的发展等方面。

（二）新加坡高等教育制度的特征

综观新加坡高等教育制度的特色主要表现在以下几个方面：

首先，重视教育投资。新加坡政府十分重视教育，尤其是高等教育的发展，其坚信大学是推动科学技术革新的潜在动力，因此新加坡政府在高等教育的建设和发展上投入了充足的资金。据悉，新加坡对教育的投入仅次于国防，占新加坡政府财政支出的第二位。新加坡政府对于高等教育的支出，不仅体现在对学校基础设施的投资方面，还体现在大量包括奖学金和助学金、学生贷款、教师培训等在内的额外款项投资方面，在政府的大力支持下，新加坡大学得到了迅速发展。其次，新加坡高等教育国际化的倾向十分明显。新加坡高等教育的国际化主要体现在新加坡高校的定位上，新加坡国立大学的定位是“立志成为环球知识企业校园”；而南洋理工大学的定位是“成为卓越的全球科技大学”，清晰的定位为新加坡高等院校的发展指明了方向。具体来说，在高等教育国际化发展的实践方面，新加坡高等院校加强与世界一流大学和国外教育机构的科研合作；聘请海外高水平人才，加强教师之间、学生之间的国际交流；成立国际学术咨询团，对国外著名大学进行考察并提出符合新加坡以及新加坡高等教育发展的意见和建议。在这些实践的基础上，新加坡高等教育国际化的特色也越来越明显。主要表现在以英语为主的双语教学，加强国际交流与合作办学，聘请国际化师资对教学质量进行保证，教学多样化和国际化，重视职业继续教育并加强高校与企业的合作等方面。

新加坡高等教育政策对我国的启示主要表现在五个方面。第一，顺应全球化发展潮流并实施有效策略。新加坡高等教育的发展离不开对全球化局势的观察与快速反应，其及时抓住并顺应了全球化发展的潮流，结合国情，抓住机遇，认识到高等教育对国家富强的重要性后，迅速确定了国际化的发展目标，并制定了一系列教育强国策略，因而能在短时间内较快地推动新加坡高等教育国际化的发展。在高等教育国际化发展过程中，新加坡除加大对教育的投资力度外，还制订了诸如“环球校园计划”“浸濡计划”等，并对新加坡的高等教育制度进行改革，最终使新加坡大学在全球教育市场上获得重要席位，产生了深远的影响。近年来，我国高等教育在国际化方面也取得了一定的成绩，然而同新加坡高等教育的国际化相比，还存在着一定差距。因此，在探索我国高等教育的国际化方面可借鉴新加坡的经验。第二，新加坡高等教育十分注重外语教学。新加坡的双语教育模式世界闻名，从幼儿园时期即开始实施双语教育，并以英语为主，兼修母语，这一教育模式充分抓住儿童语言学习的关键期，到了中学毕业时，绝大多数学生均能熟练地掌握和运用两种语言。与新加坡相比，我国的外语教育尽管取得了一定的成绩，然而外语教学的目标还远远没有实现，因此，我国可借鉴新加坡双语教育，培养精通各门外语的高校人才。第三，新加坡十分重视对教育的投入，无论是硬件设施还是软件方面，均有较大投入，此外，还以重金聘请许多国际学者到校任教。我国对于高等教育的投入与新加坡相比还有不小的差距。在这方面，也可学习新加坡的经验，一方面加强对高等教育硬件和软件的投入，另一方面加强师资培养，提高教学质量，从整体上提升我国高等教育的竞争力。第四，新加坡高等教育既借鉴了西方教育的经验，注重培养学生的综合素质，也重视应试教育。我国的教育政策也为素质教育，重视学生德智体美劳的全面发展，实行以展现学生个性为目的的基础教育，在这方面我国高等教育也可借鉴新加坡高等教育的做法，将素质教育和应试教育结合起来。第五，适时调整教学内容和方式，使教学更趋国际化是新加坡高等教育的另一个特点。新加坡高等教育为了适应国际化的要求，对课程进行了一定的调整和改革，例如，采用学分制，并开设许多国际性的课程，以培养高水平的国际性复合人才。我国高等院校在现代化过程中，也可借鉴新加坡的经验，对教育体制和机制进行改革，调整教学计划，以适应国际形势，培养拥有国际眼光、熟悉异国文化并拥有国际知识的高级人才。

第三章 中国现代高等教育制度的发展历程

当前，世界学者对于高等教育“现代化”的阶段划分，通常采用四阶段说，即18世纪后期至19世纪中叶为第一阶段；19世纪70年代开始至第二次世界大战结束为第二阶段；第二次世界大战结束后至20世纪80年代为第三阶段；20世纪80年代至今为第四阶段。[①] 本书中对于中国现代高等教育的划分也采取这一理论。

第一节 中国现代高等教育制度起源与发展

中国现代高等教育制度是在近代高等教育制度的基础上形成、演进而来的，中国现代高等教育是随着整个中国社会变革的演进而逐步发展变化的。一方面，中国现代高等教育制度受国外现代高等教育先进理念的影响，借鉴并移植了外来的高等教育模式；另一方面，中国现代高等教育制度也具有独有的特征。

① 王静修．中国高等教育现代化的构建与反思[M]．北京：知识产权出版社，2017.

一、封建社会末期近现代高等教育制度的起源及其特点

中国近代高等教育制度起源于19世纪60年代至90年代，近代高等教育在发展过程中经历了源起、演进和发展三个阶段。1842年鸦片战争后，中国清政府与英国帝国主义签订了中国近代历史上第一个不平等条约《南京条约》，标志着中国开始沦为半殖民地半封建社会。鸦片战争结束后，面对清政府战败并割地赔款的事实，清朝一些有识之士为了救国图强而发起了洋务运动。洋务运动时期，洋务派因外交需要，开办了一批新式外国语学堂，目的是培养通晓外国语言文字的翻译人才。例如，1862年在北京开设的京师同文馆、1863年在上海设立的上海同文馆（后改为上海广方言馆）、1864年在广州开设的广东同文馆、1887年在新疆开设的新疆俄文馆、1887年在台湾开设的台湾西学馆、1887年在吉林开设的珲春俄文书院、1893年在武昌开设的湖北自强学堂；除语言学校外，还开办了一批军事技术学堂，例如，1866年在福建马尾开办的福建船政学堂、1874年在上海创办的江南制造局附设操炮学堂和工艺学堂、1876年在广州设立的广东实学馆（西学馆）、1884年在黄埔设立的广东黄埔鱼雷学堂。军事学堂包括天津水师学堂、广东水陆师学堂、北京昆明湖水师学堂、山东威海卫水师学堂、江南水师学堂，以及天津武备学堂、江南陆师学堂、直隶武备学堂、湖北武备学堂；此外，还有包括电报学堂、铁路学堂、商务学堂、矿务学堂、算学学堂、医学堂、农务工艺学堂等在内的专科学堂。这一时期，洋务派创建的各种专科学校虽然有诸多不足，然而却是中国近代冲破封建传统高等教育的禁锢，而开办的第一批近代学堂，因此具有划时代的意义。

中国近代高等教育制度的确立可追溯至甲午战争前后。1894年，中国清政府在中日甲午战争中经历了惨败，1895年4月17日，清政府迫于日本军国主义的军事压力签订了丧权辱国的不平等条约《马关条约》。这一条约大大加速了中国半殖民地化的进程。经历

了甲午战争的失败后，中国的有识之士开始将目光移向日本，看到日本自明治维新后迅速崛起的历程，许多有识之士纷纷指出应向日本学习，成立学堂，培养变法人才。由此引发了中国近代高等学校的发轫期。1895 年，天津中西学堂成立，标志着中国近代高等学校的雏形建立起来。天津中西学堂内部分为头等学堂与二等学堂，其中头等学堂修业年限为 4 年，相当于大学本科；二等学堂的修业年限也是四年，但学生的学业程度较低，相当于大学预科。二等学堂中的头班学生毕业后，即可升入头等学堂学习。天津中西学堂中的头等学堂即是中国大学的先声。1903 年，天津中西学堂改名为北洋大学堂。北洋大学的毕业生赴美留学还享有免试进入美国大学各个研究院的资格。1896 年，继天津中西学堂之后，上海成立了上海南洋公学，该学校共分为四个学院，包括师范院、外院、中院和上院。其中，上海南洋公学中的上院为最高学府，毕业后可出洋留学；师范院相当于现代的高等师范院校，是我国最早的高等师范院校，而师范院的学生对于学校的教师来说是学生，而对于外院的学生来说又是教师。除了师范院，上海南洋公学中的外院、中院和上院的学制均为四年，三者相互衔接，逐次上升。1898 年，北京成立了京师大学堂，京师大学堂的办学宗旨为“中学为体，西学为用”，在组织建制方面分设了许多专业或学科，包括师范斋、仕学院、编译局，除此之外，还设立了藏书楼、仪器院、医学堂、中小堂等。天津中西学堂、上海南洋公学、京师大学堂三所学校均是仿照西方大学而设立的，学校在创建初期就具有较为完善的大学章程，其中包括大学理念、组织建设、管理、课程、教学等，均移植了西方现代大学的特点，因此，有学者认为这三所学校是中国现代高等教育的雏形。①

从法律法规角度来看，1902 年，管学大臣张百熙主持拟定了包括《京师大学堂章程》《高等学堂章程》等一系列学制系统文件，史称“壬寅学制”。该学制主系列分为三段七级。第三阶段为高等教育，分为三级：高等学堂或大学预科三年（设政、艺两科）；大

① 田联进．中国现代高等教育制度反思与重构[D]．南京：南京大学，2011.

学堂三年（设政治、文学、格致、农业、工艺、商务、艺术共七科，各科下又分若干专业，如医术科分医学、药学两个专业）；大学堂之上设大学院，年限不定，以研究为主，不立课程，不主讲授。①然而这一学制却并没有实行。1904 年 1 月，清政府颁布了《奏定学堂章程》，史称“癸卯学制”，这一制度标志着中国现代高等教育制度的开端。②

从学制来看，癸卯学制包括 22 个文件，将中国的学校分为三个阶段七级。其中，第一阶段为二级的初等教育；第二阶段为一级的中等教育；第三阶段为三级的高等教育，其中包括高等学堂或大学预科、大学专门分科，以及通儒院或大学院。除此之外，癸卯学制还明确有了大学分科制，将大学堂分为包括经学科大学、政法科大学、文学科大学、医科大学、农科大学、工科大学和商科大学在内的学科。并对大学堂教员的任职资格进行了明确的规定。除此之外，癸卯学制还对课程设置、学生的入学资格、大学堂的管理方式和方法，以及图书馆、实验室、实习场地进行了详细的说明。癸卯学制的诞生为中国近代大学迈进现代大学创造了制度保障，形成了涉及教学、教师任职资格、行政、学生管理等一整套的教育制度，促进了中国近现代高等教育史上一整套教育制度的形成。

二、民国时期我国高等教育制度的演进

1912 年辛亥革命后，中国结束了统治两千多年的封建专制制度，为中国现代高等教育的发展提供了历史机遇。1912 年，中华民国临时政府在南京成立，同年，教育部成立，其中，蔡元培被任命为教育总长。此时，由于社会动荡，各种政治力量云集，新思想层出不穷，引领中国现代高等教育制度在相对宽松的环境中发展。这一时期，中国的大学也如同雨后春笋般成长起来，形成了多样化、门类齐全的高等教育制度。清朝末年，近代新式教育向现代教育转型的重要标志有两个，一个为 1912 年颁布的学制和 1922 年新学

① 薛二勇．中国近代高等教育的制度变迁分析 [J]．高等农业教育，2006(5):10-13，49.

② 田联进．中国现代高等教育制度反思与重构 [D]．南京：南京大学，2011.

制的诞生；另一个是在“五四”前后，北京大学仿照西方的现代教育制度进行了改革，并提倡“学术自由、兼容并包”的大学精神。

（一）从高等教育立法看高等教育制度的发展

1912年9月，教育部在部长蔡元培的主持下，制定并颁布了新的学制系统“壬子学制”。该学制以日本的学制作为参考，与其后颁布的各种学校法令共同构成了“壬子·癸丑学制”。该学制分为三段四级，其中高等教育段不分级，设立大学，大学分为预科、本科和大学院三个层次。该学制中规定学生17岁进入大学，先读3年预科，再读3~4年本科，本科毕业后可进入大学院校深造，大学院不设定年限。之后，该学制进行了局部调整，其中预科学制改为2年，大学本科学制改为4年。1912年10月、1913年1月，为了改革中国的高等教育制度，南京临时政府分别颁布了《大学令》《大学规程》和《私立大学章程》，对于大学的招生、系科设置、大学的管理体制，以及办学条件、办学宗旨等做出了明确而具体的规定。其中，《大学令》包括二十二条，其目的是使中国大学管理更加规范化，其中，将大学的办学宗旨规定为“大学以教授高深学术、养成硕学闳材、应国家需要为宗旨”。[①]在大学的管理体制方面，规定实行以教授治校为核心的管理体制。此外，《大学令》中还指出每所大学设大学校长、各科设学长各一人，由各学科科长和各科教授互选若干人组成评议会，评议会可由大学校长自主召集，并拥有废止各学科、组织讲座以及讲座种类、制定大学内部规则、审查大学院学生成绩以及对教授进行评估、向教育总长汇报等权力。在系科设置方面，则在大学中设立文科、理科、法科、商科、医科、农科、工科七科，每科下面又设置了不同的专业和门类。而在《修正大学令》中则对原有的法令进行了相应修正，并明确大学中设立正教授、教授、助教授，并可聘请讲师。《大学令》以一种法律的形式赋予教授在大学管理中的权力与权威，标志着中国教授治校制度的开端，在中国高等教育史上具有里程碑的意义。

① 田正平，商丽浩．中国高等教育百年史论制度变迁、财政运作与教师流动[M]．北京：人民教育出版社，2006．

1922年，在“壬子·癸丑学制”基础上，又进行了部分修改，史称“新学制”。其中，高等教育阶段取消了大学预科，并缩短了教育年限，推动了高等院校专业教育和科学研究的发展。新学制是中国近代教育史上的一个业务学习里程碑，尤其是其中涉及的高等教育方面，除了局部调整外，一直沿用至中华人民共和国成立。[①]1925年7月1日，国民政府在广州成立后，颁布了一系列教育法令和法规，例如，1929年颁布的《大学组织法》和《大学规程》中将高等教育机关分为大学、独立学院和专科学校三种。除此之外，这一时期，政府还颁布了《专科学习组织法》《专科学校暂行规程》等法规，这些法令和法规在一定程度上推动了我国高等教育制度的发展。进入20世纪30年代后，民国政府继续改造高等教育制度，提高效率。1930年废止大学预科，1931年又废止专科学校的预科。同年6月，根据《确立教育设施方案》，将高等教育的办学向注重实科的方向倾斜。1948年，民国政府又公布了《大学法》和《专科学校法》，进一步调整和完善高等教育制度。

（二）从高等教育制度改革看高等教育制度的发展

这一时期的高校改革实践主要表现在北京大学和东南大学的改革上。尤其是蔡元培1917年1月对北京大学的改革，正式开始了中国高等教育教授治学的实践，真正让《大学令》中的现代高等教育制度落到实处。北京大学的前身即为清朝末年建立的京师大学堂。京师大学堂虽然是效仿西方大学制度建设的，然而却具有较浓厚的封建习性。蔡元培1917年从德国回国并担任北京大学的校长后，对北京大学进行了一系列改革，使其根除了封建习性，从性质方面、学校治理以及人才培养方面发生了根本性的变化。蔡元培对北京大学的改革重点体现在三个方面。其一，确定北京大学的办学宗旨。蔡元培上任后明确了北京大学的办学宗旨，即“大学者，研究高深学问者也。大学学生，当研究学术为天职，不当以大学为升官发财之阶梯。”[②]蔡元培将北京大学定位为研究高深学问的学府，并以

---

① 薛二勇．中国近代高等教育的制度变迁分析[J]．高等农业教育，2006(5):10-13，49.

② [加]许美德．中国大学——一个世纪的文化冲突[M]．许洁英译．北京：教育科学出版社，1999.

此作为核心思想和根本目标，对北京大学的规章制度、教学体制等进行了全面改革。为了实现这一目标，蔡元培对北京大学的教师队伍进行了全面整顿与改革，遵循思想自由的原则，采取兼容并包的态度，不拘一格，延聘名流学者到北大任教。这些名流学者中既有在新文化运动中涌现出来的专家学者和模范人物，如胡适、刘半农、周树人等，以抵制和削弱顽固旧势力的影响。同时也不盲目排除旧有的制度，延聘辜鸿铭、黄侃、陈汉章、陈介石、马裕藻等有专长的旧学著名人物留学任教。这种兼容并包的思想，使当时的北京大学聚集了全国各科的著名学者。除此之外，蔡元培还不受国籍的限制，聘请外籍名师到北大任教，并经常邀请世界知名专家学者到北大讲学，如杜威、罗素、泰戈尔、爱因斯坦等。通过教师队伍的改革和整顿，北京大学成为全国高等学校中的佼佼者和名誉卓著的最高学府，学术氛围十分浓厚、活跃，成为全国的学术中心，引领全国学术新潮流之地，吸引了来自全国各地的优秀青年前来就读。其二，贯彻实行教授治校的管理体制。蔡元培到北京大学任职后，对以前由校长和学监专制的管理体制进行了批评，并采取多种措施打破北京大学传统上集权式管理的格局，将集中于校长的权力逐步分化，使北京大学更多的教授有机会享受“治校权力”。这些措施包括设立评议会作为全校的最高立法和权力机构，评议会会员由校长、各科学长、其他教授中选出和评议员所组成，对学校的学科设置、讲座种类、学校内部的规章、学生风纪、学生学位授予、高等教育的建议等内容进行评议；组建各科教授会并制定《学科教授会组织法》对本系的教学工作进行管理；设立教务处和总务处，其中教务处统一领导全校教务，总务处管理全校事务；设立行政会议，对全校事宜进行规划。经过上述一系列改革，北京大学的体制产生了根本性的变化，建立起了教授治校的民主管理体制。其三，实行选科制。蔡元培在实行其他改革之余，还对北京大学的教学体制进行了重大改革，表现在对文科和理科进行扩充，停办工科，废门设系，以及废除年级制实行选科制两个方面。在蔡元培的主导下，1917 年京大学的文科增设了中国史学门，之后又陆续增设了法国文学和德国文学；理科则增设了地质学门，并对北京大学中原有的法科、商科、工科三门进行合并或转入其他大学，经过改革，北京大学成为以文科和理科为主的高等学府。1919年蔡元培取消了北京大学中文科、理科、法科三科的科别，将三科所属的各个学门废止，改制成系，设立了数学、物理、化学、地质学、哲学、中文、法文、德文、俄文、史学、经济、政治、法律等系，这一改革使北大的文理科学术水平和教学质量大大提升，并成为突出研究高深学理的综合性大学。除此之外，蔡元培还于1919年，在北京大学率先推行选科制的实践，这一制度对于中国的高等教育产生了重大影响，之后陆续被全国高等学校所效仿。除了以上三个方面外，蔡元培对北京大学的改革还表现在建立“学术自由”的运行机制、改革招生制度等方面。

民国时期，除了蔡元培对北京大学的改革实践外，郭秉文于1920年提议筹建东南大学，并将南京高等师范学校并入其中。东南大学成立后，郭秉文担任校长并对东南大学进行了改革和建设，其中的主要措施包括秉承兼容并包的学术自由思想；引进并运用新的西方领导体制，设立校董事会；采用教授治校的民主实践等。在教师队伍建议方面，郭秉文聘请了一批留美学生任教，并以美国大学为榜样在系科设置、课程内容、管理体制和经费筹措等方面借鉴美国高等教育的模式，对东南大学的发展起到了极强的推动作用。经过一系列改革，使20世纪20年代东南大学的声望日隆，与北京大学共同成为中国大学发展的旗帜。民国初期，除了北京大学、东南大学外，在《大学令》《私立大学规程》等政策鼓励下，全国兴起了创办私立大学的热潮。截至1925年，全国的高等院校有包括北京大学、北洋大学、山西大学等在内的34所公立大学，以及包括北京法政大学、武昌中华大学、大同大学、明德大学、朝阳大学、国民大学等在内的18所私立大学。

（三）从高等教育体系和课程设置看高等教育制度的发展

从高等教育体系上来看，这一时期的高等教育中除了大学外，还设有高等师范学校、专门学校、专科选科学校等。

从课程设置上来看，1912年10月和12月，北京政府教育部分别颁布了《专门学校令》和《公立、私立专门学校规程》，对于专门学校进行了具体规定。其中，《专门学校令》对专门学校的概念进行了阐释，指出专门学校以教授高等学术，养成专门人才为宗旨，按照专门的种类，将学校划分为法政专科、医学、药学、农业、工业、商业、美术、音乐、商船、外国语等多种类别，并将专门学校的性质分为国立（由教育部管辖）、公立（用地方教育余款设立）和私立（私人或私法人设立的学校）三种。专门学校可设预科和研究科，学生进入专门学校必须为中学毕业或拥有同等学力。

抗日战争前期，我国高等教育更注重实科的发展，采取了对文科进行严格审查、归并或停招文科，同时，大力发展理科、工科、农科、医学等科目。据有关数据显示，1935 年高等院校文科生占比 48.8%，理科生占比 51.2%，改变了中国高等教育中重文轻实的传统，使文理科专业结构趋向合理。抗日战争期间，教育部召开第一次大学课程会议，公布《文理法三学院各学系课程整理办法草案》，提出规定统一标准、注重基本训练、突出精要科目三条整理原则，又先后公布了大学文、理、法学院和农、工、商学院的共同必修课目。1944 年 8 月，教育部召开第二次课程会议，修订并公布了文、理、法、师范学院的院、系必修课目表。这一时期，由于日本侵华战争，我国的高等教育遭受了不可估量的损失，据统计，当时全国 108 所高等院校中，有 17 所无法维持，14 所勉强在敌占区维持，77 所被迫迁移至后方。这一时期，我国高等教育史上最为重要的事件即为西南联大的成立和发展。西南联大是由国立北京大学、国立清华大学和私立南开大学组成的，1937 年抗战爆发后，三校联合南迁，三所高校的精神经过融合后，成为一种新的特点和风格，诠释了全新的大学精神。除此之外，在苏区以及抗战时期，中国共产党适应社会需要，成立了许多以培养干部和专门人才为主的专门学校，如苏区时成立的苏维埃大学、中国工农红军大学、高尔基戏剧学校、中央农业学校、马克思共产主义大学等；抗战时期在根据地成立了中国人民抗日军政大学、鲁迅艺术文学院、陕北公学、华北联合大学、延安自然科学院、中国女子大学等。这些学校大多以为战争培养军事、政治、经济和文化等方面的人才为主要目的，以短期训练为主，实行新制度、新课程，由于战争的环境而采取边学习边打仗的方法，为革命培养了一大批实用人才，并探索出了一种较为实用的人才培养方式。

抗日战争后，高等教育获得了较大发展。从高等院校层次和类型上来看，这一时期，通过复原西迁大学，恢复原改设、停办的大学，重办新校、接收、改造敌伪地区大学等方式，极大地促进了我国高等教育的发展。除了公立学校外，这一时期国内还存在大量私立学校、教会学校、短期大学等，形成了参差多态的高等教育格局。

三、中国现代高等教育制度的发展及其特点

中华人民共和国成立后，我国从新民主主义向社会主义过渡，跨入新的历史时期，这一时期我国现代高等教育跟随时代的变化而发展，尤其是在改革开放后，我国现代高等教育制度发生了巨大变化。关于中国现代高等教育在中华人民共和国成立后的发展过程，不同学者划分的阶段略有出入，本书采用曾羽老师在《中国高等教育制度变迁及创新研究》中的观点，将中华人民共和国成立后高等教育的发展划分为五个阶段。

第一阶段：1949~1966年，社会主义改造时期的高等教育。这一阶段，中华人民共和国中央政府全面接管了中华人民共和国成立前公立大学、私立大学和教会学校等全国的233所高等学校，这些学校中有65所大学、92所专门学院、76所专科学校。1949年12月，中华人民共和国成立不久，教育部召开第一次全国教育工作会议，会上提出借鉴苏联经验，改造旧教育，建设新民主主义教育。创办人民大学，培养建设性人才，为工农服务，为生产建设服务。这一教育方针，对这一时期的高等教育方针具有统领作用。1950年6月，教育部召开第一次全国高等教育会议，会议强调高等教育要以培养工农出身的新型知识分子为宗旨，同年8月，教育部颁布了《高等学校暂行规程》，对高等院校的办学宗旨、类型、课程、教学组织等方面做出了详细规定，并指出高等院校实施校长负责制。除此之外，1950年还颁布了《关于高等学校领导关系的决定》，确立了全国高等学校以由中央人民政府教育部统一领导为

原则，确立了中华人民共和国高等教育的中央集权性质。1953年，中央政务院颁布了《关于实施高等学校课程改革的决定》，其中明确提出综合性大学、多科高等工业学校由中央高等教育部直接管理，单科性高等学校委托中央有关业务部门负责管理，对中央高等教育部以及中央有关业务部门直接管理有困难的高等学校，委托学校所在地的大区行政委员会或省市人民政府或民族自治区人民政府负责管理。总体而言，这一时期的高等教育制度具有显著的高度集权和计划体制特点。这是由当时的历史背景所决定的。1950年8月，中央政府颁布《关于划分阶级成分的决定》以及《补充规定》，其中对于高等教育教授、专家采取鼓励和争取的态度，推动了这一时期我国学术的繁荣和发展。1950年10月，中央政府颁布《政务院关于改革学制的决定》，提出高等教育的范围包括大学、专门学院和专科学校，修业年限为三至五年。1955~1956年，国务院和高教部在发布的《1954年的工作总结和1955年的工作要点》和《关于在部分高等农林学校改变学制的通知》中，分别将高等工科学校和综合大学以及部分农林学校改为五年制。从1952年开始，中国在学习和借鉴苏联高等教育经验的基础上，开始对我国高等学校的院系和高等学校布局进行调整。按照“坚决改造，逐步实现”的政策，对中华人民共和国成立前的高等院校中的私立大学和教会大学通过关、停、并、转等措施进行了取缔与社会主义改造。经过两年的调整后，原来学科庞大齐全的综合大学进行了精简，加强和增设了工科学院和师范学院，对财经院校进行了合并，从整体高等学校体系结构上与苏联保持一致。1955~1957年，中央政府又对高等学校的区域布局进行了调整，将一部分位于沿海城市的高校迁往内地。到了1956年，新中国高等教育体系已初步形成，建立了以单科性专门院校为主，单一公有制社会主义高等教育体系与制度。除此之外，1954年12月，中央政府将中国人民大学、北京大学、清华大学、哈尔滨工业大学、北京农业大学、北京医学院6所高校确定为全国重点高等学校，这6所高校获得政府重点扶持，成为中国高等教育发展不平衡的肇始。1949~1956年是中华人民共和国高等教育发展的起步阶段，这一时期，中华人民共和国高等教育理念开始形成。

然而这一时期，由于我国自身经验不足，照搬苏联经验，为之后高等院校的健康发展埋下了极为重大的隐患。

1956 年，社会主义改造基本完成，我国进入了社会主义建设初期。1956~1966 年，我国的高等教育在党中央的领导下开始积极探索自己的发展道路。这一时期，受到多种历史因素的影响，中国高等教育经历了 1956 年的“小跃进”和 1958 年的“大跃进”运动。1958 年 9 月，中共中央、国务院颁布《关于教育工作的指示》提出：“争取在 15 年左右的时间来普及高等教育，然后再以 15 年左右的时间来从事提高工作。”[①] 中国高等教育进入大跃进时期，据有关数据表明，1957 年，我国的普通高等学校总量为 299 所，到 1960 年已经增长至 1289 所，在增长速度最快的 1958 年，全国高等学校平均每 1.5 天建成一所大学。由于发展过快，在实际招生管理中出现了种种问题。1961 年，针对发展过快的高等教育，中央政府提出了“调整、整顿、充实、提高”八字方针，并采取“定、缩、并、迁、放、停”等方式对高等教育进行调整，之前制订的 15 年高等教育普及计划宣告失败。1958~1966 年，高等教育制度发生了一系列变化，1958 年 4 月，中共中央颁布《关于高等学校和中等技术学校下放问题的意见》，除少数高等学校由中央直接领导外，其余高等学校的管理权限下放，由各地市自治州自行组织考试与招生、分配，极大地提高了地方办学自主权与积极性。除此之外，大跃进时期，我国的专科教育得到了较大发展，为社会主义建设培养了众多应用型人才，这些学校到改革开放时仍然保留或升格的有 130 多所，这也表明专科教育生命力的强大。1959 年 4 月，《人民日报》发表社论《把教学、生产劳动、科学研究结合起来》，受此影响，高等学校引进了“三三制”工作制度，从事教学、科研、社会实践调查的人数各占 1/3，这种办学模式使高等教育的产学研结合模式得以创立。除此之外，这一时期我国高等教育形成了全日制、业余制、半工半读制等多种教育形式并存的多样化办学体制，这种办学模式对我国的高等教育制度产生了深远的影响。

---

① 曾羽．中国高等教育制度变迁及创新研究 [M]. 上海：复旦大学出版社，2015.

第二阶段：1966~1976年，“文化大革命”时期的高等教育。1966~1976年，“文化大革命”使中国的现代化至少落后了十年。[①]这一时期的高等学校也遭受了较大的破坏，使高等教育发展一度停滞不前。这一时期的高等教育发展可分为两个阶段，即1966~1972年为工作停顿阶段；1973~1976年为高校招生工作艰难恢复阶段。1966年“文化大革命”开始，中央派工作组进驻高等学校开展运动，高等学校为了响应中央号召，纷纷停课闹革命，从而扰乱了高校的正常教育教学秩序。据统计，从1966年下半年开始，全国高等学校被迫停止全面招生达6年之久，停止了外派和接收留学生达六七年之久。从1969年起，一些高等学校被裁并或撤销，这些均使我国高等教育事业受到了较为严重的破坏。而高等教育事业的停滞，导致我国人才出现明显断层，给我国的社会经济建设带来了不可估量的损失。

第三阶段：1977~1985年，改革开放后处于恢复期的高等教育制度。1976年10月，“四人帮”被粉碎，这一事件为“文化大革命”的结束创造了有利条件。1978年12月，党的十一届三中全会召开，这次会议打破了“两个凡是”的束缚，解放了思想，为我国高等教育领域的拨乱反正奠定了基础。1977年，《关于1977年高等学校招生工作的意见》出台，其中规定高等学校招生制度进行重大改革，恢复统一考试制度，并以择优录取的方式选拔人才上大学。1977年和1978年，全国分别有570万、610万名考生参加了高考，高等学校恢复招生对于中国高等教育的发展有着里程碑的意义，标志着中国高等教育招生制度的重建，也确立了选拔人才的公平竞争原则，成为中国改革开放后高等教育制度建设的第一步。除了恢复高等院校招生外，改革开放后，中华人民共和国确立了以经济建设为中心的发展期，而经济的发展离不开科技进步和高层次人才的培养，为了适应社会和经济的发展，高等教育中的研究生教育得到了恢复和发展。研究生教育体系的完备是一国科技发展、高等教育发展的重要标志。1977年，高考招生恢复后，教育部和中国

① 王景伦．毛泽东的思想主义和邓小平的现实主义[M]．北京：时事出版社，1996.

科学院联合发出了 1977 年招收研究生的通知，宣告中断了 12 年之久的研究生教育恢复。1978 年 1 月，教育部发布了《关于高等学校 1978 年研究生招生工作安排意见》，于 1978 年进行了 1977 年、1978 年研究生合并招生。据不完全统计，此次研究生招生报考人数达 6.35 万人，共有 210 所高校和 162 个研究机构参与招录工作，总录取研究生达 1.07 万人。之后《1978~1985 年全国科学技术发展纲要（草案）》中提出要逐步扩大研究生比重，争取在 8 年内培养 8 万名研究生，随着 1977 年恢复高考后第一届毕业生毕业，研究生的生源得到了保障，招生人数开始呈现出逐年上升的趋势。1978 年是研究生教育全面恢复的关键年份，这一年，在教育部召开的研究生培养工作会议上，提出了在有条件的学校试行学分制以及试行二、三、四年学制并行的办法。1978 年 10 月还成立了中国社会科学院研究生院，对于研究生教育的招生、培养、学籍管理、毕业分配等制度进行规范，逐步建立起了规范的研究生教育制度体系。继高考招生和研究生制度外，1980 年 2 月《中华人民共和国学位条例》颁布，我国的硕士、博士教育制度因此得以制定，并于 1981 年 2 月和 5 月先后出台了《国务院学位委员会关于审定学位授予单位的原则和办法》和《中华人民共和国学位条例暂行实施办法》。学位制度确立后，我国初步形成了与研究生教育较为配套的研究生教育体系，为我国培养高级专门人才铺就了道路。这一时期除了研究生制度外，对我国高等学校的学科和专业设置也进行了相应的规范。1978 年出台了《关于做好高等学校专业设置与改造工作的意见》，在这一意见里，对于新时期我国高等教育中的学科、专业设置与改革的原则进行了明确规范。另外，这一时期，依据1977年邓小平在《关于科学和教育工作的几点意见》中指出的“教育要两条腿走路”，大专院校是一条腿，半工半读和业余大学是另一条腿；以及 1978 年全国科学技术大会中所强调的举办电视大学、函授大学和夜校以扩大招生数量的指示和要求，我国的成人教育、电视教育、函授教育得到了恢复和发展，使我国形成了多层次、开放性的高等教育体系。

第四阶段：1985~1998 年，处于探索和改革时期的高等教育。

这一阶段，中国高等教育进入制度探索和改革时期。1983年，邓小平为北京景山学校题词“教育要面向现代化、面向世界、面向未来”，“三个面向”成为我国教育改革和发展的战略指导方针。之后，我国提出了一系列教育改革方针，1985年颁布了《中共中央关于教育体制改革的决定》，明确提出了“两个必须”“三个面向”，以及培养“有理想、有道德、有文化、有纪律”的“四有”人才，极大地推动了中国高等教育的深远发展。为了适应这一时期我国经济体制改革的需要，加快教育体制改革，1993年2月中央政府颁布了《中国教育改革和发展纲要》，其中明确提出“必须坚持教育的改革开放，努力改革教育体制、教育结构、教学内容和方法，大胆吸收和借鉴人类社会的一切文明成果，勇于创新、敢于试验，不断发展和完善社会主义教育制度”。这一时期，我国高等教育制度在管理体制、教学制度、教育理论等方面进行了一系列改革和发展。其一，在高等教育管理体制方面，这一时期我国高等教育开始采取“分级管理”，并确立了“以块为主”的管理体制。1986年，国务院颁布《高等教育管理职责暂行规定》，明确提出省、自治区、直辖市人民政府管理本地区内的高等学校。1993年，我国颁布的《中国教育改革与发展纲要》中对于分级管理和分级负责的教育管理体制进行了明确。1994年，颁布的《国务院关于〈中国教育改革与发展纲要〉的实施意见》中再次重申：“高等教育逐步实行中央和省、自治区、直辖市两级管理，以省级政府为主的体制。”[①]1995年7月，国务院办公厅转发了国家教委《关于深化高等教育体制改革若干意见》的通知，再次对高等教育的两级管理体制进行了强调，从此我国高等教育形成了中央、地方两级管理，以省为主的管理制度。随着高等教育的两级管理体制的推行，我国逐步形成了“以块为主”的高等教育管理体制。随着1985年、1986年、1993年、1995年颁布的《中共中央关于教育体制改革的决定》《国家教育管理职责暂行规定》《中国教育改革和发展纲要》《教育法》等政策对于高等教育的自主办学进行了规定，推动了我国这一时期高等教育的发

---

① 曾羽．中国高等教育制度变迁及创新研究[M]．上海：复旦大学出版社，2015．

展。其二，在高等教育教学制度方面，自1988年国家教委颁布《关于加强普通高等学校本科教育工作的意见》中提出了深化本科教育教学改革的十条措施后，又于1990年颁布了《关于加强普通高等专科教育工作的意见》，确定了普通高等专科教育的办学指导思想。1992年，第四次全国高等教育工作会议召开，将深化教学改革、提高教育质量作为高等教育改革的核心，全面开展高等教育教学改革，具体改革措施包括建立面向21世纪的教学内容和课程体系、修订专业目录并调整专业结构、开展本科教学工作评价、对毕业生分配制度进行探索与改革等。其三，在高等教育理论方面，随着我国改革开放的深入和高等教育改革的展开，西方的高等教育理念进入我国与我国本土的高等教育理念产生了冲突、比较和融合，进而逐步建立起我国多元化的高等教育理念，具体包括建立研究型大学和服务型大学理念的设立等。

第五阶段：1999年至今，创新和发展中的高等教育制度。1999年前后，随着《中华人民共和国高等教育法》《中共中央、国务院关于深化教育改革全面推进素质教育的决定》的陆续出台，中国高等教育改革进入迅猛发展阶段。这一时期，我国的高等教育改革主要体现在四个方面。其一，高等教育制度上的改革和创新主要体现在由精英教育向大众教育转变方面，1999年前，我国高等教育的毛入学率较低，为了适应经济增长的和社会发展的需要，1999年6月中央政府做出了扩大高等学校招生的决策，高校扩招以“拉动内需、刺激消费、促进经济增长、缓解就业压力”为目标，从此中国高等教育中持续了50年的精英模式开始向大众化模式转型。1999年还是中国高等教育进入跨越式发展的关键年份。1999年较1998年全国高等学校扩招的比例高达47%，2000年、2001年、2002年的扩招比例分别为25%、17%、10%。截至2005年，我国高等学院的招生总人数已达到530万人，高等教育的毛入学率超过15%，这标志着我国的高等教育正式进入大众化阶段。其二，在高等教育的科学发展方面，由于高等学校扩招带来了一系列问题，如投入严重不足、办学条件恶化、教学质量下降和财务风险上升等，2006年，国务院决定停止高校的大规模超常规扩招，并实行以提高质量为中心的改革和调整。其三，在高等教育教学改革方面，教学质量是高等教育的生命线，我国教育部分别于2001年、2005年和2007年连续颁发《关于加强高等学校本科教学工作提高教学质量的若干意见》，这些文件的发布对于高校教学质量的提升起到了制度保障的作用。为了提升高校教学质量，中央政府采取了建设高水平大学和实施21世纪高等教育教学改革工程的活动。此外，还于2003年启动了高等学校的水平评估，这些工程实践或评估对于高等学校办学质量的提高起到了显著的推动作用。其四，高等教育办学体制的改革主要表现在民办高等教育和独立学院这两种办学体制的兴起和发展方面。1982年，北京市第一所由社会力量举办的高等学校——中华社会大学诞生，之后民办高等学校陆续兴起。社会力量办学能够有力地弥补国家办学的不足，在人才培养和社会经济的发展方面起到了积极作用。我国国家领导人对于民办高等学校的建设和发展给予了极大的肯定与支持。1984年，邓小平和彭真分别为北京自修大学和中华社会大学题写校名，这在民办高等教育中引发了巨大反响。1985年，我国社会力量所创办的高等学校数量达170所。社会力量办学的形式多种多样，既包括私人办学、中外合作办学、民办公助、国有民办等，也包括企业办学、社会团体办学、民主党派办学等，这些统称为民办高校。1987年、1993年、1999年国家教委分别颁布了《关于社会力量办学的若干暂行规定》《中国教育改革和发展纲要》《面向21世纪教育振兴行动计划》等，此外，2002年第九届全国人民代表大会常务委员会审议通过了《中华人民共和国民办教育促进法》，这些政策和法规均推动了我国民办高等教育的发展。民办高等教育的出现有效地缓解了人民群众日益增长的接受各级各类教育的需求与国家办学力不足之间的矛盾；改变了高等教育的单一国家投资体制，提高了教育资源全社会配置效率；民办高校的竞争机制则为公办高等教育改革提供了有益的经验；此外，民办高等院校多实行董事会领导下的校长负责制，学校的独立性和自主权相对更大，运行机制也更加灵活，这些均为高等教育的改革积累了丰富经验。除此之外，我国高等教育体制改革的创新还表现在独立学院方面。1999年，浙江大学与杭州市人民政府联合创办了浙江大学城市学院,创造了成立独立二级学院的先河。经过十余年的发展,我国公办普通本科高等学校与社会各种力量联合兴办的独立二级学院即独立学院发展迅速,成为我国高等教育办学体制内成长最快的办学形式之一。这一时期,我国的独立学院不具备独立办学资格,也不具备独立运行的条件,在课系设置和专业设置上大多模仿母体学校,自身的学科优势和专业特色并不明显。2008年,教育部颁发《独立学院设置与管理办法》,其中规定独立学院要脱离母体并接受国家评估,在5年后转设为民办普通高校,这一政策的颁布与实施也标志着我国高等教育将步入一个新的发展阶段。除了高等教育和独立学院外,这一阶段我国地方新建本科院校也迅速兴起并取得了良好的发展,为推动我国高等教育大众化的进程做出了重要贡献。

20世纪末21世纪以来,中国高等教育理念还体现出多元化发展的特色。具体包括本土化与国际化理念,中国本土的高等教育理念与西方高等教育理念相互融合、冲突,逐渐形成了适合我国国情的高等教育理念;世界一流大学理念,我国教育部发布的《全国教育事业第十个五年计划》和《2003—2007年教育振兴行动计划》中均对建设高水平的一流大学进行了阐释。关于世界一流大学,我国教育界并没有统一的概念,然而却包括一些相同的共性认识,例如,世界一流大学是世界公认的大学排榜前列的研究型大学,必须为国家经济科技发展做出突出贡献等。除以上两种理念外,改革开放以来,我国高等教育还形成了可持续发展的高等教育理念、和谐高等教育理念、“以人为本”教育理念、创新教育理念、终身教育理念等高等教育理念。在这些高等教育理念的影响下,我国形成了具有中国特色的现代教育理念体系。

第二节 中国现代高等教育制度发展特征

从19世纪60年代开始，中国现代高等教育制度已经走过了一百多年的时间，中国的现代高等教育制度在不同时期也呈现出不同的发展特征。

一、现代教育制度的本质及特征

所谓“制度”是指人类活动的行为规范体系，是为决定人们的相互关系而人为地设定一些制约。[①] 例如，经济制度、政治制度、文化制度等。教育制度是国家为了从组织系统上保证教育目的实现，根据教育的规律和国家的教育方针、政策而建立起来的相互联系的各种教育机构的体系。[②] 教育制度包括三方面的内容，其一为教育的根本制度，主要指一个国家的教育方针。其二为教育基本制度，是教育根本制度在各方面的具体体现，包括高等教育、学前教育、初等教育、中等教育等学校制度、职业教育和成人教育制度等。其三为教育具体制度，即各种具体的教育行为规范、办事程序和运作机制等。所谓现代教育制度，包括三个方面，第一个方面是指适应教育现代化的要求，建立合理有效的组织机构，形成一个立足宏观理论管理的现代管理教育系统，努力实现教育和管理的民主化和科学化。第二个方面是指实现各级各类学校结构体系最优化，适应各行各业对人才需求的培训结构体系。第三个方面是建立适应现代教育制度的现代教育评价体系，将自我评价、社会评价、教育主管部门的评价有机结合起来。

现代教育制度的特征主要包括六个方面，即开放性、贯通性、国际性、市场性、服务性、以人为本。首先，现代教育制度的开放性特征。现代教育是一个开放的系统，其开放性表现在多个方面。

---

①② 吕卓超．走进高等教育的新世界——21世纪中国现代教育制度创新研究[M]. 西安：西安出版社，2002.

其一，受教育者的来源渠道上，打破了由小学—中学—大学这种单一的、纵向的学校教育体系，使教育向每一个有意于学习的劳动者开放；其二，在教育层次方面，现代教育中同一等级，如高等教育中包含本科、专科、研究生、博士等多个层次，面向企业、社区以及家庭招生；其三，在教育体系上，各级各类教育之间相互开放、沟通、衔接与融合；其四，在考核评价体系方面，现代教育制度对受教育者的考核方式和评价标准实践效益体现出开放性的特点。现代教育制度中的分数固然能够体现出受教育者掌握知识的水平，然而分数并不是唯一的评价标准，除了考试中的卷面分数，实践能力、协调能力、科研能力等在受教育者的评价体系中也起着重要作用。其次，市场性。教育属于重要的知识产业，在科技进步、经济发展中起着关键作用。因此现代教育制度也体现出市场性的特征。改革开放后，中国的现代教育制度为了适应市场经济条件下的竞争性，增强了市场观念，提高了市场适应性，也间接增强了高等学校的自主权，加强了对世界各国先进教育成果的借鉴和引进力度。再次，以人为本。教育是人的教育，以人为本是21世纪初世界教育发展的重要趋势之一，中国的现代教育制度也体现出“以人为本”的时代特征。以人为本在中国现代教育制度中主要体现在以下几个方面：第一，在招生制度和入学条件方面，提倡各级各类教育，尤其是高等教育之间互相沟通、衔接和融合，拓展升学和学习的途径，为有条件、有意愿的学生拓展升学和学习的途径，为愿意就业或重新就业的人群提供通过学校培训重新进入就业市场的机会。第二，在教学指导思想上，将教学重点放在培养学生的创新能力和个性发展上，关注学生学到了什么，还要关注学生学习的目的，以及掌握适应知识经济时代的学习理论和学习方法。第三，在教学内容上，重视对课程和教材的改革，以适应当今国家发展的潮流，吸收当今科技发展的新成果。除此之外，在教学内容上，培养复合型人才，适应产学研一体化和学科之间横向渗透与综合趋势，提高学生的社会适应能力。第四，在教学方法上，强调学习方法的多样化，用信息技术革新教学方式方法，提高教育教学效率。

二、中国各阶段现代高等教育制度发展的特征

（一）清朝末年近代高等教育制度特征

19世纪60年代至90年代，中国近代高等教育以西学东渐的文化思潮为背景，伴随着洋务运动的发展和新式学堂的建立而发展。从1862年京师同文馆的创建到1895年甲午战争失利，为中国近代高等教育的萌发时期。这一时期，近代高等教育制度的特点包括以下四个方面：首先，清朝末年，近代高等教育并没有形成系统的教育体系。这一时期，洋务学堂设置的高等学校有三种类型，即外语学校、军事学校和实业学校，各个学堂之间并没有明确的层次划分。从学校上来看，这些高等学校没有统一的教育行政制度和教育宗旨，也没有专职管理学校的机构和官员。因此，这一时期的洋务学堂虽然属于高等专科层次的学校，但是却不能称为大学。而且各个学堂之间基本上互不干涉，各自为政，没有明确的统属关系。其次，清朝末年，近代高等教育没有按照高等教育的规律办学。这一时期洋务学堂的兴起，是出于自强目的，以及应对西方殖民主义者侵略的目的，具有被迫、被动的特点，提倡“师夷长技以制夷”，因此所创办的新式学堂名义上虽然是高等专科学校，然而实际上只能适应和满足一时的专门人才之需，并不具备研究高深学问的能力，缺乏细致的专业划分，也没有开展博大精深的专业教育，这就使这一时期的近代高等教育制度存在着种种不足，呈现出一种不完善、不彻底的状态。再次，清朝末年，近代高等教育制度没有发挥教育引领性。洋务学堂因为只注重西方的语言文学或单纯的机器、制造技艺，系统性不足，而且数量较少，多分布于东南沿海地区和开放口岸，在地域上分布不平衡；另外，受封建思想的束缚和阻挠，这一时期的高等院校只是为朝廷或企业、行业培养实用性人才，与当时社会的农耕经济模式几乎没有任何关系，对社会的影响较小。最后，清朝末年，近代高等教育制度是由清政府中的洋务大臣，如曾国藩、李鸿章、左宗棠、张之洞、丁宝桢等人上书朝廷，得到允许后凭借自己对洋务学校的理解，或依托洋务企业或海关税收来承办和管理这些学堂，而没有严格的政策规定，这就使这

些学堂随着时代的更迭而消失。从以上特点来看，清朝末年，近代教育体系以及学校体系的形成和发展主要以学习和移植日本模式为主，不完善的学制与教育立法，以人治代替法治的特点，使这一时期的高等教育没有走上体系化、制度化的轨道，没有摆脱大封建帝制的儒家主义思想，具有典型的“中学为体，西学为用”的实用主义色彩。

（二）民国时期现代高等教育制度的特点

中华民国时期是我国现代高等教育的成型时期，民国时期的现代高等教育大体上还可分为三个阶段。第一个阶段是1912~1927年的北洋政府时期，第二个阶段是1927~1937年日本全面侵华之前，第三个阶段是1937~1949年中华人民共和国成立前。这一时期中国现代高等教育制度的特点主要表现在以下几个方面：第一，学术自由与大学独立方面。蔡元培担任北京大学校长时，将当时的北京大学进行了改革，使之形成了兼容并包的思想。郭秉文在创办东南大学时，也以兼容并包的思想治校，使东南大学迅速崛起。抗日战争时期，西南联大成为中国高等学校的代表，其遵行的治校思想，仍然是学术独立，教授治校。这些学校的改革都奠定了中国高等教育的自主性和自由性。也正是由于这种兼容并包的思想和坚持学术独立的精神，才在动荡不安的年代里，始终推动中国现代高等教育制度向前发展。第二，人治向法治转变过程加速。所谓人治，即在事务处理过程中不是严格按照法律、法规，以及既定的原则办事，而是处理问题过于弹性化，从而导致已经制定好的规章制度成为一纸空文。而所谓法治，则与人治正好相反，即在事务处理中严格按照法律、法规和制度流程办事。民国时期，我国高等教育制度总体上呈现出由人治向法治转变加速的状态，政府制定、出台了一系列有关高等教育的法律、法规，以及章程对于高等教育进行规范化管理，这些法律、法规和章程使中国高等教育的学制、教育制度逐渐完善，并对推动高等教育的现代化、提升教育质量、培养建设人才起到了重要的促进作用。第三，高等教育的世俗化色彩越来越浓郁。现代性是现代国家所独有的特质，其包括经济的持续增长、政治集权统治的弱化以及教育的世俗化趋势加强等。民国时期，中国现代高等教育发展过程中，教会学校的出现相较于自办新式学校更早，然而其目的不是推动中国教育的现代化，而是希望以办学的形式，加快对中国社会的渗透。然而在民国时期，随着帝国主义对中国的侵略行为加剧，中国人民对于西方在中国设立的教会学校大多采取不信任、不认同的态度。这一时期的现代高等教育随着国民政府注册令的颁行，以及《私立教学规程》的出台，使这一时期教会学校的世俗化趋势不可避免，因此这一时期高等教育制度的现代化呈现世俗化的趋势和特征。第四，国际化与本土化共同发展的特点。民国时期，中国现代高等教育制度在发展中，借鉴了西方多个国家的模式。早在清朝末年，我国高等教育即提出了“中学为体，西学为用”的口号，洋务派在我国创办了许多学堂，这些洋务学堂有力地冲击了科举制度，为教育制度的现代化变革奠定了基础。洋务运动失败后，在维新运动中，维新派所创建的新式学堂师法日本。20 世纪 20 年代，中国教育体制则兴起了模仿美国的热潮，其中最明显的、最直接的对美国教育的借鉴即 1922 年新学制的颁布与实行。民国时期，我国的高等教育制度除了对美国模式的借鉴外，还有对德国模式和法国模式进行的模仿和借鉴。从对于西方国家的模仿、借鉴，再到结合我国国情的有机融合，体现了中国教育制度现代化过程中的国际化特征。除了国际化特征外，这一时期，中国高等教育的本土化特征也十分明显。所谓本土化，即从自身的国情出发，将时代性和民族性结合起来以推动我国高等教育的发展。民国时期，中国模仿法国高等教育而推行的大学院制失败，为盲目模仿西方国家的高等教育敲响了警钟。中国自古以来就是世界上教育产生最早且最发达的国家之一，民国时期，在对我国教育进行改革时，许多高等学校并没有一味地摒弃我国的优秀传统文化，而是强调对中国传统文化的继承和发扬，例如，教科书的编写和讲授的方式等，使民国时期，我国教育，尤其是高等教育制度呈现出国际化与本土化并行的特点。第五，民国时期高等教育呈现出大学兴旺发达、人才卓著、科研成果显著的特点。民国时期，产生了一批特色鲜明的大学。例如，北洋大学和交通大学注重工科，成为当时工科学校中的翘楚；清华大学、北京大学、中央大学、浙江大学、武汉大学等则是民国时期的综合名校；南开大学和厦门大学是当时著名的私立大学，各个名校争奇斗艳，各显本色。民国时期，特色鲜明的大学培养了一大批优秀、卓越的科学家、艺术家和国学家，其中翘楚则首推西南联大。西南联大在动荡的年代中，短短八年间培养出了两名物理诺贝尔奖获得者、25 名院士。而在中华人民共和国成立后，1955 年中国科学院公布的学部委员（院士）中有 118 名西南联大的师生，占当时总数的 39.8%。由此可见西南联大在高等教育人才培养中所做出的巨大贡献。

（三）中华人民共和国现代高等教育制度的特征

中华人民共和国成立后至今，短短 70 年的时间里，中国现代高等教育制度经历了多个发展阶段，在这里我们分为两个阶段，即中华人民共和国成立至改革开放前，以及改革开放后至今。第一个阶段，中华人民共和国成立后至改革开放前，中国高等教育制度的特征为从单一的借鉴性到完全封闭性。中华人民共和国成立之初，中国高等教育制度是在计划经济体制和政治集权体制的双重特色下运行的，这一时期，中国高等教育制度表现出三个主要特征。其一，高等教育制度具有单一性的特点。中华人民共和国成立初期，我国高等教育制度主要为模仿和移植苏联高等教育。这一政策在中华人民共和国成立之初，在一定程度上推动了中国高等教育的发展。然而，这也为中苏关系恶化后，中国高等教育制度的发展埋下了隐患。其二，高等教育制度具有高度集中性。中华人民共和国成立初期，中国高等教育制度是由中央到地方实行权力集中制，其特点是国家既是高等教育院校的举办者，又是办学者，还是管理者，在教育制度中实行统一计划、统一安排，以及权力的高度集中性。其三，高等教育制度的统一性。中华人民共和国成立初期，公有制学校成为当时唯一合法的高等院校，所有公有制高等学校的办学风格千篇一律，培养的人才也具有统一的特点。

第二个阶段，改革开放后至今，这一阶段，中国高等教育的特色主要表现在主动借鉴性和全方位开放性方面。改革开放后，中国高等教育的大环境得到了改善，这一时期中国高等教育制度表现出三个独有的特征。其一，多元性。这一阶段，中国的高等教育制度不再是公立学校一统天下的局面，而是出现了民办高校和独立学院，使我国的高等教育层次更加丰富和多样化。其二，权力下放。这一阶段，中央、地方和高等院校的权力进行了重新分配，中央将高等教育的部分权力下放，增强了高等院校的自主性。其三，对西方的高等教育模式进行研究和借鉴成为这一时期我国高等教育制度的又一个鲜明特点。随着改革开放的深入发展，中国的高等教育制度不断借鉴西方国家在现代高等教育发展方面的做法，推动我国高等教育不断创造和革新。

第三节　中国现代高等教育制度的探索与改革

中华人民共和国成立后，中国现代高等教育制度的探索主要集中于改革开放后，这一时期也是中国高等教育发展速度最快、改革成效最为显著的关键时期。我国现代高等教育制度改革主要体现在三个方面。

一、中国现代高等教育思想观念的革新

改革开放以来，中国现代高等教育的发展经历了拨乱反正、高等教育体制改革，以及改革步伐加快三个阶段。中国现代高等教育每向前发展一步，高等教育的思想观念就进行一次革新，而中国现代高等教育思想观念的转变又推动着中国现代高等教育改革的深化和发展。所谓高等教育思想观念，是指人们对于高等教育社会现象的较为系统性和理性的认识。

改革开放以来，中国现代高等教育思想观念的转变主要表现在五个方面。其一，中国现代高等教育价值观的转变。教育价值观是教育的核心，所谓教育价值观，是指包括教育本质、教育功能、教育目的、教育与人的发展、教育与社会、教育与自然等教育思想中的基本问题。这些问题统属于教育价值观。高等教育价值观主要体

现在高等教育所具有的社会政治功能、经济功能、科技功能、文化功能等方面。改革开放以来，随着科技进步和社会发展的需要，现代高等教育的价值观面临着两个发展趋势。第一，我国对现代高等教育在社会发展中所起的作用和功能的认识不断提高。随着社会和科技的发展，我国对于现代高等教育在促进社会发展方面的作用认识不足，因此社会对于现代高等教育虽然从理论上和政策上比较重视，然而在现实实践中的支持和参与则稍显不足。近年来，随着我国改革开放的不断深入，尤其是信息化社会和知识经济时代的到来，我国现代高等教育人才培养、推动科学技术发展，以及促进社会进步等方面的社会功能得到不断强化，使中国现代高等教育在社会发展中所起的作用越来越大，凸显出中国现代高等教育在未来国家和社会发展中的地位越来越高。这也使人们对于现代高等教育的发展采取更加支持和认同的态度。第二，强调中国现代高等教育在人的发展中所发挥的作用和价值。教育的本质是一种育人活动，提高个体或群体的价值，以实现社会价值。然而，由于我国实行社会主义计划经济体制以及办学体制的国有化，高等教育在很长一段时期内具有显著的工具性价值倾向，而不注重发挥高等教育主体的价值。改革开放以来，随着我国社会主义市场体制的建立，人的主动性和创造性等问题日益受到社会的重视，高等教育中人的主体价值也受到越来越强的重视。如今，中国的现代高等教育制度已经形成了在满足社会发展需要的前提下，充分尊重人的主体价值，使受教育者个人的主体性与社会价值协调平衡发展。

其二，中国现代高等教育发展观的转变。中华人民共和国成立以来，我国在很长一段时间以数量和规模来对高等教育的发展水平进行衡量。而这种重数量而轻质量的高等教育发展观，曾在我国多个时期的高等教育中起主导作用，然而其带来的负面作用和教训也是极为深刻的。历史上，我国高等院校曾在20世纪50年代末60年代初、20世纪80年代初，以及20世纪90年代初均秉承以牺牲质量为代价求数量发展的高等教育发展观，进行短期内高速发展。然而，每次高速增长均需经历一次高等教育调整、整顿和提高的过程，从长远来看，这种发展观并不能有效推动我国现代高等教育的发展，并造成了高等教育资源的极大浪费。1994年，我国现代高等教育发展观开始从外延发展为主转变为内涵发展为主，并树立起规模与质量、效益、结构协调发展，以及注重强化质量意识的思想观念。进入21世纪以来，我国现代高等教育更加强调质量意识。综观21世纪世界各国现代高等教育的发展，质量意识已经成为世界各国现代高等教育的共同趋势。近年来，我国的现代高等教育不断增强质量意识，提高教学质量，并进行了一系列深化教学改革。例如，在重视科学教育的同时，增强对人文教育的重视；将专业教育与素质教育融合起来；将社会发展与个性发展协调起来等，这些均为提高教育质量做出了一定贡献，推动了我国现代高等教育制度改革。

其三，中国现代高等教育人才质量观的改革与转变。所谓高等教育人才质量观，指用什么标准作为衡量大学生的质量和教育效果，并据此来指导高等教育实践。人才质量观受教育思想观念的影响，而在不同时代和不同国家的不同历史时期，由于教育思想观念的不同，人才质量观也不一样。近代以来，随着科学技术的发展，知识在社会发展中的作用越来越突出，以致人们将知识作为衡量人才质量的主要标准甚至是唯一标准。20世纪80年代中期以来，我国教育界对于只重知识，不重能力的人才质量观进行了反思，并逐渐转化为人才知识和能力质量观。进入20世纪90年代以来，随着信息技术的发展、社会经济的发展，以及科学和人文的结合，社会对于人才的质量要求越来越高。我国现代高等教育人才质量观转变为在知识能力之外，重视和突出人的综合素质，从而更加适应时代和社会对人才培养的要求。

其四，中国现代高等教育办学观的转变。所谓高等教育，即培养高级专门人才的活动，相应地，高等学校则是培养高级专门人才的专门机构，其根本任务是培养人才。而教学则是实现人才培养的基本途径。我国现代高等教育办学经验表明，高等教育办学观必须坚持以教学为中心和教学改革为核心的办学指导思想。然而在历史上，我国的高等教育工作实践却长期偏离了这个方向。20世纪80年代末90年代初，我国高等学校在市场经济负面效应的影响下，出现了教学工作上学校领导精力、教学经费、部分教师精力、学生学习投入不足的情况，对高等学校坚持的教学中心地位和教学改革核心地位产生了不同程度的影响，导致我国的高等教育质量出现一定程度的滑坡，为我国的高等教育发展带来负面影响，这一经验教训为我国高等教育办学观敲响了警钟。因此，20 世纪末，尤其是进入 21 世纪以来，我国高等学校均以坚持和端正以教学为中心和教学改革为核心的办学指导思想。

其五，中国现代高等教育育人观的转变。所谓高等教育育人观，即指导高等教育培养人才活动的、具有方向性的、基本的教育思想观念。高等教育育人观随着时代的变化而发生相应的变化。改革开放以来，我国高等教育育人观先后发生了两次转变。第一次转变是从“知识传授”育人观转变为“在满足知识传授的基础上，注重能力培养”；进入 21 世纪以来，随着世界形势的变化，我国的高等教育育人观又转变为“既要知识传授和能力培养，更重素质内化”的全面素质教育观。全面素质教育观，即不仅注重知识的传授和能力的培养，还应在此基础上促进学生内在身心发展过程，即将知识传授、能力培养和素质内化三者融合为一体的育人观。对于高等教育而言，全面素质教育观是一种从整体上提高学生的综合素质（包括思想道德素质、人文素质、业务素质、心理素质、身体素质），增强学生对社会的适应力的教育观。全面素质教育观的推行，要求我国高等学校培养的人才从强调专业对口向基础宽厚、知识面广、能力强、综合素质高而转变。

二、中国现代高等教育体制改革

教育体制改革是中国现代高等教育体制改革中的重点，也是突破口，还是我国现代高等教育制度改革中最早进行的改革。早在 20 世纪 80 年代中期，我国部分高等院校就开始着手对学校内部的管理体制进行改革。1992 年，教育部召开第四次全国高等教育工作会议，之后，我国高等教育体制改革开始进行全面探索。改革开放以来，我国现代高等教育体制的改革主要表现在以下几个方面：

第一，办学体制改革。办学体制是高等教育体制中的重要构成要素。中华人民共和国成立后，我国高等教育体制长期实行计划经济体制，在这种体制下，政府成为高等教育唯一的办学主体，全国所有的高等学校均为公有制，由政府举办。这种办学模式单纯地强调统一性和国家性，造成了我国办学体制的单一化。改革开放以来，随着我国计划经济向社会主义市场经济转变，高等教育的办学体制也发生了相应的变革。主要体现在两个方面。其一，淡化高等院校的隶属关系，确立高校自主办学的实体地位。在计划经济时代，高等学校的编制计划、教育经费、专业设置、招生分配等统一由主管部门管理，导致高等学校实际上成为政府某一部门的附属单位。随着社会主义市场经济的转变，以及改革开放的深入，高校在办学上有了更多自主权，推动高校摆脱对政府部门的依赖，而成为国家宏观调控下，面向社会自主办学的实体。除此之外，在高校隶属关系方面，淡化高校与上级主管部门间的关系，探索实现政府宏观调控与扩大高校自主权并举的实践路径。其二，建立公办与民办相结合的办学体制。改革开放前，全国高校均为国家公有，属于国立高等学校，而学校中的学生毕业后则为国家干部。改革开放以来，我国确立了以公有制为主体，鼓励多种经济成分并存。我国高等教育这一时期的体制具有以下特点，即办学主体多样化，形成了以国家办学为主，社会多种办学并举的多元化格局；此外，这一时期形成了多种多样的办学形式，例如，全日制高等学校、非全日制高等学校、学科型高等教育。其三，人才培养目标多元化。改革办学体制后，学校的人才培养目标开始打破单一类型，朝着多样化的方向发展，产生了理论型、技能型、管理型等多种规格的人才。

第二，管理体制改革。高等教育的管理体制是高等教育体制中的重要构成要素，也是高等教育体制改革的重点和难点。在社会主义计划经济时代，我国的高等学校管理呈现出条块分割的领导体制，存在着举办者、管理者、办学者三方职责不清的情况，高校的办学自主权得不到有效落实。改革开放后，我国的高等教育管理体制进行了改革和探索。高等教育的管理体制改革主要包括两个方面。其一，变条块分割的领导体制为条块结合的领导体制。所谓条块分割，指一所高校所隶属的主管部门，既是高校的举办者，也是该校的投资者和监管者，而高校则相当于这一主管部门的从属机构。这种条块分割体制，能够满足主管部门的人才需求，也能保证高校培养出的人才在行业内具有较强的适应性。但是这种管理体制的缺点也十分明显，即封闭办公学，同一地区内高校专业设置和办学特色雷同，存在教育资源重复、办学效益不高的情况，不适应飞速发展的社会需要。改革开放后，随着省级政府统筹决策权的增加，将“条块分割”的管理体制转变为“条块结合”的管理体制。其二，变高度集权的管理体制为增强高校的办学自主权。改革开放前，我国的高等学校中存在着政府集举办权、管理权、办学权于一身的情况，而学校则缺乏办学自主权，这一管理体制导致政府对高校的一切事宜采取“统管包”的策略，而高校则形成了“等要靠”的思想。改革开放后，随着政府职能的转变，中央政府对地方高校的宏观调控职能得到加强，逐步形成了政府宏观管理，高等学校则面向社会自主办学的体制。随着高等学校的管理体制改革，我国的办学途径从单一的政府办学扩展为共建、转权、合作、合并和参与联合办学等多种途径，实现了高校结构和布局优化，推动我国高等教育更好发展。

第三，投资体制改革。所谓投资体制，指在发展高等教育事业中，政府、社会、个人与高等教育机构之间所形成的在财力分配上的责权关系及其组织运行方式。投资体制改革是高等教育体制改革的重要构成因素。在改革开放前，我国实行国有化的办学体制，高等教育实行单一的国家财政拨款的高教投资体制。改革开放后，这一投资体制不能适应社会日益增长的人才需要，我国的高等教育投资体制进行了相应改革。由之前单纯依靠政府拨款的投资体制，转变为以各级政府财政拨款为主，其他社会团体、家庭和个人等多种渠道筹措经费为辅的高等教育投资新体制。改革后的高等教育投资主体呈现出多元性，既包括政府，也包括社会与个人；与此同时，高等教育的投资途径也呈现出多样化，既包括财政拨款，也包括教育附加税、教育收费、校办产业、社会捐赠、教育基金、科研经费、银行贷款、利息收入等。

第四，招生、毕业、就业制度改革。自 1977 年我国恢复高考以来，我国的高等教育招生和毕业就业制度经历了多次改革。第一次改革，从实行公费单轨制转变为实行公费与自费相结合的双轨制；第二次改革，从公费、自费相结合的双轨制转变为统一缴费，公费与自费并轨制。我国的毕业、分配制度也因此经历了从包分配到供需双方见面、双向选择，再由双向选择到自主择业。并轨制与自主择业政策，既缓解了当前我国高等院校经费短缺的压力，克服了双轨制招生政策带来的种种弊端，也理顺了基础教育和高等教育的关系，调动了学生学习的积极性。为了保障学生学习的积极性，保证家庭贫困的优秀学子均有得到高等教育的机会，当前我国高校大多设立了形式多样的奖学金和助学金制度，给予学子多元化的资助。除此之外，在招生改革中，我国近年来还实行了高考科目改革、考试内容改革和录取方式改革、考试次数与形式改革等多种改革方针和策略。

第五，高等学校内部管理体制改革。高等学校内部管理体制是我国高等学校体制改革中的重要因素，也是起步最早的体制改革。我国高等学校内部长期以来存在着机构膨胀、人员职责不清等问题，这些问题严重影响着我国高校教职工的积极性和创造性，阻碍着我国高等院校的改革和发展。自 20 世纪 80 年代中期开始，我国高校开始展开校内人事和分配制度改革，并建立起了包括人事、后勤、离退休养老保险补贴基金等为主体的校内管理体制改革。20 世纪 90 年代，随着《高等教育法》的出台，以及受知识经济的影响，我国高校内部又开展了新一轮管理体制改革，这一轮改革主要涉及四方面内容，即机构精简和人员转岗分流；进行院系调整，理顺校院关系，并探索建立学院制；进一步深化人事制度和分配制度改革；推进后勤社会化。

三、中国高等院校的教学改革

高等院校的教学改革也是高等教育改革的核心部分。除此之外，高等教育的其他改革部分也应落实在高校教学改革上。教学改革的核心，以及重点、难点为教学内容和课程体系改革。我国高等院校的教学改革主要体现在以下几个方面：

首先，人才培养模式改革。所谓人才培养模式，指为受教育者构建什么样的知识、能力、素质结构，以及怎样实现这种结构的方式。教学改革既涉及人才培养标准，又涉及人才培养实现，因此决定着高校教学改革的方向和目标。20世纪90年代，我国高校以21世纪人才素质要求为题开展了加强素质教育和强化质量意识为核心的教育思想观念大讨论，受此影响，我国高等院校形成了21世纪人才既要有丰富的知识，也要有较强的能力，还要能够综合运用所学的知识和能力，因此形成了知识、能力、素质三方面融合的人才标准，为了构建新的人才培养模式，我国高等院校开始从多个方面实行改革。其一，在知识方面，既要教会学生科学文化知识，又要使学生掌握本专业知识和相邻专业知识，三种知识的具体比重则由各个高校，或专业、个人自行决定，以体现高校办学特色和个体发展倾向。其二，在能力方面，除了培养学生的知识能力外，还注重培养学生分析问题和解决问题的能力，最重要的是创新能力。其三，在素质方面，除了道德思想素质外，还包括人文素质、专业素质、心理素质和身体素质四个方面。其中，人文素质是其他四项素质的基础。需要指出的是，人才培养模式之中的知识、能力和素质并非割裂的，而是有着密不可分的内在联系。只有将三者有机融合起来并贯穿于人才培养活动的全过程，才能真正实现人才培养模式改革。

其次，专业结构改革。所谓专业结构，指人才培养方案的支架。在高等学校教学改革中，专业结构是其中的关键所在。我国高等院校的专业设置最初成形于20世纪50年代初期，以苏联模式为参考。这一模式，注重对行业专家的培养，所培养出的高校毕业生毕业后可直接进入相关专业的工厂工作。然而这种专业设置模式所培养的人才却因为知识面窄、综合能力低，无法适应社会需要，因此必须进行相关调整和改革。自20世纪50年代以来，我国高等院校的专业结构曾经过多次调整和改革。1958年，我国高等院校的专业结构出现了划分过细、口径过窄的特点。1963年，我国高等院校经由国家统一调整，制定了510种专业目录。1982~1987年，我国高等院校专业结构进行了第二次调整，其中，本科专业种类由原来的1343种缩减至671种。1989~1993年，国家第三次对高等院校专业结构进行调整，将本科教育的671种专业种类调整至504种。

之后，1994~1998 年，我国高等院校专业结构进行了第四次调整，将本科教育的 504 种专业种类调整至 249 种。进入 21 世纪后，为了适应经济社会的发展，我国又对高等院校的专业种类进行了调整，将本科教育的专业种类调整至 100 多种。

再次，教学内容和课程体系改革。在高校教学工作中，教学内容和课程体系是教育目的和培养目标的最直接反映，也是提升教育质量的核心环节，另外还是高等学校中教学改革的重要构成部分。我国的高等院校教学内容和课程与专业结构一样，形成于 20 世纪 50 年代初期。这一时期的教学内容和课程体系多围绕培养专门人才而展开，虽然为政府、企业、专业领域等培养了一些有用人才，然而也存在着种种弊端。主要体现在四个方面: 第一，课程体系膨胀，课程门类过多，教学时长多，极大地压缩了学生的课外活动和学习时间，导致学习负担过重；第二，课程设置不合理，主要表现在专业面不宽，必修课多且教学时间长，学生对于专业的可选择性小，导致学生毕业后知识面和视野狭窄；第三，教学内容和知识较为陈旧，难以适应经济发展和社会发展的需要；第四，课程体系僵化，课程与课程之间的联系性小，整体化不足，不能适应未来人才培养的需要。这些弊端均要求我国高等院校必须对教学内容和课程体系进行改革。1994 年，国家教委制订并实施“高等教育面向 21 世纪的教学内容和课程体系改革计划”，之后我国分批实施了“211 工程”项目。20 世纪 90 年代末，我国高等学校面向 21 世纪人才培养进行了一系列教学内容和课程改革，有的高校改革的力度较大，并且取得了突破性的进展和研究成果，也有的高校改革力度较小，暂时还没有取得突破性的成果。

最后，教学方法和教学手段改革。教学方法和教学手段是实现教学目标的重要途径，也是达成教学任务的重要手段，直接影响着教学质量和效率。教学内容和教学方法是相辅相成的，如果空有内容而没有方法，那么便无法达成教学目标；而如果只有方法没有内容，也难以保障教学质量。中华人民共和国成立以来，我国高等教育在教学实践上取得了一些经验，然而在教学内容和教学手段上也存在着许多弊端。尤其是改革开放以来，面对培养新型综合素质人才的需求，我国高等院校的教学方法和教学手段也必须进行相应的改革。改革开放以来，我国十分注重对教学手段的改革。从20世纪80年代开始，一些高等院校就率先引进了幻灯投影设备，利用声像资料进行教育。到了20世纪80年代中期，随着技术的进步，不少高等院校开始利用电化教学，如广播电视大学等。到了20世纪90年代后期，随着计算机技术的发展以及应用的推广，教学手段不断更新，大大提升了教学现代化水平。1997年，我国教育部和国家计委联合开展了“九五”国家重点科技攻关项目“计算机辅助教学软件的研制开发与应用”，极大地推动了我国高等院校使用计算机辅助教学，使高校教学质量和教学效率得到了进一步提高。然而，与教学手段相比，教学方法的改革则相对缓慢，效果也不明显。近年来，随着我国高等教育制度改革的推进，高校教学方法朝着调动学生学习积极性、主动性、创造性等方面变革，力图通过改革教学方法和教学手段，适应社会发展需要，提升高等教育水平。

综上所述，中国现代高等教育制度改革涉及高等教育思想观念、教学体制改革、教学改革等，全面了解中国现代高等教育制度的改革对于中国高等教育制度的创新和深化改革有着积极作用。

第四章 中国高等教育制度创新的背景与现状

从上文的分析中可以看出，从某种意义上来说，中国高等教育的发展就是一部高等教育制度的创新史。21世纪，随着全球政治、经济和文化形势的变化，中国高等教育制度又迎来一轮新的创新与变革。

第一节 中国高等教育制度创新的历史背景

进入21世纪以来，随着全球政治多极化、经济全球化，以及文化多元化、信息网络化的到来，导致全球的政治、经济环境发生了较大变化。在这一背景下，为了适应全球科技和经济发展趋势，世界各国纷纷掀起了新一轮的改革浪潮。中国高等教育制度创新的背景也离不开全球形势的影响。21世纪中国高等教育制度创新的历史背景包括以下几个方面：

一、中国高等教育制度创新的社会背景

进入21世纪以来，中国高等教育制度创新的社会背景主要包括知识经济和经济全球化两个方面。

（一）中国高等教育制度创新的知识经济背景

所谓知识经济，指建立在知识的生产、分配和使用基础上的经济，也就是以知识为基础的经济。知识经济的核心要素是知识，而知识经济则是在经济活动中对知识的精准把握与运用。知识经济并非是在 21 世纪兴起的。从 20 世纪 80 年代开始，第三次技术革命兴起，与工业革命相比，第三次技术革命表现出科学与技术之间的关系越来越紧密，科学技术转化为生产力的速度越来越快，以及科学技术的普及化和社会化程度越来越高，这一切都表明科学技术在促进经济增长中所发挥的作用越来越大。除此之外，在第三次科技革命的推动下，以新技术、信息化、自动化等为代表的技术知识密集型产业在国民生产总值中的比重逐渐增加。这一时期，西方发达国家开始对国内的产业结构进行调整，到了 20 世纪 80 年代，以知识为基础的经济在欧美等发达国家中所占整个国民经济的比重超过 50%，一些西方学者因此宣布知识经济的到来。例如，1988 年，美国《经济发表评论》期刊上发表了一篇文章，文章中明确提出“美国现在已经进入了以知识为基础的经济”。1990 年，联合国经贸组织在“高科技经济”的基础上提出了“知识经济”的概念。1993 年，欧洲委员会在《关于增长，竞争力和就业的白皮书：通向 21 世纪的挑战和道路》的报道中正式使用了“以知识为基础经济”这一术语。1996 年，世界贸易组织在《以知识为基础的经济》的年度报告中对“对知识经济”的概念进行了界定。1997 年以来，我国新闻媒体上开始使用“知识经济”这一词语。1998 年之后，知识经济成为我国各行各业经常使用的词语。

知识经济与其他经济相比，具有以下主要特征：第一，知识经济中，知识成为社会生产的核心资源，也成为社会价值创造的主要资源和核心来源。在农业经济和工业经济时代，劳动的核心资源表现为有形的工具，而在知识经济时代，知识转为劳动者的无形资源，并上升为劳动者以及社会生产的核心资源。第二，与工业经济相比较，知识经济下所产生的知识价值链在财富创造和价值创造方面所产生的效率更高。第三，知识经济下，知识成为推动社会经济发展以及个体生产、生活和学习的主要力量，推动人们的生活、学习节奏加快，各种经济现象发展速度加快，企业的生命周期缩短，企业和个体所面临的生存和发展压力空前加剧。第四，知识经济成为时代主旋律，知识创新成为推动社会发展的加速器，在促进企业成长和发展中起着独一无二的作用。第五，知识型劳动者成为社会经济生活的主体。在农业社会以及工业社会，社会所要求劳动者具备较强的劳动技能，较少的文化知识和文化技能；然而在知识经济时代，知识成为经济活动中的核心因素，社会对劳动者的技能构成提出了新的要求，即要求劳动者拥有更多的知识和智力，只有实现知识分子的知识化与劳动化的统一，才能在知识经济时代立于不败之地。第六，经济发展的可持续性。在农业经济和工业经济时代，经济的繁荣离不开对自然资源的巨大消耗，然而在知识经济时代，知识作为一种可再生资源，各国只要保障科研机构的正常运行，不断推动知识的生产，就能够保持经济的持续性发展，而不会受到自然资源的太大限制。第七，知识经济的发展具有不平衡性。知识经济是全球性的，知识具有共享性和非排他性的特点，随着当前国际交流越来越频繁，跨国交流与合作成为世界不可阻挡的趋势和潮流。而随着知识经济的发展，知识更新迭代的速度越来越快，因此如果在知识创造、采集、运输以及知识运用等方面占优势的国家，将在知识经济时代占有无可比拟的优势。因此知识经济时代，国家与地区间的发展具有不平衡性。

世界各国对于知识经济时代的到来，尤其是知识经济对高等教育所产生的影响均十分重视。例如，世界教育发展专家纳伊曼曾在《世界高等教育的探讨》中指出："世界过去的列强是拥有巨大自然财富的国家，后来是掌管最大工业潜力的国家占了优势，但是对于未来，具有最先进和科学、教育和文化体制的社会将是世界之最强者。"① 在这段话末尾，纳伊曼还指出："一个国家整体教育体制的新轮廓在很大程度上取决于高等教育。"1998 年，在法国召开的世界高等教育会议上指出："社会已经逐渐变成了知识型社会，

① 张轩．中国高等教育制度变迁研究 [M]. 北京：现代出版社，2016.

因而高等教育和研究正作为个人、社区和国家的文化、社会经济和环境方面可持续发展的主要组成部分并发挥着作用。”除此之外，欧美等西方发达国家的领导人也曾多次指出21世纪知识经济的到来对高等教育所提出的挑战，我国国家领导人对知识经济也十分重视，并曾在多个场合发表有关知识经济在推动高等教育发展中所起的作用。由此可以看出：未来社会是以知识以及知识的运用和创新为基础的社会；知识经济时代，高等学校的基本功能处于社会的中心；知识经济是高等教育发展的最重要背景之一，世界各国高等教育的发展必须适应这一背景，并将知识的传授、知识的研究、知识的服务相融合和协调，才能使各国的高等教育真正成为社会的中心，助力世界各国的发展。当前，我国高等教育不仅面临着知识经济时代的挑战，随着我国经济社会的飞速发展、科学技术的进步，以及国内国际形势的需求，我国高等教育还面临着其他重大挑战。例如，高等院校资金筹集问题，学习公平性，提高教学、研究及服务质量，此外，现行高等教育制度还受到新技术的挑战，这些均对我国高等教育制度提出了新的挑战。为了应对一系列挑战，我国高等教育应在知识经济的大背景下，加强变革以及促进变革的能力，对高等教育进行创新，建设一流世界大学并参与国际竞争，同时，发展大众高等教育，提升教育质量，化挑战为动力，在实践中推动我国高等教育不断向前发展。

（二）中国高等教育制度创新的经济全球化背景

经济全球化这一概念最早是于1985年由提奥多尔·拉维特提出的，所谓“经济全球化”是指各个国家经济的开放度、经济的相互依赖性和经济一体化不断加强的过程，也是指在世界范围内各国和各地区经济相互融合成为一个有机整体，并按照市场经济的要求保证生产要素自由流动和合理配置的历史实践过程。[①]经济全球化是市场经济不断深化的结果，一方面，随着世界经济逐步形成和完善，世界范围内各个国家和地区的经济相互交织在一起，相互影响与融合从而形成一个整体，即“全球统一市场”；另一方面，为了

① 郑有国，高文博.工业化、市场化与国内外统一市场[M].厦门：厦门大学出版社，2016.

保障全球经济有序运行，世界范围内建立了规范经济行为的全球规则，并在此基础上形成了经济运行的全球机制。从这一过程来看，经济全球化即生产要素在全球范围内自由流动，各个国家和地区之间的经济相互融合成为一个共同的整体的过程。进入 21 世纪以来，经济全球化已经成为影响世界各个国家经济、政治、军事、社会以及文化等全方面发展的重要社会背景。作为 21 世纪全球最深刻的一场革命，经济全球化是世界上任何国家无法回避，只能直面、适应并积极参与的挑战。

经济全球化形成并迅速发展的原因是复杂的、多方面的，其与第三次科技革命和知识革命有关。第三次科技革命兴起于 20 世纪七八十年代，科技发展在社会发展中所起的作用越来越大，尤其是随着信息技术的飞跃发展，加快了对知识的编码整理，使知识成为可以在市场上交换的商品，并借助信息技术和网络通信技术而迅速在全世界范围内流传和扩散，加快了全球经济化的步伐。第三次科技革命在社会生产、国际贸易的发展以及金融全球化等方面具有巨大的推动作用。除此之外，市场经济体制是经济全球化形成的生产关系因素。经济全球化的迅速发展，离不开市场化和自由取向的经济体制改革，这些改革为经济全球化提供了必需的制度框架。市场化是经济全球化的客观要求，作为推动经济全球化最重要的力量，市场化是经济全球化的客观需求。在第二次世界大战后，由于世界各国的经济市场化程度不充分，各国的市场机制均受到不同程度的抑制。随着第三次科技革命的发展，世界各国的市场化程度越来越高，这对于推动经济全球化起着重要作用。除此之外，企业的管理创新为经济全球化的形成奠定了微观基础；贸易与投资的自由化推动了经济全球化形成和发展的政策条件；跨国公司在世界经济格局中的主导地位越来越突出，成为推动经济全球化加速发展的重要力量；此外，全球市场中的资源配置、经济发展水平和不同市场收益率的不平衡成为经济全球化形成的重要市场因素之一。这些因素均推动了经济全球化的形成与发展。

随着经济全球化的影响越来越大，知识和经济在全球市场中的联系越来越紧密，经济全球化与知识经济之间是一种互为因果、相辅相成的关系。一方面，知识和科技在经济发展中的比重越来越大，推动知识和科技的应用比重越来越高，而知识和科技的广泛应用又促进跨国公司的大量产生、发展以及运作。跨国公司在全球知识传播与应用、推广过程中起到了极强的推动作用，使全球经济市场中的知识和科技的流动与扩散速度越来越快，同时极大地降低了信息和知识的传递成本，提高了信息和知识的利用率，从而使知识和科技在全球市场中的作用越来越大，为经济全球化的产生和发展提供了前提和土壤。另一方面，经济全球化推动了知识和信息在全球市场中的配置，对国家与国家之间、国家与地区之间，以及地区与地区之间的经济贸易产生了质的影响。这些均对高等教育提出了新的要求，成为21世纪高等教育创新的重要背景。正如罗伯特·赖克在其著作《国家的作用》中所指出的：随着全球化的发展，国家的职能正在发生变化，社会各界对于国家的要求是建立一个灵活而有效率的政府，而政府的主要职责则是保护市场。而市场成为全球化中最重要的，也是起决定性作用的因素。经济全球化的影响、国家力量的削弱和市场力量的增强，对高等教育提出了新的要求。受劳动力市场导向的影响，市场机制在高等教育中所起的作用越来越大，高等教育出现了商业化、私有化以及企业化的趋势，对高等教育人才培养提出了新的要求，也为我国的高等教育带来诸多发展机遇。经济全球化背景下，我国高等教育的挑战主要包括三个方面：第一，我国高等教育的主权以及管理体制需要适应全球高等教育市场的需要，因此，面临着许多挑战；第二，经济全球化使国际教育机构进入我国高等教育市场，并抢占市场份额，对我国高等院校的发展产生极大的竞争压力；第三，经济全球化的发展，使各种文化之间的碰撞和交融进一步扩大并深入，尤其是随着信息技术的发展，现代网格技术应用越来越广泛，现代大学生所接受的各种思想文化影响的途径越来越多，从而对我国高等院校学生的思想德育工作提出了更大的挑战。经济全球化背景下，我国高等教育的机遇具体包括以下几个方面：第一，经济全球化为我国高等教育带来了国际先进的教育制度，其中包括高等院校先进的发展理念、西方发达国家的办学体制、高等院校的人才培养模式等，这些都为我国高等教育制度的创新和改革提供了经验借鉴和学习榜样。第二，经济全球化所带来的国际优秀的教育资源进入我国高等教育市场的情况，将有利于推动我国高等教育市场的进一步优化，从而形成以国家为主导，社会力量和民间私人力量以及国际外来力量共同参与的高等院校投资体系，从而促进我国高等教育投资走上多元化的道路，以解决我国高等院校投资不足等问题。第三，经济全球化是以市场的开放性作为基础的，而经济全球化所带来的资源的流动，有利于拓展我国高等教育市场，推动我国高等教育市场化。第四，经济全球化所带来世界文化的大融合和大交流，为我国优秀的高等教育走出国门提供了契机，从而为我国一流大学在世界范围内提升影响力奠定了基础。

二、中国高等教育制度创新的趋势背景

受知识经济、经济全球化，以及政治多极化、文化多元化等影响，我国高等教育制度创新面临着教育趋势发展，这些趋势均对我国高等教育制度创新产生了一定的影响。

其一，教育终身化趋势。终身教育是 21 世纪教育，尤其是高等教育最重要的趋势之一。终身教育又称“永久教育”“生涯教育”等，这一理念并非始于 21 世纪，而是自古以来就存在的思想。现代教育中所指的终身教育概念，是由法国成人教育专家保罗·朗格朗所提出的。1965 年，保罗·朗格朗在巴黎国际成人教育大会上首次提出了这一思想，这一思想一经提出就在全世界范围内获得了极大的认同。其中，一些国家的政党，如日本，还将终身教育的实施作为竞选口号争取民众。然而尽管终身教育的观念得到了世界各国人士的认同，然而关于其概念，在学术界却始终没有统一的说法。保罗·朗格朗认为，所谓终身教育是指完全意义上的教育，它包括教育的所有方面以及各项内容，从人的出生开始，一直到生命终结不间断地发展，此外还包括教育各个发展阶段各个关头之间的有机联系。[①]终身教育趋势思想的产生，与 20 世纪末期 21 世纪初期的

① 欧阳忠明，肖玉梅，肖菲.终身教育探寻学习的财富[M].重庆：西南师范大学出版社，2014.

社会背景有关。20世纪末期，人们的物质世界、精神世界以及道德世界发生了巨大的改变，尤其是随着第三次科技革命的崛起，社会更新变化速度加快。知识迭代速度也相应加快，这些均对教育提出了新的挑战和要求，使教育工作者不得不面对各种各样的问题和需求，从而推动教学观念和教学方法的发展和变化。此外，教育终身化也与世界人口急剧增长有关，人口数量的增加对教育提出了新的要求和巨大挑战，为了解决不断增长的人口压力与教育之间的矛盾，终身教育理念开始流行。除此之外，科学技术进步以及信息的飞速发展、国家政治结构的频繁变化、人们闲暇时间的增多、生活模式与思想意识形态的变化、对身体的认识、人的全面而自由的发展，以及社会的可持续发展等，均成为终身教育理念发展的原因。关于终身教育的原则，保罗·朗格朗将其原则归纳为以下内容：防止知识腐化，确保教育的连续性；保障教育计划、教育方法与社会目标相适应；在不同的教育阶段，必须以进化、变化和变革的生活为主，培养活生生的人；此外，利用一切训练方法，解决强加于教育的传统定义与制度的束缚；加强教育与技术、教育与工业、教育与商业的紧密联系。[①] 作为教育中最重要的部分，高等教育终身化在人的全部教育所占的地位越来越重要。终身教育，尤其是高等教育的终身化虽然是世界性趋势，然而各个国家的高等教育终身化的实践却并不相同。例如，瑞典高等学校在20世纪末期就采取了放宽学生年龄限制的做法；美国高等学校中则开设了进修班，为在职人员接受高等教育铺平了道路；英国开设了适合于职业人员的研究生课程。20世纪90年代，我国分别于1995年、1998年颁布的《教育法》和《高等教育法》中均指出高等教育要开展多样化的继续教育和终身教育。因此，高等教育的终身化成为21世纪我国高等教育改革的重要趋势和背景。

其二，高等教育的社会化趋势。所谓“高等教育的社会化”，主要包括三层含义，即教育的普及化与个性；教育机构、教育内容、形式和方法的多样化；以及教育运作机制的社会介入，教育资源的

① 朱先奇等．制度创新与中国高等教育[M]．北京：中国社会出版社，2006．

全社会筹集。[①]

高等教育社会化主要包括几个方面的内容：在高等学校创办上，体现出政府与社会力量联合办学，高等教育经费来源多元化的特点；在高等教育的课程设置上，体现出满足社会需要的特点；在高等教育的功能上，体现出脱离单纯的知识教育，将高等教育与社会经济、政府以及时代发展联系起来，满足社会的种种需要。作为21世纪高等教育发展的重要背景和趋势，高等教育社会化趋势的形成与以下三个方面的原因有关：一是高等教育社会需求化与高等教育现实投入之间的矛盾。20世纪末21世纪初，随着社会人口的增多，社会的发展，人们对于高等教育的需求也越来越多，然而，高等教育在现实中的建设和发展难以满足社会需求。尤其是我国改革开放以来，社会经济发展速度越来越快，导致我国高等教育的建设远远跟不上社会的发展趋势，因此我国高等教育采取了国家和社会力量共同办学的策略，通过多样化的办学模式，拓展教育经费，以促进我国高等教育的不断向前发展。二是由于社会经济的发展，以及我国改革开放实行以市场为主的经济体制等，促进了社会经济和工商业的发展，以及企业的成长，而这些行业或企业的进一步发展和成长均离不开对于高等教育专业人才的需求，因此这一需求也是促进高等教育社会化的重要原因之一。三是受我国改革开放的市场需求，以及世界高等教育发展的影响，高等院校从单纯的、封闭的环境中走出，除了知识的传授外，还强调社会实践在人才培养中的作用，强调知识的运用和创新。这也是全球高等教育所面临的必然趋势。

其三，高等教育国际化趋势。20世纪末期，随着第三次科技革命的发展，尤其是信息技术和网络通信技术的发展，世界已经变成了一个命运相连的共同体，尤其是进入21世纪以来，几乎所有困扰人类的重大问题均具有全球性、整体性以及互联性的特点。就高等教育而言，其本身就具有较强的国际化特点。例如，早在古希腊时期，高等教育中的“游学”和“游教”之风就相当盛行，而在中世纪，欧洲的大学几乎是无国界的，中世纪大学中会集了多个不

① 祁占勇．高等学校法人外部治理结构研究[M]．西安：陕西师范大学出版社，2017.

同国度的教师和学生。现代高等教育发展的过程中，也存在着较强的国际化趋势。所谓高等教育国际化是指，把跨越国界和跨越文化的观点和氛围与高等院校中的教学、科研和社会服务等主要功能结合在一起的过程。高等教育国际化的内涵包括以下内容：首先，高等教育国际化是包括学生在国际间的流动、学者的国际交流活动，以及研究工作的国际合作、技术的国际援助等，由多种活动所构成的教育。多样化的高等教育国际化活动为高等教育机构提供了与其他国家的高等教育学校或机构之间的合作机会和前提条件。其次，高等教育国际化是走向世界的过程。这一过程使国家与国家、国家与地区以及地区与地区间的高等教育能够有相互了解、接触的机会，并借鉴世界其他国家高等教育制度，从而推动本国高等教育的反思、调整、创新、改革与重构。再次，高等教育国际化还包括高等院校师资水平的国际化。应从国际化角度，对高等院校教师和科研人员提出适应世界发展趋势的要求，并在这一过程中提高教师和科研人员参与世界学术、文化活动的能力，以及理解不同国家、民族以及文化的能力。最后，高等教育的国际化还包括大学的精神气质。高等教育国际化的发展背景要求国家建设一批具有国际持续创新精神，兼容世界上各种文化和思潮，以及持有促进世界进步意识的大学。这批大学的精神气质是超越本土高等教育发展方向和发展意识及范围的，从而推动国家的高等教育不断向前发展。

高等教育国际化的表现形式包括国际化的教育理念、国际化的人才培养目标、国际化课程、国际化交流活动，以及国际化的合作研究、国际化的教育资源共享等。国际化的教育观念要求从全球视角出发，认识教育的改革与发展问题，既要关注本土，又要关注整个世界；既要弘扬本民族的文化，又要推进其他民族文化的进步。国际化的人才培养目标包括两个方面，一方面，在思想上培养学生的国际意识，培养学生理解其他民族和文化的能力，以及学生的沟通和理解能力；另一方面，培养学生在国际舞台上的竞争能力，以及适应能力。国际化课程是指专门面向国内学生开设的、培养学生适应国际化和多元文化能力的课程。包括专门的国际化课程、围绕国际问题开设主题性系列学术活动、在原有课程的基础上增加国际内容、推进国际关注的重大课题研究，此外还有关注区域研究、建立多种形式的国际性校际关系等。国际化交流活动包括学生和教师两种国际交流活动。国际化的合作研究是保障高等院校的性质以及功能和效果的必要条件，高等学校在国际化趋势中应不断参与和开辟国际学术交流与合作的新途径。国际化的教育资源共享则是指依托最新的信息技术对国际资源进行共享，从而加速高校国际化的进程。对于我国高等教育来说，在世界一体化程度越来越高的今天，高等教育必须坚持国际化并创新国际化途径，从而进一步提高中国高等教育的国际地位。

其四，个性化趋势。为了适应变化速度越来越快的社会，满足社会各方面的需求，促进社会和市场经济的多元化、个性化趋势发展，世界高等教育的个性化趋势也越来越强。所谓高等教育的个性化趋势，即高等院校打破千校一面的状况，从而展现出独特的校风、校貌，以及人才培养的个性等。我国的高等教育在改革开放，经历了条块分割后，正朝着个性化的趋势迈进。高等学校的个性化，即高等学校的办学特色化，主要指办学思想和社会需要之间的融合、适应以及改选。其中，人才培养的个性化是高等教育个性化最重要的体现方式之一。我国高等教育的人才培养包括两个层面，第一个层面，坚持以人为本的思想，并将人作为高等教育的出发点与归宿，注重对学生人格以及综合素质的培养，并在这一过程中培养学生的个性。第二个层面，关注学生的个性优势以及创造潜能的培养和开发。随着科技的迅猛发展以及我国改革开放的深入，社会分工越来越细，社会所需要人才的类型越来越丰富，我国的高等教育应适应和满足社会对人才的不同需要，增强学生在课程选择等方面的自由，尊重学生的个人兴趣和爱好，并采用因材施教的方法，培养有个性、专业性强、社会适应性强的人才。当前，个性化趋势依旧是我国高等教育创新的重要背景之一。

其五，多样化趋势。高等教育的多样化趋势是由当前社会需求的多样化决定的。高等教育的多样化趋势主要包括三个方面：首先，高等教育体制的多样化。高等教育体制多样化在西方发达国家已实现，然而在一些发展中国家却仍然处于摸索性阶段。我国的高等教育体制化自改革开放以来已经取得了一些成就，然而仍需不断创新才能取得推动高等教育的良好发展。其次，高等教育类型的多样化。高等教育机构担负着为社会培养各种层次人才的任务，从功能上来看，既有教学型院校，也有研究型院校，既有综合性大学，也有某一领域的专门学院。除此之外，在高等教育终身化理念的影响下，我国的高等教育还有诸如远程教育、非学历教育，以及其他多种多样的教育形式。当前，我国高等教育多样化已经取得了一些成绩，然而，还需在同一种类型、同一个层次的院校中发展一流，以及世界一流的高等院校。最后，高等教育标准的多样化。高等教育不存在统一的标准和模式，而是适应不同类型、不同层次高等学校的需求。

综上所述，当前我国高等教育面临着政治、经济、社会、文化，以及多种发展趋势，推动我国高等教育不断创新与发展，以适应和满足社会的发展。

第二节 中国高等教育制度的成果

中国的高等教育制度改革早就从改革开放后，随着我国社会主义市场经济的建立而发生了改革。当前，我国高等教育制度经过改革已经取得了一些成果。具体包括以下几个方面：

一、高等教育政府体制方面的成果

中华人民共和国成立以来，我国的高等教育建设是从接受和改造中华人民共和国成立前各种或公立或私立大学开始的。经过社会主义改革，我国的高等教育逐渐形成了政府投资以及政府包揽性办学的格局。改革开放后，随着我国经济、社会、文化、科技等方面的飞速发展，这种包揽性办学的特色已不适合我国高等教育的发展。因此，我国的高等教育体制进行了革新，并取得了一系列的成果，主要包括以下几点：

其一，在高等院校办学体制上，主要成果为建立了以政府办学为主体，多种办学形式共存的办学体制。根据我国教育部发布的通知，截至2019年6月15日，我国高等院校共有2956所，其中普通高等学校2688所（含独立学院257所），成人高等学校268所；本科院校1243所，公办本科817所，民办本科417所，中外合作办学7所，港澳台合作办学2所；专科院校1388所，公办专科1068所，民办专科318所，合作办学2所。从这一统计数据中可以看出，我国现有高等院校中，虽然公办学校在数量上占有一定优势，然而民办学校、中外合作办学等办学形式也取得了一定的发展。尤其是进入21世纪以来，随着2002年《民办教育促进法》、2010年《国家中长期教育改革与发展规划纲要（2010—2020）》的提出，我国民办高等教育获得了较大发展，除此之外，在民办高校中有5所自2011年开始具备研究生培养资格，2017年一所民办高校升格为硕士学位授予单位，使我国民办高等教育的办学层次覆盖了专科、本科、硕士三个层次，进一步推动了我国整体高等教育的发展。[①]与公办高等院校相比，民办高等院校具有管理机构精简、办学效益显著、专业设置灵活多变、办学体制独特等特点，极大地丰富了我国高等教育办学形式，提高了我国高等教育市场竞争力，有力地推动了我国高等教育多元化办学和多样化办学格局的形成。

其二，在高等教育内部体制上，主要成果为建立了新的高校内部管理和人事分配制度。进入21世纪以来，我国教育部于2000年发布了《关于高等学校人事制度改革的若干意见》开始推动我国高等院校内部管理制度的改革，截至目前，我国高等教育内部管理体制已经取得了一系列的发展。在管理机构的设置上，对校内管理机构和人员编制实施了大规模精简，据有关数据统计，我国高校内部机构和人员精简率高达40%~50%，同时在高校内推行中层干部竞聘上岗制度，极大地调动了高校内部管理人员的积极性，从整体上提升了我国高等院校的管理水平和办事效率。在人事分配制度方面，废除了高校上岗人员的“铁饭碗”“终身制”，深化高等院校全体人员的聘任制和聘用制度，同时进一步完善激励和考核机制，提倡

① 黄洪兰. 非营利性民办高校支持政策研究[D]. 长春：东北师范大学，2019.

多劳多得，极大地调动了我国高等院校教职工的积极性，提升了高等教育教学和管理效率，尤其是提高了我国高等院校中学科带头人、骨干成员的待遇，为我国高等院校进一步吸引、留住人才以及建设高水平的科研队伍奠定了基础，也为我国建设一流大学创造了条件。在管理体系方面，推行校、院、系三级管理体制，并进一步明确各自管理的职责范围和管理权限，同时进一步建立和完善了学校的管理运行机制，极大地促进了我国高等院校学科群的建立，并推动我国高等院校走上了规范化的建设道路。在后勤管理方面，推行后勤管理体制改革，建立了后勤服务承包制并引入了市场竞争机制，为保障我国高等院校的大幅扩招奠定了基础。

其三，在高等教育投资体制方面，建立了以国家投资为主，多种渠道筹集经费的高等教育投资新体制。在高等教育投资体制上，当前除了国家与地方政府支持外，学生个人还需承担一部分，而在整体上实施政府、学校、个人分摊补偿原则下，我国高等教育还建立了较完整的高等院校资助体系，如奖学金、助学金、贷学金、勤工俭学、特困补助等多种形式，尽量保障有能力考上大学的学生完成学业，不因家庭贫困而辍学或上不了大学。除此之外，在高等教育招生和就业制度方面，改革开放以来，我国通过多次招生以及就业制度改革，在多元化招生、扩大高等院校的招生方式方面，以及建立健全就业制度方面取得了一定的成绩。

二、高等教育大众化方面的成果

高等教育的大众化是现代高等教育中极为重要的构成因素，20 世纪末 21 世纪初期以来，随着我国高校扩招政策的实施，我国的高等教育大众化进程加速，当前已经取得了一系列成果。首先，我国高等教育的总体规模不断扩大。我国高等教育自实施大众化以来在校人数得到迅速增长。例如，1999 年，我国普通高校的在校生人数为 413.42 万人；2018 年，我国普通高校在校生人数达到 3779 万人。我国高等院校的总数量增加。1999 年，我国高等院校的总量为 1942 所；2019 年，我国高等院校的总量为 2688 所。单纯从这一数量上来看，我国高等院校的数量近 20 年来并未大规模增加，然而当前的高等院校总量是我国经历多次扩充、精简后的学校数量，在高等学校办学质量上较之20年前取得了极大的成就。我国高等院校的规模得到了扩大。1999年，我国高等院校的平均规模为3815人；到了2010年，我国全日制普通高校的平均规模为9298人；2018年，我国全日制普通高校的总规模为3833万人，校规模均突破1万人，个别高校规模还达到了7万余人。我国高等教育规模的扩大，不仅能够有力地推动我国高等教育的大众化，同时还可带动我国初等教育和中等教育的发展，缓解我国各级学校的入学压力，同时增强和扩大我国高等院校与社会的直接联系，推动我国高等教育朝着适应和满足社会发展的方向前进。其次，我国高等教育的增长速度较快。近20年来，我国高等教育规模扩大的背后与我国高等教育的增长速度有关。自1999年高校扩大招生以来，我国高等教育呈现出跨越式发展态势。《2017年全国教育事业发展统计公报》显示，2017年，我国在校大学生数量达到了3779万人，2018年我国在校生人数与2017年并没有较大差距。然而与1999年的413.42万人相比，增加了9倍。此外，研究生的在校生人数也得到了大规模增长，据有关数据统计，1998~2011年，我国高等院校招生以20%的速度扩张，极大地推进了我国高等教育大众化进程，缩短了我国高等教育大众化进程的时间。再次，我国高等教育的毛入学率不断提高。高等教育的毛入学率在衡量一个国家高等教育的发展中起着极为重要的作用，是衡量高等教育发展阶段的重要指标。此外，由于高等教育在国家经济发展中起着举足轻重的作用，因此一个国家高等教育的毛入学率也是一国经济社会发展水平的重要观测指数。高等教育的毛入学率受经济发展水平、城镇人口比重、普通高等学校三个因素的制约。进入21世纪以来，随着我国高等教育大众化的推行，我国对于高等教育毛入学率的重视也提升到了一定高度。从数据上来看，1998年，我国高等教育的毛入学率为9.8%①；2018年，我国高等教育毛入学率达45.7%。根据20世纪70年代美国高等教育学者马丁·特罗的“三阶段理论”，

① 张华星. 新时期我国高等教育改革与发展研究[D]. 乌鲁木齐：新疆大学，2012.

高等教育的发展主要包括精英阶段、大众阶段、普及阶段，其中，高等教育毛入学率在 15% 以下时，为高等教育的精英阶段；毛入学率在 15%~50% 时为高等教育的大众化阶段；毛入学率在 50% 以上时为高等教育的普及化阶段。①根据这一理念，从以上数据来看，我国高等教育早已进入大众化的成熟阶段，即将迈进高等教育普及阶段。

三、高等教育整体实力方面的成果

从我国高等教育在校生数量和学校规模来看，我国高等教育目前已成为世界高等教育大国，而我国高等教育整体实力上的提升除了规模和体制变化，还要实现从世界高等教育大国向世界高等教育强国的转变，还应注重高等教育质量的提高，尤其是在世界一流大学的建设上。目前，我国在高等教育质量建设上已经取得了一些成果。

首先，实施“211 工程”和“985 工程”，建设了一批国家重点大学和重点学科。1995 年 11 月，经国务院批准，由中央政府拨出专项资金开始实施“211 工程”建设。所谓“211 工程”是指面向 21 世纪，建设 100 所左右高等院校，并建设一批重点学科。1999 年 1 月，我国“985 工程”启动。所谓“985 工程”是国家为建设若干所世界一流大学和一批国际知名的高水平研究型大学而实施的一项高等教育建设工程。②其中，“985 工程”的建设包括创新高校机制、建设高校队伍、打造高校平台和基地、条件支撑和加强国际交流与合作等方面的内容。“211 工程”和“985 工程”是由国家政策扶持的高等院校建设活动，截至 2009 年，有 112 所院校入选“211 工程”，分布于 31 个省（市、区），截至 2012 年，“211 工程”三期项目结束。其中，39 所院校列入“985 工程”。这两个工程的实施和发展有力地带动了我国一流大学的建设，同时带动了一大批高等教育的改革，从整体上极大地提高了我国高等院校的办

① 钟秉林，王新凤．迈入普及化的中国高等教育：机遇、挑战与展望 [J]. 中国高教研究，2019(8):7-13.

② 张华星．新时期我国高等教育改革与发展研究 [D]. 乌鲁木齐：新疆大学，2012:18.

学水平。此外，“211工程”和“985工程”还极大地提升了我国一部分重点大学的教学水平和科研能力，培养了一批高层次留学人才，极大地缩短了我国高等教育与世界一流大学在科研等方面的差距。

其次，实施“双一流”大学建设，提升我国高等教育特色发展水平。继“211工程”和“985工程”之后，2015年10月，国务院印发了《统筹推进世界一流大学和一流学科建设总体方案》（以下简称《方案》）。《方案》中提出了建设“双一流”大学的概念，并对具体的建设目标进行了划分，主要内容为：2020年，若干所大学和一批学科进入世界一流行列，若干学科进入世界一流学科前列；2030年，更多的大学和学科进入世界一流行列，若干所大学进入世界一流大学前列，一批学科进入世界一流学科前列，高等教育整体实力显著提升；21世纪中叶，一流大学和一流学科的数量和实力进入世界前列，基本建成高等教育强国。①“双一流”大学的提出在提升我国高等教育特色水平，提升我国高等教育发展的均衡性以及缩短我国高等教育与世界高等教育之间差距，加强我国高等院校一流学科和一流教师队伍、顶尖科研人才的培养，提升我国高等教育科研水平等方面具有重大意义。

最后，推行教学改革的“质量工程”。在建设、实施“211工程”和“985工程”期间，我国教育部分别于2007年和2011年启动了“高等学校本科教学质量与教学改革工程”和《关于“十二五”期间实施“高等学校本科教学质量与教学改革工程”的意见》。这两个工程的实施对于推动我国高等教育质量起了重大的作用，取得了以下成果。其一，高校教学改革质量工程的实施，强化了教学中心地位，推动了我国本科教育质量的大力提升，除此之外，还加强了高职教育的投入和建设，进一步完善了高等教育办学经费筹措体制，提高了高等教育经费的使用效益。其二，教学改革质量工程的实施明确了高等院校教学改革的重点，从专业设置、课程体系建设、实验教学，以及教师队伍和人才培养方面提升了教学水平和教学质量。

除了以上几点外，我国还于2003年通过了《2003—2007年

① 孙诚．“双一流”大学建设与高等教育特色发展[J].天津中德职业技术学院学报，2017(2):22-27.

教育振兴行动计划》，对我国高等院校实行五年一周期的全国高等学校教学质量评估制度，确立了“以评促建、以评促改、以评促管、评建结合、重在建设”的评估工作方针，包括指导思想、教学经费、师资队伍、专业设置、教学管理、教学效果、学风等指标，极大地提升了我国高等教育水平。

四、我国高等教育综合效益方面的成果

改革开放40多年来，我国高等教育在科技、经济、社会效益等方面取得了一定的成果，极大地提升了我国高等教育的综合效益。

其一，我国高等教育在科研方面的成果。20世纪中期以来，随着世界科学技术的发展，尤其是自第三次科技革命兴起以来，高等教育在推动全球科技发展中所发挥的作用越来越大。改革开放40多年来，我国高等教育坚持科研兴国战略，在科学技术方面取得了一系列成果，主要表现在两个方面。一方面，我国高等教育在培养科研人才方面取得了重大成果，培养了一批高层次、顶尖科研人才，对于推动我国高精尖知识向技术的转化和推动我国经济的增长发挥了重大作用；另一方面，我国高等教育作为我国最重要的科研基地，在科学技术的发展和创新方面取得了重大成果，为我国科技创新提供了智力支持。其二，我国高等教育在经济方面的成果。我国高等教育的发展对国民经济的发展具有极大的推动作用，包括直接推动和间接推动。我国高等教育在直接推动经济方面的成果包括教育投资对国民经济的推动作用，例如，学生或学生家长在高等教育方面的消费直接带动了我国教育经济的发展；此外，高等教育消费还带动了一系列相关产业经济的发展，例如，学生在高等教育考试或学习的过程中，对交通、餐饮、文化制造等行业的经济投入或消费，均推动了这些行业经济的发展。我国高等教育在间接推动经济方面的成果主要体现在学生在接受高等教育时，随着自身能力和整体素质的提高，而掌握了更新的知识、技术或技能，从而在实际工作或生产中提高劳动效率，进而间接推动了我国经济的发展。其三，我国高等教育在社会效益方面的成果。随着我国高等教育的发展，国民整体素质进一步提高，极大地推动了我国文化的发展，

推动了社会文明的进步，创造了较高的社会效益。一方面，我国高等教育的大众化和普及化，从整体上提高了我国国民的人口素质，优化了人口结构，培养了一大批门类多样、层次丰富的高素质人才，进一步提高和优化了我国国民的整体素质；另一方面，随着我国高等教育的发展，高等学校的整体水平和质量不断提高，带动我国社会文化的水平不断提高，从而进一步推动我国社会文明的发展。

第三节 中国高等教育制度的不足

当前，我国高等教育制度虽然取得了一些成绩，然而在我国高等教育发展中，在新的历史背景条件下，我国高等教育制度还面临着许多不足。只有正确认识这些不足，才能对我国的高等教育进行较深刻的反思，也才能进一步创新我国高等教育制度，对我高等教育进行重构。

一、现阶段我国高等教育在政府治理制度上的不足

近年来，我国高等教育治理制度建立了以政府为主导、多元共建制度，然而当前我国高等教育在政府治理制度上还存在着以下不足之处：

首先，政府在高等教育中的地位和作用比较模糊。受未来科技、经济以及政府、文化等因素的影响，尤其是在知识经济、经济全球化以及世界高等教育的各种发展趋势背景下，未来，高等教育的中心化趋势将越来越明显，在社会发展中所发挥的作用将越来越大。然而，从当前我国高等教育的政府治理制度来看，如何充分发挥并提升高等院校的自主创新能力，是我国高等教育改革的重要内容。当前，政府在我国高等院校的管理中仍然起着重要的主导作用，高校的行政化趋势十分明显，这一趋势主要表现在两个方面：从外部来看，政府对高等院校的行政化干预较多，高等院校自主创新能力不足。例如，政府在高等院校校领导任免、招生政策、资金投入、

质量监控、建设规划等方面的权力较大，高等学校的自主办学权力的实现缺乏操作细则和保障机制。从内部来看，政府在高等院校管理中的权力相对较大，高等学校作为政府的附属机构，处于被领导的地位，这虽然能够使我国高等院校得到较充足的政府支持，但学校内部的学术权力相对不足，以致有的高等院校出现“官场化”趋势。改革开放以来，我国多次进行高等院校内部管理体制改革，取得了一定成就，然而学校行政权力的过于集中和泛化，以及学术权力与行政权力的分工不清、职责模糊等现状，导致高等学校内部管理方面过于行政化。此外，还存在着高等院校官本位现象盛行、资源分配不均、大学主体地位丧失、缺乏有效的第三方监督机构等问题，从而不利于高等院校的健康发展。

其次，高等院校的管理模式过于单一。我国高等教育体制的模式为政府主导模式，这一模式在一定历史阶段有利于推动我国高等教育的发展，然而也存在管理权过于集中的不足。主要表现在两个方面：第一，高等院校的办学方式呈现出集权化的管理模式。尽管近年来，我国在高等院校办学模式上实行了以政府为主导的多元办学模式，然而高校管理中仍然存在着一些弊端。高等学校中政府或管理者在实行理性管理时，也会出现种种趋利倾向，如果管理模式较为稳定且单一，则易导致权力寻租行为。第二，我国高等教育有关的学术中介机构大多依附于某一级政府，因此，难以保持学术的公正性和客观性。

二、现阶段我国高等教育在资源分配制度的不足

所谓资源分配，指根据一定原则，将各种资源合理分配给各个用户单位的过程。而教育资源分配，是指在教育领域，将稀缺的教育资源按照一定规则、决策和实施步骤进行分配，使教育资源得到合理有效利用的过程。当前，我国高等教育的资源配置中建立起了以政府计划为主、市场调节为辅的分配机制，这较之以前我国教育资源的分配制度已有了较大进步。然而近年来，随着我国改革开放的深入和市场机制的建立，现有的高等教育资源配置制度仍然存在着一定的不足。具体表现在以下几个方面：其一，教育投入不平衡，

资源配置不合理。高等教育的发展，离不开优质教育资源和教育奖金的支持。我国每年在高等教育方面投入大量资金，但是这些资金在高等院校中的分配却存在种种差异，导致了教育资源投入不均衡、资源配置不合理等问题。具体来说，在教育资金分配中，“211 工程”和“985 工程”所涉及的高等院校，与普通高等院校之间的资金分配可能相差数倍，甚至高达数十倍，因此出现重点大学所获得的教育资金多于非重点大学所获得的教育资金。而由于“211 工程”和“985 工程”所涉及的高等院校多集中于东部和中部的发达地区，西部地区较少，因此在高等教育的资金分配上也体现出中东部地区的重点大学所获得的教育资金多于西部地区的重点大学。此外，不同城市和地区之间的经济发展不均衡，也导致各个地区之间的高等教育发展，以及资金分配的不均衡。而由于重点大学与非重点大学、中东部发达地区与西部地区的教育投资不均衡所造成的高等教育资源配置不合理的现象，则会对我国整体高等教育的布局和发展产生一定的制约作用。

其二，高等院校招生制度所造成的教育机会不公。自 1977 年我国恢复高考制度以来，改革开放 40 多年来，高考成为我国高等教育招生的最主要、最为传统的路径。尽管统一的高等教育考试制度在我国高等教育发展中起到了极为重要的推动作用，然而多年来关于高考的弊端与争议从未停止。现行的高考招生制度也存在着教育机会不公平等问题。首先，一考定终身的招生制度中暗含着极大的不公平因素。正如前文中在分析高等教育资金分配上的不均衡时所指出的那样，在不同区域、不同城市中的初等教育和中等教育资源也存在着不均衡现象。例如，中东部经济发达地区的初等教育和中等教育的师资力量、办学条件等较西部地区更加优越，学生的整体素质较高，接受的优质教育资源也较多；城市中的初等教育和中等教育资源优于农村地区。而初等教育和中等教育水平的高低，则对学生的高考起着极为重要的作用。因此，一考定终身的高考招生制度看似公平，实则隐藏着我国教育资源整体分配的不均衡和不公平现象。其次，我国高考招生制度中的地方保护主义也会造成我国高等教育的不均衡和不公平。一般来说，本地的高等院校在高考招生制度中从录取人数、录取分数上均为会更加倾向于本地考生。由于“211工程”和“985工程”中所涉及的重点大学大多位于我国中东部经济发达地区，这也造成了中东部地区的考生较之西部地区的考生更易考上本地重点大学。此外，对于考生基数较多的省份，也存在着录取分数高于其他省份的现象，这使这些地区的考生即便与其他省份的考生获得同样的分数，也难以被重点大学录取。除此之外，保送生制度中获得保送资格的学生大多来源于本地或经济发达地区、教育条件优越的地区，这一点从教育公平性和招生公平性的角度来看，也是形成高考招生不公平的因素之一。而高考招生制度的不均衡和不公平，易导致本地高等学校知识体系的封闭性，不利于高等学校的开放性发展。最后，高考制度中所涉及的学费也是造成高等教育不公平的因素之一。我国高等教育目前实施国家、学校、个人三方共同出资的原则。然而，我国经济发展存在着极大的不平衡性，这使许多经济条件一般甚至贫困的学生，因学费而放弃重点大学或重点专业的学习，而宁愿选择学费较低的普通高校，或有免费制度的专业。尽管我国近几年来在高等教育资助上取得了极大的成绩，然而现实中仍然存在着一些这样的情况。

其三，教育资源分配的不均衡还体现在校内资源分配不均衡上。我国高等教育发展一直存在着重理轻文的现象，而在资源分配上也不例外。一些以理工专业为主的高校在教育资源分配上优于以文科专业为主的高校，而这一点不仅严重制约了我国高等院校中人文社会科学的发展，而且由于科技发展加快而造成的高校实验室或教学资源设备更换频繁所引发的教育资源浪费现象也极为严重，在我国高等教育建设中造成了巨大的经济损失。此外，在高等学校一线师资力量、基础建设等分配上体现出不均衡现象，中东部经济发达地区的重点高等院校无论师资力量分配还是教育资源分配均优于我国其他地区的高等院校。

三、现阶段我国高等教育在教育质量方面的不足

教育质量是衡量一个国家高等教育发展水平的重要因素之一。改革开放40多年来，我国高等教育质量取得了突出成就。然而，与世界其他国家，尤其是西方国家的高等教育制度相比，我国的高等教育质量仍然存在着一定的不足。主要表现在以下方面：

其一，我国高等院校的多样性不足。自21世纪以来，为了解决高等教育与社会发展之间的矛盾，我国高等教育开始实施高校扩张制度，由此造成了一些高校盲目扩大办学规模，通过收取过高学费维持学校运转的事实，从而造成了高校高收费、乱收费等社会诟病的问题，对我国高等院校的形象造成了难以估量的损失。除此之外，一些高校虽然费用高昂，然而教育质量却不高，导致我国高校整体质量不高。在高等学校的多样化方面，虽然我国高校一直在朝着特色化办学的方向发展，然而在现实中高等学校却存在着类型相同、办学模式单一、课程设置无特色等事实，不利于我国高等教育质量的提高。

其二，我国高等教育中的学术失范行为导致我国高等教育质量严重受损。近年来，我国高等院校中的“学术造假”等学术失范行为十分严重，对我国高等教育的学术自由理念产生了极大的负面影响。我国高等教育中的学术失范行为主要表现在以下几个方面：首先，学术权力与行政权力之间的关系纠缠不清，使学术活动以及学术事务所受到的行政干预过强，而大学学术管理组织却缺乏必要的保障制度，从而导致学术造假盛行。其次，我国高等教育中的学术虚假繁荣推动学术造假行为。我国高等院校中成千上万的教职人员、每年数以百万计的毕业生均要通过发表学术文章或学术著作进行职称评定，这一政策的推行，使高校除了科研人员外，职称评定人员每年也需要发布大量的学术文章，导致一些人员在学术上采取弄虚作假行为，通过抄袭、剽窃等途径发表学术文章，由此产生的学术繁荣的假象又进一步推动了学术上的造假行为。再次，学术研究领域缺乏相应的评价标准和流程，有的学者在研究中不遵从学术规范，只将学术视为追求名利的场所，使本应严肃的学术行为充满了浮躁和诱惑，这些都造成了学术的造假与堕落。最后，学术腐败行为严重。这些行为包括滥评职称、滥

发文凭等，严重扰乱了我国高等教育体系中学术行为的客观性。

其三，我国高等教育的不规范评估导致我国高等教育质量无法提升。从我国高校扩招开始，我国的高等教育质量评估体系也开始建立，并在一定程度上促进了我国高等教育质量的提升。然而，通过对近年来我国高等教育评估实践的观察发现，高等教育评估工作中存在着多种不良现象。首先，高等教育质量评估中存在本末倒置的现象。当前，我国高等院校中普遍存在着为评估而评估的现象，为了获得比当前高校实际更高的评级等级，许多高校不惜动员全校力量专门对付评估人员，而当这种有作假行为的高校顺利通过评估后，引发了更多高校对其行为的模仿。这种行为严重有损我国高等教育评估的公正性和公平性，使我国原本用于推动高等院校质量提升的评估机制沦为形式。其次，高等教育质量评估中存在评估目标与评估结果不相契合的情况。我国高等教育的评估目的是“以评促建、以评促改、以评促管”，由此可见，我国高等教育评估的真正目的是为了提高我国高等教育质量。然而评估的结果则为优秀、良好、合格、不合格。两者在一定程度上出现了偏差。这也导致我国高等教育评估并未真正提高和落实，因此严重阻碍我国高等教育的质量提升。

其四，在专业设置上，我国高等院校虽正在朝着特色化办学方向发展，然而普通高等院校的专业课程则采用统一的专业目录，对高等院校的课程设置和课程讲授的灵活性带来一定制约。在课程设置方面，则存在课程体系更新不够、教材体系不完善、教育供给与教育需求间存在一定差距，以及难以适应社会转型期的变化和要求等情况。在教材使用和学位授予方面，存在行政干预过多的情况。我国高等院校的教材均由教育部及中央各部的教育行政机构统一编写，然而统一教材和统一教学大纲甚至考题，不利于各个高校专业特色的培养，也不利于学生创新性和个性的培养，还易导致教材编写中无法展现最新的研究成果等，严重阻碍了我国高等教育质量的提升。

第五章 中国高等教育制度创新与实践

高等教育的发展受到内部因素和外部社会经济压力的影响，两者均会对高等教育制度提出更高的要求，因此形成了高等教育制度的创新。在新的历史、时代背景下，我国高等教育制度也必须进行创新才能更好地发展。

第一节 中国高等教育制度创新的内涵

制度创新是一个制度的替代、转换和交易的过程，也是一种效益更高的制度对于另一种制度替代的过程。制度对于高等教育的存在与发展有着极其重要的意义，制度是学校工作的灵魂，如果教育制度稳定，那么教育工作就会有序地展开，如果相反，教育工作则会陷入混乱。我国高等教育自1978年改革开放以来，经历了恢复、整顿、调整、提高、快速发展等多个阶段，尽管每一个阶段均进行了多次波折与反复，但始终向前发展，创造了世界高等教育的发展奇迹。这一切离不开中国高等教育制度的创新。

一、高等教育制度创新的内涵

制度创新理念是经济学的重要理论之一，也称为制度变迁理论。制度创新理论体系最早是由20世纪西方学者熊比特提出的，之后，其他多位学者从不同角度提出了制度创新理论，如诺斯、戴维斯、马克思等。制度创新理论中包括创新主体、动力机制、方式方法以及基本规律等问题的研究。马克思认为，制度创新的主体包括人民群众、阶级集团以及国家政府三个层面。制度创新的主体在西方经济学家诺斯和戴维斯看来，包括第一行动集团和第二行动集团，也即社会大众和政府、政党。而马克思则认为制度创新的主体包括人民群众、阶级集团和国家政府。从制度创新动力来看，西方经济学家多认为制度创新的核心利益是追求利益的最大化。马克思从社会发展矛盾的视角出发，指出制度创新的动力来自外部力量，即社会生产力发展、变化与生产关系之间的矛盾。从制度创新方式来看，西方经济学家从制度需求以及制度供给的关系出发，提出了诱致性制度创新和强制性制度创新两种方式，并认为，制度创新主要以强制性创新方式为主。马克思则将制度创新方式划分为改革改良的和平方式和激烈对抗的武力革命方式，指出根本制度的创新需要采用制度革命实现，而具体制度创新则主要依靠制度改良方式实现。从制度创新规律来看，马克思指出制度创新是客观必然性和主观能动性相统一、质变与量变相统一、继承发生和创新性相统一的过程，并且是一个从量变到质变的过程。西方学者诺斯则提出了制度创新规律的“路径依赖”理论。

按照拉坦的诱致性制度创新理论，可将高等教育制度创新分为三个层次，即高等教育组织行为制度创新、高等教育组织与环境关系创新、高等教育组织中的权力关系。其一，高等教育组织行为制度创新。高等教育是一个完整的、独立的组织系统，由高校内外多个不同教育组织构成。包括干部人事制度、招生制度、毕业就业制度、学校后勤管理制度、高等学校基础教育体系等。这些组织均是我国高等教育制度创新的基础。其中的每一项创新均属于高等教育制度创新，如高等学校毕业就业制度改革、终身教育改革、高校资助体系构建、高校教师聘任制改革等。其二，高等教育组织与环境关系创新。高等教育制度创新离不开社会环境的影响，而我国高等教育改革和创新的重点则为高等教育组织系统与社会系统之间的关系。改革开放以来，我国高等教育制度虽然已经进行了多次改革，然而在当前时代和社会背景影响下，高等教育制度中仍然存在着教育资源浪费严重等现象，因此，处理好政府、学校以及市场之间的关系，在适应外界环境的情况下进行高等教育制度创新仍然是我国高等教育建设的重点。其三，高等教育组织中的权力关系。由于我国高等教育的发展环境与发展特色，导致政府在我国高等教育中的地位和权力较大，而高等学校的办学自主化一直未曾真正实现，导致高等教育制度中政府和学校的权力边界一直模糊不清。因此，如何处理高等教育制度中政府权力和学校权力之间的关系，是我国现阶段高等教育制度创新和改革的重中之重。

二、我国高等教育制度创新目标

现阶段，我国高等教育制度创新目标包括以下七个方面：

其一，教育理念创新。教育理念创新是我国高等教育制度创新最为关键的所在，也是我国高等教育制度创新的基础和前提。教育理念受时代和社会发展的影响，不同时期的高等教育理念也不相同，现阶段，现代化办学理念是我国高等教育制度创新所必须具备的教育理念。在知识经济、经济全球化的大背景下，现代化办学理念具有普遍性、国际性，以及学术自由、大学自治和社会服务的特点。除此之外，创新高等教育理念必须坚持以人为本，面向现代化、面向世界、面向未来。

其二，实行政校分开，确保自主办学。高等学校的办学自主权是我国高等教育制度改革的重中之重，也是我国高等教育制度改革的核心。高校自主办学的实现，必须建立在重新梳理政府和学校自主管理之间关系的基础上，进一步扩大高等学校的办学自主权，增强高等学校自身市场适应性与竞争性。

其三，实现教育的民主管理。这里民主管理，是指在高等教育制度中，在坚持党的领导和依法办学的前提下，正确处理党的领导和教育组织的关系。具体来说，包括以下几项内容：坚持党的领导，确保我国高等教育的社会主义办学方向不动摇；建立高校内外管理的协调机制，确保坚持高校校长负责制，以及校长独立行使行政管理职能；充分发挥高等学校教授的学术管理作用，落实高等学校办学自主权；落实高等学校内部议事和决策机制中的民主机制，建立起科学规范的高等学校民主管理制度。

其四，明确高等学校定位，推动高等学校多样化建设。高等学校的多样化建设是我国高等教育制度创新的主要目标之一。当前，我国高等学校从整体发展来看，趋同性十分严重，为此，高等学校应从所处地域、学校类型、性质以及发展水平等实际问题入手，对学校的发展空间进行预估，确定学校的发展方面，推动我国特色高等院校的建立。

其五，高等学校内部管理机制的创新。当前，我国高等学校的内部管理中存在着职责不清、机构和人员冗杂等现象。在高等教育制度创新中，应构建和谐的校级领导层制度，创新院、系、师生之间的关系，并对高校各级管理体系的职能和工作进行评估，强调高校内部管理机构的服务功能，加强各自分工协调，建立起结构设置合理、服务到位的高校内部管理机制，提高我国高校内部管理效率，确保我国高校有序、规范运行。

其六，建立产权清晰的高校投资体制。改革开放 40 多年来，我国高等教育的投资体制形成了政府、社会、组织、个人共同投资的制度，推动我国民办高等学校有序发展。然而当前我国高校投资体制中仍然存在着公办学校所有制改革不彻底、公办高校与民办高校发展不均衡、高校产权关系不清晰等情况。为了改变这些现象，我国高等教育制度创新中需建立起与教育市场机制相适应的教育经费投入体系，在政府拨款的同时，加大拓宽高校教育经费筹集渠道，建立高校投资激励制度，并制定和完善教育捐赠法律法规，推动我国高等教育融资改革，建立体系完整、产权清晰的高等学校投资体制。

其七，建立完善的后勤管理模式。当前，我国高等学校已初步构建起高校后勤保障体系。通过建立明晰各部门的权利和责任，建立协调的校园管理体制，确保高校后勤服务质量。此外，还应建立高效的后勤资源保障体系，以确保高校教学和科研活动的正常开展。

第二节 中国高等教育制度创新的基本条件

高等教育制度创新是一个复杂工程，涉及方方面面的利益，因此在高等教育制度创新中应坚持以下原则：包括但不限于以人为本的原则、统筹兼顾的原则、公平公正的原则、循序渐进的原则、目的性和规律性相统一的原则、核心制度与配套制度相结合的原则、稳定性与变革性相协调的原则、制度创新主体多元化的原则等多种原则。

其一，高等教育制度创新的以人为本原则。这是中国高等教育制度创新的核心。教育是为人而服务的，教育的过程也是人的改造过程，教育的目的是提高整个民族的科学文化水平与素质，培养适合社会发展的各类人才。从这一层面来看，教育的本质即以人为本。在党的十六届三中全会上，中国共产党提出的科学发展观的核心即坚持以人为本的原则。这与中国高等教育制度创新的核心相一致。我国的高等教育制度创新是以人为本的创新能力教育方向的转变。当前，我国高等教育正面临着全新的背景和发展形势，因此，只有加快高等教育制度创新才能满足知识经济、经济全球化对人才的需求，紧跟世界高等教育发展趋势，推动我国高等教育不断向前发展。高等教育制度创新应将人才培养作为最高目标，并以此作为创新的出发点和落脚点。具体来说，在我国高等教育进入大众化成熟期并朝着普及性高等教育推进时，应重视高等教育素质化的提升，在学生掌握基础知识的同时，提高学生思考方法、继续学习能力、人际关系能力，以及综合运用知识的能力等综合素质。除此之外，在不同特色的学校中，还应注重学生多样化能力的培养。例如，在研究型大学中，还应注重对高精尖人才的培养，特别应注重学生的整体创新能力培养；在普通学校中，除在校学习外，还应重视学生校外实践应用能力的培养，以适应社会人才发展的多样化需求。

其二，高等教育制度创新的统筹兼顾原则。所谓统筹兼顾，是指在总揽全局的同时，兼顾各个方面的发展，做到科学规划，协调发展。高等教育的统筹兼顾原则主要是指在高等教育招生、培养、就业三个环节中要注重相互协调，在强调发展速度的同时，兼顾高等教育质量的提高，坚持社会效益与学术效益相统一的原则，协调人才培养和科技服务之间的关系等。高等教育招生阶段，既要实行统一招生考试，又需将单独招生与综合评价招生相结合，以推进分类考试招生，促进我国应用型、技能型人才的培养。在高等教育培养阶段，既要统筹学生整体发展，还要兼顾学生个性的发展，对高等教育教学进行创新和改革，培养学生特长；在注重学生知识和能力培养的基础上，还要加强对学生思想道德观念的培养；既要加大对研究型人才的培养，也要注重对专业型、应用型人才的培养等。在高等教育就业阶段，既要重视学生的学业基础，又要注重就业指导，同时还要培养学生的职业精神和事业心。在就业指导过程中，既要做到全员指导，即对全体大学生实行全面的就业指导，同时也要针对不同类型院校、不同专业的学生进行个性化指导，从整体上提高大学生的就业率。

其三，高等教育制度创新的公平公正原则。公平公正原则是高等教育中最重要的原则之一，也是制度创新中的基本原则。例如，在高考招生阶段，做到全国各地区的学生均享有得到优质高等教育资源的机会；在高等教育培养阶段，做到全国各地区、重点大学和非重点大学的学生均享受较为均衡的优质教育资源的机会；在高等教育就业阶段，全国重点大学和非重点大学的学生能获得用人单位的统一对待。具体来说，实现高等教育制度创新的公平公正原则还需做到以下几个方面：推动高等教育市场化的深入发展，促进高等教育办学体制的多样化；打破公办高校和民办高校之间的界限，鼓励和推动民办高等教育的发展；在吸引外资投资高等教育的同时，加大我国世界一流高校的建设力度，并开拓国内国外教育市场，推动我国高等教育的国际化。

其四，高等教育制度创新的有序发展原则。制度创新并不是一朝一夕可以完成的，而是一个由量变到质变的过程。因此，在高等教育制度创新过程中，不应操之过急，而应坚持循序渐进、有序发展的原则。我国高等教育发展史上曾多次出现因发展操之过急而不得不进行调整的事件。例如，在大跃进时期，我国高等院校虽然短时期内在数量上得到了极速增长，但后来却证明，许多高等院校的办学条件、资金、招生以及教学上均不合格。又如，21世纪初期，我国实行高等教育扩招计划时，有的院校为了扩大招生，而在学校基础建设、师资力量、学费等方面出现了一系列的问题，在当地造成了种种负面影响。

其五，高等教育制度创新的目的性和规律性一致原则。高等教育制度创新的目的是推动我国高等教育制度进一步规范化、可持续化发展，实现依法办学、自主办学。而这一目的，必须符合现代教育发展的自然规律，只有这样才能促进我国高等教育制度创新的方向不跑偏，推动我国高等教育持续发展。

其六，高等教育制度创新的多元化。多元化原则主要指高等教育创新主体的多元化。我国高等教育制度的创新主体是国家和地方政府，然而近年来，随着我国高等教育制度的改革和深入、高等院校的办学自主权不断增强，这一时期的高等教育制度创新主体在国家和政府之外，还应注重学校的创新，实现创新主体的多元化。而学校创新，相比于国家和政府更加灵活和自由，也有助于高校特色化发展目标的实现。

第三节 中国高等教育制度创新的影响因素

高等教育制度创新的影响因素主要包括高等教育创新的观念、高等教育制度变迁、政府与高等院校的关系、高等教育内部管理等多个方面。当前阶段我国高等教育制度创新应从以下几个方面入手:

其一，高等教育制度创新应坚持诱致性制度变迁和强制性制度变迁相结合。制度变迁是经济学中的概念。制度变迁理论中较为有名的是诱致性制度变迁和强制性制度变迁。所谓诱致性制度变迁是指民众在利益最大化、需要最大限度满足化的潜意识作用下，自觉或不自觉地选择出来的过程，是一种人们不断对制度的利弊和得失进行权衡的过程。诱致性教育制度变迁，能够促进高等教育资源分配的优化和改进，其特点是具有较强的主动性，也较容易被社会成员所接纳和认可。在高等教育制度创新中，需要社会形成相应的诱致性因素和环境，才能促使诱致性高等教育制度发挥作用。强制性制度变迁的概念是由我国经济学者林毅夫提出的。所谓强制性制度变迁是指必须通过政府的法律、法令构建而成的新规则。对于高等教育制度来说，个人或团体自愿联合推行的高等教育制度变迁即可称为诱致性高等教育制度变迁，而通过国家强制力量推行的高等教育制度变迁即为强制性高等教育制度变迁。由此可以看出，诱致性高等教育制度变迁的创新主体是个人和团体。其中个人是指学校内部的管理人员、教研人员、专家学者，以及学校外部的社会利益群体代表、家长、学生等人；团体则是指高等院校，或与高等院校有关的人员。诱致性高等教育制度变迁的改革和创新途径是自下而上的。例如，我国民办高等教育发展中出现的“陕西现象”等。又如，世界高等教育发展过程中中世纪大学的产生与发展等均属于诱致性教育制度变迁。而强制性高等教育制度变迁的创新主体则是国家或地方政府，创新途径是自上而下的。例如，世界高等教育发展中美国赠地学院的建立就属于强制性高等教育制度变迁。强制性制度变迁和诱致性制度变迁并不是对立的，而是可以相互转换的，一般来说，诱致性制度变迁适合前期探索与积累经验，强制性制度变迁适合跟进，完成后期任务，只有两者结合才能共同促进制度的发展。我国的高等教育制度创新也是如此，例如，在我国高等学校实施大规模扩招制度之前，我国的一些高等学校已经实施了自发性的、渐进式的、非正式的制度变迁。而当政府正式下达扩招文件后，高校扩招制度即成为一种强制性制度变迁。当前，我国高等教育制度创新面临着高等教育资源短缺、地域分布不平衡，我国的高等教育制度创新涉及包括办学体制、投资体制、就业制度以及高等教育内部管理制度等方方面面，仅依靠诱致性制度变迁难以解决问题，必须以强制性高等教育变迁为主，将诱致性制度变迁和强制性制度变迁相结合，共同推动高等教育制度的创新与发展。

其二，高等教育制度创新应坚持调整好政府与高等学校的关系。对于我国高等教育来说，政府和大学的关系是高等教育制度创新的重要因素。中华人民共和国成立后，长期以来，我国高等教育在建设中采用了计划教育体制，自改革开放引入市场机制以来，我国的高等教育较之前取得了巨大进步。当前我国政府与高等学校之间的关系为领导与被领导的关系，高等学校作为我国行政组织的附属机构或行政组织的延伸而存在，政府对高等学校实行高度集权式的统治，在管理方面实行政府主导的方针。从而造成了我国高等学校办学自主权、自我责任意识的缺乏，并且也促使高等学校对行政权力产生了较强的依赖性。这些都不利于我国高等教育的发展，在此，在我国高等教育制度创新过程中应调整政府与高等学校的关系，明晰政府与高等学校之间的权利界限，建立良好的制度环境。具体则需从以下几个方面入手：首先，改变政府对高等学校高度集权式管理的方式，在保持政府对高等学校宏观控制的同时，通过加强立法、简政放权等途径对政府的行为进行约束和规范，使政府将精力集中于对高等学校的战略规划和政策指导等间接调控方面。例如，通过制定政策引导高校行为，从而减少政府对高等学校的直接干预；通过建立健全高等学校资助体系调节高等教育供求关系，推动高等教育进一步市场化；通过建立公开透明的高校信息体系，以及高校信息服务体系，增强高等学校的自主决策的权力；通过建立规范的高等教育评估体系，对高等学校的行为进行监督。其次，限制政府在高等教育中的审批权，借此减少政府对于高等学校的种种干预。最后，充分发挥市场在高等教育发展中的作用。通过加强市场在高等教育中的作用，实现资源优化配置。综上所述，在政府与高等学校的关系中，应逐步推动政府的行动从微观控制走向宏观管理，从直接干预走向间接管理，从而达到增强高等学校自主权的目的。

其三，高等教育制度的创新应建立良好的高等学校内部管理运行机制。高等教育制度创新最重要的因素之一即高等学校办学自主权的真正落实，以及高等教育内部管理运行机制的建立。大学自治和大学自主是21世纪高等教育的世界性趋势，而如果实现大学自治和大学自主，即可为高等学校的学术研究和学术团体的形成提供有利的环境，从而促进高等学校学术制度的建立以及完善，推动高等学校知识产业的大力发展。我国高等学校只有形成内部专业的、不受其他因素影响的学术机构，使学术权力真正得以发挥作用，才能实现学术自由和大学自治。这就要求在高等教育制度创新中，首先从高等学校内部管理机制入手，调整行政权力与学术权力之间的关系，建立学术中心管理机制，建立学术生产激励和引导机制。除此之外，高等学校为了适应市场发展的趋势，还应对自身的发展进行规划和约束。当高等学校实现自治和自主后，其将受到市场机制的更大影响，高等学校办学质量、受到社会的认可度、学校中教师的地位，以及学校的特色与价值等将会在高等学校评价中占有更大的比重。为了更好地适用于市场机制，高等学校应在内部管理上建立起一套成熟有效的自我约束机制。高等学校自我约束机制的建立，有利于高等学校的依法依规自治，杜绝滥用权利、以权谋私等现象。高等学校内部自我约束机制，包括对高等学校权力层（包括学校党委组织、学校行政系统，以及学校学术组织等）的约束机制、管理层（院、系等管理机构）之间的约束机制、利益群体（包括教职人员群体、学生群体、政治团体等）之间的约束机制。只有建立起运行良好的内部管理机制，才能保障我国高等学校在充分享有自主权力的同时，受到合理合法的监督，以达到制度平衡，推动我国高等教育制度创新朝着合理、健康的方向发展。

其四，高等教育制度创新应对制度执行体系进行完善。所谓制度执行体系，是指对已经形成的政策、制度进行良好的执行和监督，以保障制度落到实处。改革开放以来，我国的高等教育制度执行体系已初具规模，然而在制度执行上仍然存在着功能失调、程序不一、系统性不足等缺点。如果缺乏良好的制度执行系统，再完善的制度创新也难以落到实处。因此，构建完善的制度执行体系是我国高等教育制度创新的必要因素。具体途径应从以下几个方面着手：建设高等教育决策咨询体系，为高等教育制度执行体系出谋划策；加强政府的行政监督与控制系统，在落实高等教育制度执行体系上切实发挥政策的行政监督作用；加强政府部门对高等教育管理体系的宏观管理，制度执行体系的建设要与高等教育创新以及社会经济、文化的发展相适应；此外，高等教育执行体系各个子系统之间还应协同一致，形成规范、有序的活动，并通过立法，加强制度保障，确保高等教育制度执行体系运行规范，为高等教育制度创新的落实做好保障。

综上所述，我国高等教育制度创新需从专业的制度创新理论入手，结合我国现阶段高等教育特色，从多个原则出发，寻找适合我国高等教育制度创新的路径。此外，还应充分协调政府、社会、高等学校、市场等因素，为高等教育制度创新提供良好的环境，推动我国高等教育事业蓬勃发展。

第六章 中国高等教育外部制度创新与实践

中国高等教育外部制度的创作包括中国高等教育法律法规制度的创新与中国高等教育质量管理制度创新与实践两大方面。

第一节 中国高等教育法律法规制度创新与实践

党的十八届四中全会上指出，“建设中国特色社会主义法治体系，建设社会主义法治国家”为我国依法治国的总目标。中国高等教育法律法规制度的建立、发展与探索正是我国依法治国方针的贯彻与落实。

一、中华人民共和国成立70年以来高等教育法律法规制度历程与创新路径

中华人民共和国成立70年来，我国高等教育的法律法规制度建设经历了漫长而又艰苦的探索，现已建立起高等教育法治建设体系，正迈向全面深化高等教育法治建设新阶段。

（一）中华人民共和国 70 年以来高等教育法律法规制度历程

中华人民共和国成立以来，我国高等教育法律法规制度建设的发展先后经历了五个重要阶段。

第一阶段：1949~1957 年，高等教育法律法规制度建设的起步与探索阶段。

1949 年 10 月 1 日中华人民共和国成立后，我国处于百废待兴阶段。为发展中国教育事业，推动我国加快向社会主义制度模式过渡，我国开始对高等教育法律法规建设进行探索。早在中华人民共和国成立之前，1949 年 9 月 29 日通过的《中国人民政治协商会议共同纲领》第五章中就专门对文化教育政策进行了规定，提出“应当有计划有步骤地实行普及教育、加强中等教育和高等教育”。《中国人民政治协商会议共同纲领》具有宪法地位，其中对于高等教育发展的规定，奠定了中华人民共和国高等教育发展的基调和法律地位。1950 年 6 月，我国第一次全国高等教育大会召开，会上通过了《高等学校暂行规程》《专科学校暂行规程》《关于实施高等学校课程改革的决定》《关于高等学校领导关系问题的决定》等一系列高等教育发展的法律法规建设文件，对于我国高等学校的宗旨、学制、教师职级等进行了具体规定。除此之外，我国教育部还颁发了《北京师范大学暂行规程》，其中明确规定学校实行校长负责制，并在校长领导下设立校务委员会。《私立高等学校管理暂行办法》中明确了专科学校和私立大学、专门学校等统一实行校长负责制。同年，我国还颁布了《高等学校课程草案》，进一步明确了我国高等教育课程行动纲领。从整体上来看，1950 年，我国颁布或通过的高等教育法律法规制度进一步明确了我国高等教育发展的方针和任务，为我国高等教育的发展奠定了坚实的法制基础。

1951 年，我国先后出台了《关于照顾归国华侨学生（包括港澳学生）入学的暂行办法》《关于改革学制的决定》两个重要的法律法规制度，对于我国高等教育的实施进行细化。尤其《关于改革学制的决定》对我国高等教育的学制、学生管理和分配制度做出了方向性的规定，为高等教育法制后续发展起到了指引性作用。1952年，我国教育部正式分立为高等教育部和教育部，同时我国进一步明确了高等学校领导关系，出台了《关于修订高等学校领导关系的决定》，此外，针对高校研究生培养出台了《高等学校培养研究生暂行办法（草案）》，出台了第一部有关师范教育的法规《关于改进和发展高等师范教育的指示》，明确了高等教育师范教育发展规范。此外，1952年，我国还通过了《关于一九五三年全国高等学校院系调整的计划》《关于加强高等学校与中等技术学校学生生产实习工作的决定》，为院系调整和高校实习指明了方向，为我国高等教育基本格局的形成奠定了基础。

1954年9月，中华人民共和国第一部《宪法》颁布并实施，进一步加快了我国社会主义法律体系建议，为我国高等教育的法律法规制度建设提供了保障。同年，我国颁布了《高等学校课程考试与考查规程》，从法律法规上进一步明确了学生的管理规定。1955年8月，中宣部关于全国学校教育工作座谈会的报告中进一步指出要加强高校中党的强有力领导。同年，我国高等教育部出台《关于视察华东、中南各高等学校后对全国高等学校的指示》，其中，进一步明确了校务委员会的主要任务。同年，我国《高等学校教学研究指导组各级教师职责暂行规定》出台，对教授、副教授、讲师和助教的职责进行了明确。在学生管理方面，1955年，我国出台了《全国高等学校一般学生人民助学金实施办法》，明确了我国高校学校的资助管理工作。1956年5月，我国高等教育部颁发《中华人民共和国高等学校章程草案》，标志着我国高等教育体制初步形成。

从这一阶段我国出台的高等教育法律法规制度可以看出，由于中华人民共和国刚刚成立，高等教育的法律法规制度建设也在摸索中前行，许多法律法规后都加了“暂行办法”或“草案”字样，从零起步，为我国高等教育起步、发展与改革调整提供了基本的法律保障。

第二阶段：1958~1977年，高等教育法律法规制度建设的维持阶段。

自1958年开始，我国全国范围内兴起了“大跃进”运动，很快我国高等教育领域受到大跃进思潮的影响，于1958年9月提出了“十五年普及高等教育”的发展目标，轰轰烈烈的教育革命很快席卷全国。这一时期，我国高等教育的法律法规建设并没有取得较大进展。相关法律规定出台较少。1958年8月，中共中央、国务院发布《关于教育事业管理权力下放问题的规定》，其中规定改变以原有条文为主的管理体制，实行中央集权和地方分权相结合的管理方法，加强地方对教育事业的领导。1960年，我国颁布了《关于高等学校教师职务名称及其确定与提升办法的暂行规定》《教育部直属高等学校暂行工作条例（草案）》（简称《高教六十条》）、《教育部直属高等学校学生成绩考核暂行规程》等法规规章制度。其中，《高教六十条》成为这一时期最为重要的工作条例，也是中华人民共和国高等教育史上第一个规范化的工作条例。

这一时期，我国高等教育法律法规建设相对停滞，尤其是自1966年“文化大革命”开始后，中华人民共和国成立以来刚刚建立起来的教育路线被全盘否定，我国高等教育的法律法规制度建设进入长期停滞期。

第三阶段：1978~1998年，高等教育法律法规制度建设的恢复阶段。

自1978年改革开放以来，我国高等教育法律法规制度建设迎来转机，开始进入恢复期。1978年，我国高等教育法律法规方面主要出台了两个重要条例：《全国重点高等学校暂行工作条例》《高等学校研究生工作暂行条例（草案）》，对高等教育的基本制度、基本秩序、规范管理制度、研究生教育工作管理等方面进行了明确规定。1982年，《中华人民共和国宪法》颁布，为我国高等教育法律法规制度建设奠定了基础。之后，我国于1985年出台了《关于教育体制改革的决定》，开始对教育体制改革进行探索。1986年，《高等教育管理职责暂行规定》出台，为我国高等教育管理提供了明确的法律依据。1988年，《关于普通高等学校机构设置的试行意见》出台，对我国高等学校内部管理和建设进行探索。

进入20世纪90年代后，我国高等教育的法律法规制度建设进一步加快，分别于1990年出台了《普通高等学校学生管理规定》、

1991年出台了《普通高等学校教育评估暂行规定》，从学校内部管理和外部评估两方面对我国高等教育的法律法规制度进行完善，为我国高等教育体制改革奠定了法制基础。党的十四大后，我国确立了建立社会主义市场经济体制的方向，在对高等教育体制进行重大调整与改革的同时，进一步加快了我国高等教育法律法规制度建设。1993年，我国出台了《中国教育改革和发展纲要》（以下简称《纲要》），其中明确规定，要加快教育法制建设，进一步完善执法监督体系，加快依法治教步伐。《纲要》出台后，我国于1993年和1994年相继出台了一系列法律法规，其中，1993年相继出台了《关于加快改革和积极发展普通高等教育的意见》《关于学位与研究生教育改革和发展的若干意见》《关于中央部门所属普通高等学校深化领导管理体制改革的若干意见》《关于重点建设一批高等学校和重点学科的若干意见》《关于进一步改革和发展成人高等教育的意见》，并通过了《教师法》，这些法律法规中，对于我国高等院校内部的领导管理、学位改革、学科建设和成人高等教育进行了明确的法律规定。1994年，我国相继出台了《关于进一步改革普通高等学校招生和毕业生就业制度的试点意见》《国务院关于〈中国教育改革和发展纲要〉的实施意见》等规定，从高校内部的招生、就业，中国教育整体改革方面进行了具体规定，为我国高等教育改革进一步奠定了法治基础。1996年，我国出台了《关于高校合作办学中有关问题的意见》，对于我国高校合作的有关事宜进行了具体规定，为我国高等教育的法治化建设提供了保障。1998年8月，我国《高等教育法》颁布。《高等教育法》是对中华人民共和国成立近50年来进行的历史经验性总结，也是我国高等教育法律法规制度建设的重要成果，这标志着我国正式从法律层面对于高等教育的制度和管理等内部进行了较全面的规范，为我国高等教育改革提供了重要的法律依据。同年，《教育行政处罚暂行实施办法》出台，对高等教育内部法律法规制度建设进行了规定。

从这一阶段我国出台的高等教育法律法规可以看出，这一阶段，我国高等教育法律法规取得了较大成就，不仅颁布了我国第一部完整系统的高等教育法律，并且从学位制度改革、高校领导关系、研究生教育、高校招生与就业政策、高校学科建设、高校自主办学、合作办学等多个方面完善了法律制度。这一时期的高等教育法律法规制度建设为我国高等教育的快速发展奠定了坚实的基础。

第四阶段：1999~2015 年，高等教育法律法规制度建设的高速发展阶段。

1999 年 3 月，“依法治国，建设社会主义法治国家”写入《宪法》，党的依法治国方略得到了《宪法》确认。同年，我国《高等教育法》正式实施，我国高等教育的法律法规制度建设进入高速发展期。这一时期，我国高等教育法律法规制度建设主要围绕《高等教育法》的实施和管理，推动我国高等教育在规范发展的道路上快速前进。1999 年，国务院和教育部相继颁布了《关于加强教育法制建设的意见》和《中共中央国务院关于深化教育改革全面推进素质教育的决定》，进一步明确了我国高等教育法律法规制度建设的方针和策略，明确了我国这一时期教育改革的目标。

进入 21 世纪后，我国高等教育法律法规制度建设进一步深化。2001 年，我国出台了《关于做好普通高等学校本科学科专业结构调整工作的若干意见》，对高校本科专业结构进行调整。2003 年我国《“211 工程”建设实施管理办法》、2004 年《“985 工程”建设管理办法》颁布，为我国重点高校建设指明了方向。2005 年，我国相继出台了《普通高等学校学生管理规定》《高等学校学生行为准则》，进一步细化了我国高校内部的法律规定。2006 年，《教育部关于加强国家重点学科建设的意见》《国家重点学科建设与管理暂行办法》出台，对于我国高等学校的学科建设进行了新的探索。2010 年，国务院发布了《国家中长期教育改革和发展规划纲要（2010—2020）》（以下简称《教育规划纲要》），《教育规划纲要》的发布为我国高等教育的整体布局与规划指明了方向。除此之外，2010 年还出台了《高等学校信息公开办法》，对于高等学校中的信息公开进行了详细规定。2012 年，我国相继出台了《全面推进依法治校实施纲要》《高等学校章程制定暂行办法》《学校教职工代表大会规定》，为我国高等院校进一步落实依法管理奠定了基础。2014 年，党的十八届四中全会提出了良法善治的理念，指出“良法是善治的基础”。同年，我国相继出台了《高等学校学术委员会规程》《普通高等学校理事会规程（试行）》《关于坚持和完善普通高等学校党委领导下的校长负责制的实施意见》，对高校内部管理进行规范化。2015年，我国《教育法》《高等教育法》完成修正，并进一步下放了高等教育管理权。此外，我国出台《中央部委所属高等学校章程建设行动计划（2013—2015）》，据此计划规定，我国部属高校于2015年底全部完成了高校章程制定工作，并以章程为依据，进一步健全高校内部治理制度。

从这一阶段我国出台的高等教育法律法规可以看出，自1999年，我国高等教育实施扩招政策以来，当前我国高等教育已经实现了从精英化阶段到大众化阶段的跨越，逐步发展为世界上最大规模的高等教育系统，并即将迈入高等教育普及化阶段。随着高等教育体系日益庞大和高等教育主体多样化发展，对高等教育提出了多方面、多层次的改革要求，我国高等教育步入深化改革阶段。这一时期，我国高等教育法律法规建设全面推进速度进一步加快，并围绕《高等教育法》的实施，以《高等教育法》为核心，对高等教育学位制度、高等教育管理体制和职责机制、高等学校治理机制、民办高校的发展机制、职业高等教育制度等进行了全方位的完善，我国高等教育依法治教制度体系基本形成。同时，这一时期我国正式确立了高校依法自主办学的学校治理方式，开启并建立了中国特色现代大学制度的进程[①]。

第五个阶段：2016年至今，高等教育法律法规制度建设的深化发展阶段。

2016年，我国正式颁布了2015年修改后的《高等教育法》，随着新的《高等教育法》的实施，我国高等教育法律法规制度建设进入了新的历史时期。2016年，我国教育部制定了《依法治教实施纲要（2016—2020）》，在这一纲要中，强调了依法治教，体现了这一时期我国高等教育法律法规制度的特征。除此之外，2016年我国还相继出台了《关于深化高校教师考核评价制度改革的指导

① 孙霄兵，翟刚学. 中国教育法治的历史回顾与未来展望[J]. 课程·教材·教法，2017,37(5):4-14.

意见》《高等学校预防与处理学术不端行为办法》《中央高校基本科研业务费管理办法》等一系列推动我国高校内部管理的法律法规文件，进一步完善了我国高等教育法律法规建设。继党的十八届四中全会提出“良法善治”的理念之后，2017年，党的十九大会议上进一步明确指出，要以良法促进发展，保障善治，并强调运用法治思维和法治方式推动改革，标志着我国高等教育改革进入法治化建设新阶段。[①]同年，我国出台了《教育部等五部门关于深化高等教育领域简政放权放管结合优化服务改革的若干意见》《教育部直属高校基本建设管理办法》《普通高等学校辅导员队伍建设规定》《关于深化产教融合的若干意见》《普通高等学校学生管理规定》《学校招收和培养国际学生管理办法》《高等学校领导人员管理暂行办法》等一系列高等教育法制建设、高等教育布局发展、高校制度建设等重要问题的政策、制度及法律性文件，有力地推动了我国高等教育改革和法制化建设。2018年，我国出台了《高校思想政治工作专项资金管理暂行办法》《关于全面加强基础科学研究的若干意见》《学校食品安全与营养健康管理规定》等法律制度文件，进一步细化我国高校管理制度。2019年，我国出台了《学生资助资金管理办法》等高等教育法律法规文件，进一步扩大并落实了高校办学自主权，为我国高等教育改革提供了法制保障。

从这一阶段我国出台的高等教育法律法规可以看出，该阶段我国高等教育法治化建设进程进一步加快，高等教育法律法规进一步细致化、完善化，呈现出全面、系统和深化的特点，进一步健全和完善了我国高等教育法治体系，推动我国高等教育法律法规制度建设进一步完善和深化。

（二）中华人民共和国成立70年来高等教育法律法规制度建设取得的成绩

中华人民共和国成立以来，经过70年的发展与建设，我国高等教育法律法规制度建设已经取得了一定的成就，这些成就主要表

① 秦惠民.高等教育法治发展从制度性探索走向良法善治[J].中国高等教育，2019(17):10-12.

现在以下几个方面：

其一，我国高等教育法律体系日臻成熟。我国高等教育经过70年的发展，经过了探索、停滞、恢复发展、快速发展以及深入发展等多个阶段的发展，现已建立起以《教育法》《高等教育法》《学位条例》《义务教育法》《教师法》《职业教育法》《民办教育法》7部法律为主干的高等教育法治体系，建立了《普通高等学校设置暂行条例》等4部行政法规和《普通高等学校学生管理规定》等30多部规章文件，以及无数地方性法规和地方政府规章，共同形成了层次鲜明、衔接有序的高等教育法律法规制度体系。这一高等教育法律法规制度体系的形成，有利于我国准确把握高等教育的基本制度、方针与任务、管理体制、投入体制、高校自主管理权、教师与学生的权利与义务等，为我国高等教育发展、建设和改革提供了法律依据。除此之外，当前我国高等教育法律体系的成熟与完善还表现在我国高校依法办学制度体系的形成与完善方面。自1950年我国出台《高等学校暂行规程》以来，我国高等院校中确立了我国高校采取校长负责制，1999年，我国《高等教育法》出台，其中明确规定公办高校实施党委领导下的校长负责制。除此之外，我国高等教育法律法规体系中还包括了大量与高校直接相关的法律规程，这些法律规程对我国高校的教育方针和任务、高校学术委员会的职责、高校独立法人制度、高等学校的职权等进行了明确规定，构建了较为全面的高校法律法规体系，为我国依法治校、高校办学结构调整，以及高等教育的改革与发展奠定了法律基础。

其二，我国高等教育行政管理的法治化进程不断推进。1949年，我国成立了中央人民政府教育部，并设立了高等教育司和高等教育委员会。1952年，我国教育部门设为高等教育部和教育部，将高等教育部门独立划分出来。1958年2月，我国高等教育部和教育部重新合并为教育部。1970年，教育部被撤销。1975年，教育部重新恢复。尽管我国高等教育部和教育部经历了多次合并与分设，然而均在一定历史时期推动了我国高等教育行政体系建设。1958年8月，《关于教育事业管理权力下放问题的规定》出台，我国高等教育行政管理体制正式按照中央集权和地方分权相结合的原则，开始加强地方对教育事业的领导。随着我国高等教育体制改革的提出和实施，1998年，我国出台了《教育行政处罚暂行实施办法》。在高等教育依法行政方面逐步、依法落实有关法律条款，使高等教育行政决策更加透明、民主、科学。除了以上所提及的法律规章制度外，我国教育部内部的行政决策和外部监督保障机制更加健全，建立和完善了高等教育领域重大决策的合法性审查机制；建立并完善了我国高校教育智库，有效提升了我国高等教育行政管理中的民主化与科学化，推动我国高等教育行政决策质量不断提升。除此之外，随着我国高等教育改革的实施，我国高等教育行政执法体制改革也稳步推进。在此期间，我国现已建立起了各级教育行政部门执法机构和执法队伍，同时建立了高校行政执法与监督问责机制，有效推动了我国行政管理制度的落实，进一步提高了高校办学自主权。综上所述，中华人民共和国成立70年、改革开放40年来，我国高等教育行政管理取得了突出成效，全面推动了我国政策管理的法治化进程。

其三，我国高等教育的依法治校取得了较大实效。中华人民共和国成立后，我国出台了一系列有关高等教育和高等院校管理的法律、法规。尤其是随着2012年我国《全面推进依法治校实施纲要》的提出，我国高校的依法治校取得了显著成绩。当前，我国高校已依法建立起了高校民主决策专业制、高校党委领导下的校长负责制、高校领导机制和决策与执行机制、高校监督机制、高校学术委员、高校章程建设办法等各式各样的规定，尤其是2018年底，我国数千所高校均制定了高校管理规程，实现了“一校一章程”的基本目标，使我国高等教育政策与高校内部章程形成良性互动，实现了高校章程的合法性、统领性和体系完整性，在高校章程的指引下，我国高校内部的教学、学生、人事、科研等管理制度和办事程序等相继完善，推动了我国以高校章程为核心的特色现代大学制度体系的确立。

其四，我国高等教育法治教育取得了一定的成绩。我国高等教育的法治教育主要指对高校大学生的法治思维培养。我国高校法治教育长期以来多通过思想政治理论教育课程来实现。1985年11月，《中宣部、司法部关于向全体公民基本普及法律常识的五年规划》

出台并被党中央和国务院批准，从此，我国的法律普及教育正式开启。在高校中，大学生们被要求学习法学基础理论和与本专业相关的法律知识。1987年，国家教育委员会出台《关于高等学校思想教育课程建设的意见》，这一文件指出，普通高校应开设“法律基础”课程，并将这门课程定性为一门独立设置的思想教育必修课。从此开始，直到2005年，我国高校的法治教育通过这门课程进行普及。2005年2月，中共中央宣传部和教育部共同颁布了《关于进一步加强和改进高等学校思想政治理论课程的意见》，在这一文件中提出了将原有的“思想道德修养”和“法律基础”课程整合为“思想道德修养与法律基础”课程，同时将这门课程并入我国高校思想政治理论课程体系，从此，高校思想政治理论课程体系成为我国高校法治教育的重要渠道。2013年6月，我国出台了《关于进一步加强青少年学生法制教育的若干意见》，这一文件指出要将高校法治教育纳入学校总体教育计划，并重点强调高校要重视好“思想道德修养和法律基础”课程，在课程之外，还要积极通过法治讨论、入学教育、主题班会、法律选修课程等多种途径开展法制教育活动。2016年6月，我国《青少年法治教育大纲》出台，其中规定，在高等教育阶段，将法治教育纳入高校通识教育的范畴，开设法治基础课程以及其他相关课程。该大纲还鼓励各高校或地方政府编写法治教育教材并开展多种形式的法治教育课程。当前，随着我国依法治国政策的推进，我国高等教育加大了对高校大学生知法、懂法、尊法的程度与守法、用法等能力的培养，并将法治教育作为培养高校大学生价值观和信仰的重要组成部分。此外，随着我国依法治国方针和政策的推进，我国高校大学生的法治素养也逐渐提高，大学生参与维权实践积极性提高，守法用法意识增强。近年来，随着第三次科技革命的影响以及互联网信息技术的普及，我国高校的传统法治教育方式进行了变革，法治教育途径呈现出多样化发展的趋势。除传统的“思想道德修养与法律基础”外，法治教育授课平台呈现出人工智能、万物互联的趋势；各高校还充分利用互联网平台开启线上线下法制宣传活动，极大地提升了法治教育实效，增强了法治教育的便利性。另外，随着我国高校教师法治教育与法治人才培养机制逐渐形成，有效提高了我国高校管理者的法治思维和法治能力，培养了一支高校法治人才队伍。

其五，我国高等教育学生权益保护取得了一定的成绩。自改革开放以来，我国高等教育的法律法规制度建设过程中，始终将学生权益放在重要地位。1977年，我国正式恢复了高考制度，从而保障了学生平等接受高等教育的权利。1983年，全国高等教育工作会议上首次提出要使高校学生在德、智、体、美、劳等方面得到全面发展，重视对高校学生学习权和健康权的保护。1990年，《普通高等学校学生管理规定》出台，对学生使用教堂资源的权利、参与各种活动的权利、申请奖学金的权利以及获得公正评价的权利等进行了明确规定，为学生基本权利的保障提供了重要的法律依据。除此之外，自20世纪80年代开始，北京、上海、西安等地高校开始制定各项规章制度，用以指导高校的日常管理工作，同时，在一定程度上也对学生的合法权益进行保障。例如，浙江大学于20世纪80年代出台了《本科生学则》，帮助入学新生了解学校的规章制度。20世纪90年代，随着我国《高等学校招生全国统一考试管理处罚暂行规定》《普通高等教育学历证书管理暂行规定》《研究生学籍管理规定》《高等学校收费管理暂行办法》《招收攻读硕士学位研究生管理规定》《普通高等学校毕业生就业工作暂行规定》等一系列法律法规的出台，对我国高校大学生的相关权益保障提供了法律依据。除此之外，随着我国《教育法》《高等教育法》的颁布，对于我国高校大学生在校期间所享有的权利进行了详细规定，这标志着我国高校大学生的权利首次在法律层面上得到了认可与保障。[①]1995年，原国家教委印发了《关于开展高校学生文化素质教育试点工作的通知》，对我国高校大学生的文化素质教育进行明确规定，保障我国大学生在本专业之外的人文社会科学、自然科学以及文化艺术相关基础学科的学习，全面提升我国高校大学生的文化素质。2005年3月，我国教育部对《普通高等学校学生管理规定》进行修订，新修订的文件中，对于高校管理者和被管理者的权利给

① 孙霄兵，翟刚学.中国教育法治的历史回顾与未来展望[J].课程·教材·教法，2017,37(5):4-14.

予了重视和保障。此后，全国各个高校根据《普通高等学校学生管理规定》对高校章程进行了修订，对有悖于我国高校大学生权利的校规进行了删除、修改和完善，极大地保障了我国高校大学生权利的落实。例如，南京师范大学在2005年修订的校规中将学生权利和义务引入学生管理之中，使学生在受到合法约束的同时，获得更多个人权利。华东师范大学则成立了“学生处理申诉委员会”，保障受处分学生的合法申诉权。《国家中长期教育改革和发展规划纲要（2010—2020）》中，对我国高校学生权益进行了明确规定，鼓励和支持学生自我管理和参与学校事务管理，以维护高校大学生的合法权益。2013年，我国教育部发布的《全面推进依法治校实施纲要》中指出，要进一步加强并落实师生的主体地位，提出师生必须参加管理校园、行使监督权利等方面的制度保障，鼓励学校管理者不能一味重视学校主体的权利，还应在高校管理中尽可能保障学生的权利。当前，我国高校大学生权益保障体系已基本确立，从各个层面保障我国高校大学生的权利。

（三）我国高等教育法律法规制度建设面临的困境与问题

尽管我国高等教育法律法规制度建设已取得了一定的成绩，然而从当前我国高等教育深化改革的角度来看，我国高等教育法律法规制度建设还存在着一定的困境和问题，主要表现在以下几个方面：

其一，我国高等教育法律法规制度仍然不够完善。当前，从我国高等教育法律体系来看，我国现行的高等教育法规从数量上来看已初具规模，从层级上来看，已形成了国家层面、地方层面、高校层面等多层级法律制度体系，然而从高等教育法律法规内部结构上看，我国高等教育法律法规制度还不够完善和细化。一些涉及学生权益、学校服务制度的法律法规制度还未出台。尤其是全球信息技术的发展以及知识经济时代的来临，我国高等教育发展环境发生了一定的变化，因此我国高等教育法律法规制度建设中应加快健全、完善法律制度，以避免影响高等教育依法治教、依法治校的进程。另外，从我国高等教育立法内容上来看，随着我国高等教育改革的深化，我国高等教育的法制化建设存在着一定的滞后现象，相关法律法规跟不上高等教育改革的发展。例如，当前我国在社会参与高等教育和高校管理等方面缺乏立法，导致在高等教育改革中缺乏相关法律依据。又如，当前我国高等教育立法中对于高校教师、学生权益的规定相对较少。

其二，我国高等教育法律法规制度执行领域的有法不依、执法不严、违法不究现象依然存在。当前，尽管我国高等教育法律法规体系已基本形成，然而在法律法规落实过程中，却存在着大量有法不依、执法不严、违法不究现象。例如，当前我国高等教育法律法规中对我国高校自主权进行了强调，然而在具体落实过程中，却存在着高校自主权被侵犯等现象。又如，我国《教育法》中规定地方政府用于教育的财政拨款要实现包括财政经常性收入的增长、在校学生人数平均的教育费用逐步增长、教师工资和学生人均公用经费逐步增长在内的“三个增长”。然而，在实际执行过程中，仍然有个别地方的高等院校“三个增长”落实不到位，且没有受到法律制裁的情况。当前，我国高等教育法律法规制度执行领域之所以出现有法不依、执法不严、违法不究的现象，其原因有二。一方面，我国高等教育法律法规中，虽然对具体问题进行了法律规定，然而却没有明确法律主体的权力和责任。例如，高校自主权遭到侵犯后，高校应当如何维权，侵权部门又应当承担什么样的责任，如何追究侵权部门的法律责任等并没有进行明确的规定。又如，一些高等教育法律法规涉及多个部门或多个执行主体，然而对于各个执行部门和执行主体间的责任划分不明确，因此在出现问题时，极易引发各执法部门和执行主体间的相互推诿，难以追究执行部门或执行主体的法律责任。另一方面，我国高等教育行政机关的工作人员存在着高等教育法律意识淡薄现象，难以真正落实依法治教。

其三，我国高等教育法律法规制度监督力度不够。近年来，我国加大了对高等教育执法监督工作的力度，然而从当前来看，我国高等教育法律监督机制尚不完善。现有的高等教育监督的法律法制中，大多为实体性规范，缺少程序性规范。除此之外，我国现有的一些法律监督内容过于抽象，存在监督行为主体不明确或具体监督不到位的情况，难以有效执行高等教育监督机制。

其四，当前我国高等教育法律法规体系中存在着相互矛盾的地方。当前，我国高等教育法律法规中，存在着部分教育立法模糊、用语不严谨的情况，导致我国教育行政部门、各级地方部门以及高校在执行有关法律法规时由于不能正确理解法律法规，而在制定法律法规细则或落实机制中出现自相矛盾的现象。

（四）我国高等教育法律法规制度创新路径探索

当前，随着我国高等教育普及化时代即将到来，以及我国高等教育改革的深化发展，我国高等教育法律法规制度创新应注意以下几个方面：

其一，我国高等教育法律法规制度创新应注重立法，完善我国高等教育法制体系。当前，我国高等教育法律法规制度建设和创新应以科学立法为前提，适应高等教育改革的发展，保障高等教育法律法规与高等教育改革形成良性互动，并充分发挥高等教育政策在高等教育改革中的先行作用，坚持良法善治。具体则应从以下几个方面着手对立法进行创新：首先，通过对高等教育主要环节和重点领域开展调查研究，总结以往的高等教育政策经验，并围绕高等教育投入、主体、高等教育秩序与质量等立法项目加强高等教育立法规划。其次，对于我国高等教育重点领域的立法进行修订，例如，进一步规范我国学位授权的审核程序，并对有关争议进行处理等，使高等教育法律法规适应我国高等教育改革的发展需求。最后，积极发挥地方政府在高等教育立法中的作用，注重地方高等教育法律法规与国家层面的高等教育法律法规形成配套法律机制，并在地方高等教育立法中注重法律制定的实效性。通过对高等教育立法完善，进一步推动高等教育法律法规制度体系的统一与完备，提高我国高等教育法律法规的指导作用。

其二，我国高等教育法律法规制度创新应优化执法体制，保障高等教育法律法规制度的落实。当前，我国高等教育法律法规制度的执行应立足于执法规范化和透明化。针对我国高等教育执法时出现的有法不依、执法不严、违法不究现象，进一步明确国家、地方政府和高校的权力边界，注重强化地方政府和教育行政部门的服务意识，进一步维护高校独立法人的主体地位。同时，构建高等教育行政主体权责清单，进一步明确教育执法责任主体，并建立与高等教育行政主体权力清单相对应的责任清单制度，以保证权力清单的实施效果，严格保障高校法律法规政策的执行。

其三，我国高等教育法律法规制度创新应强化法治观念教育，提升高等教育对象的法律意识。坚持我国高等教育法治教育是培养新时代社会主义建设者和接班人的客观要求，也是我国全面落实依法治国、良法善治理念的基础。当前，我国高等教育法治教育初步取得了一些成绩，然而，随着科技信息技术的发展以及我国改革开放的深入，对高等教育法治教育提出了新的要求。新时期，我国高等教育法治教育创新应从以下几个方面着手：首先，在课程内容方面，应及时更新高等教育法治内容，注重培养大学生的法治意识与法治思维，增强大学生权利义务观念与正当程序意识，提高大学生对法治价值的认同感。其次，在法治教育方式方法上，应充分发挥现代信息技术的作用，充分将课堂教育和网络、自媒体等工具结合起来，开展形式多样的法治教育，注重高等教育法治教育实效。最后，在高等教育法治教育师资力量培养方面，应进一步提高法治教育的总体教学水平，优化高等教育法治教育结构，打造一支法治教育素质、能力、作风较硬的教学人才队伍，保障高等教育法治教育质量。除此之外，还应加强对地方政府和教育行政人员、高校管理人员的依法治教和依法治校理念，全面提升地方教育机构、高校内部教职员工的法律意识，构建良好的高等教育法治教育环境。

其四，我国高等教育法律法规制度创新应注重完善我国高等教育的执法监督体系。从我国高等教育法律法规实施层面来看，我国高等教育的依法管理取决于高等教育工作中“有法可依、有法必依、执法必严、违法必究”的高等教育法律法规的执法监督机制体系的建立，这也是我国高等教育法律法规体系真正落实的关键所在。具体的高等教育法制管理创新可从加强我国高等教育监督体系的构建入手。具体来说，第一，加强高等教育中的人大执法监督。人大是我国特有的行政机构之一，可对我国高等教育进行执法监督，具体的监督形式包括会议监督、检查工作以及受理教职工对执法人员的申诉意见等。近年来，我国人大法律监督工作进一步加强了监督力度，丰富了监督形式，对我国高等教育起到有效监督的作用。第二，加强我国法律监督机关和行政监察机关的高等教育法律法规监督。我国建有专门的法律监督机关和行政监察机关，这些机关的主要职责即依法独立公正地行使检察权和监督权。除了这些机关外，我国国家、省、自治区、直辖市等各级教委还建立了教育行政系统中力度较大的监察部门，由上级对下级进行监察工作。第三，我国还组织了高等教育执法监察队伍。对我国高校中不合乎法律法规规定、不按照有关法律执行，以及执行不达标的行为进行监督，同时严格要求高校有关管理部门在工作行为和工作作风中坚持法定程序。从我国高等教育中对教职员工的行为进行监督和强化方面，建立定期或不定期的法律修养培训和维权意识培养，以加强教职员工的主人翁意识，贯彻高校教职员工用法律武器捍卫高校权益的行为。在网络舆论监督平台的构建上，充分利用高校内部的网络、论坛、学术报告、座谈会等形式，创新线上线下的舆论监督平台的建设，对高校不法管理和违法违规案件进行曝光，强化我国高校法律法规的执行和监督力度，促进我国高校管理法治化的不断发展。

二、我国高等教育依法治校的创新与实践

依法治校是我国依法治国方略的重要组成部分，也是我国高等教育法制化的核心内容。当前世界各国的高等教育均实行了依法治教和以法治校的政策，我国依法治校的理念是建立在我国依法治国的理念基础之上的。我国自改革开放以来，不断探索与市场经济体制相符合的法治需求，不断完善法律和法规的制定。1999 年 12 月，我国第一次教育法制工作会议召开，在这次会议上，时任教育部长的陈至立同志发表了《全面推进依法治教，开创 21 世纪教育振兴新局面》的报告，这一报告中正式提出了依法治教和依法治校的思路。2003 年，我国教育部正式颁布了《关于加强依法治校工作的若干意见》，正式确定了依法治校的办学思路和治校方略。

（一）依法治校的内涵与意义

所谓依法治校，顾名思义即在遵守法律法规的基础上对高校进

行依法管理的行为。当前，我国学者关于依法治校概念的定义表述并不完全相同。其区别在于，有的概念表述较为详细，而有的概念表述则较为概括。本书认为，依法治校就是坚持在党的领导下，依据宪法和法律法规的有关规定和精神，通过学校制定的章程及其他规章制度的规定，通过各种途径和形式，规范在校学生的个人行为，对学生各方面进行校规制度治理，从而逐渐对学生管理和保障学校运行科学化、规范化和制度化。①

1. 依法治校的概念与内涵

依法治校包括三个因素，即主体、客体以及内容。依法治校的主体包括各级政府、教育主管部门以及有关的行政单位，此外还包括校长在内的全体学校管理人员，以及广大师生。依法治校的客体则是指能够而且有必要用法调整的、与学校有关的社会关系，包括教学、管理以及服务等学校内外全部事务。依法治校的内容包括学校工作的政策、规划、指导、建议和咨询等，以及与学校的教学安排、科研奖励、职称评定和学生学籍管理、学历学位证书授予、学生评优和违纪等全部事宜。依法治校的本质并不是一部分人管理另一部分人，而是学校领导根据相关的法律法规，维护学校以及师生的权益，同时学校全体师生以及学校领导的行为也受到相关法律法规以及学校制定的校纪校规约束的行为。当前，随着我国高等教育市场机制的深化发展，高校与社会、高校与政府、高校与师生以及高校与高校之间的关系越来越复杂，为了保障高校的健康有序发展，必须坚持依法治校和依法管理。

2. 依法治校的意义与作用

依法治校对于我国高等教育的发展具有极为重要的保障作用。具体来说，依法治校的意义包括以下几点：

首先，依法治校是我国依法治国方针政策的具体体现。依法治国战略是我国的基本管理方针和政策，这一政策不仅体现在宏观国

① 张中华．依法治校视域下我国高校学生管理法制化进程中存在的问题及对策 [J]. 开封教育学院学报，2016，36(3)：146-147.

家治理层面，还表现在我国各项事业和各个领域方面。1996 年，我国依法治国的理念正式被明确提出，1997 年在党的十五大报告中第一次明确阐述了依法治国理念的含义，并被确定为我国的治国基本方略。我国依法治校的理念正是建立在依法治国的理念之上，是贯彻党的十九大精神，落实科学发展观，推动我国依法治国基本方针的具体体现。

其次，依法治校是我国高等教育改革的必然要求。随着知识经济以及经济全球化时代的到来，我国高等教育当前面临着更为复杂的形势。例如，国外高等机构或个人到中国投资办学，中国一流的高等教育资源走出国门，到世界各地开展教学。此外，尽管改革开放 40 多年来，我国高等教育领域取得了前所未有的突破与成就，然而我国高等教育仍然存在着多方面、多层次的问题，尤其是在高等教育管理体制方面，存在着突出的矛盾与问题。具体表现在：一方面，政府对高校的管理方面存在管理过于细致、僵化，这使高校缺乏自主权和自治权；另一方面，高等学校内部管理体制上也存在着决策不科学、缺乏系统观念等问题。这些问题严重限制了高校内部教师和科研人员的积极性和创造性，对高等学校的发展产生了严重的阻碍和制约。为了推动我国高等教育的进一步发展，必须进行高等教育改革，而高等教育改革的前提和基础则是高校的依法管理。依法治校可以实现高校从人治到法治的转变，有利于我国高等院校协调和妥善处理涉及学校利益的各种关系，正确处理学校内部以及外部的各种矛盾，推动高等学校的健康发展。除此之外，依法治校有利于我国现代大学制度的建立。法律法规是一切制度建设的保障，建立现代大学制度必须实施依法治校。当前，我国已经制定了可以覆盖学校工作各个方面的法律法规，这些法律法规可以保障学校管理的现代化。与此同时，随着社会发展进程的加快，社会思想更新速度越来越快，对高等院校的法治化提出了新的客观需求。高校的依法管理对于高校管理的正规化、遏制腐败具有十分重要的意义。

最后，依法治校是和谐校园的有力保障。依法治校必须明确政府、学校、教师以及学生四者的法律关系，并对参与高校管理的各个利益方的行为进行规范，以达到平衡和调节高校内外部利益关系的目的。高校中的教师、职工以及科研人员、学生等都不属于完全独立的法律主体，学校与他们之间是一种行政管理关系。而只有依法治校，通过法律手段调节高校内部各个群体间的关系，才能将各方面的利益冲突控制在法律范围内，以维护高校内部教师与学生的合法权益，以达到构建和谐校园的目的。

3. 依法治校的目标

科学合理的目标是保障依法治校的关键。依法治校的目标主要包括以下四个方面的内容：

首先，建立既符合市场经济体制需求，又与国家现行的教育法律和法规相配套的内部管理制度。当前，我国已经建立了一套较为健全的教育法律法规，然而在当前我国高等教育面临改革的前提下，需要从宏观角度，转变政府职能，保障政府依法行政，并对高校进行宏观管理。除此之外，我国高等院校也需要建立健全规章制度，在扩大高校自主权的同时，构建高校内部健全的法律法规体系，以及现代大学制度，逐步实现高校管理的科学化、规范化、民主化以及法制化，推动高等学校建立起依法管理的自我发展和自我约束机制。

其次，建立符合法律法规以及民主、科学精神的领导决策体制。我国高等院校中党委是学校的领导核心，负责高校的总体政策制定、大事议定，以及大局和方向的把握。除了党委组织外，以校长为中心的学校领导组织，则负责学校的具体职务。为了更好地保持学校有序发展，保证高校的民主决策，实现高校党政领导与校领导组织两个机构的协调一致，以保证两个领导组织权、责、利的统一。

再次，建立健全的民主管理和监督机制。高等教育依法管理还必须坚持走群众路线，通过有关法律和法规保障教育监督机构对高校校务公开等进行监督，并在高校内创设民主氛围，以防止领导层专权，建立公正正义、诚信友爱、安定有序的和谐校园。此外，完善高校救济制度，保障高校教职员工和学生的合法权益，以形成良好的育人环境。

最后，建立良好的知法、守法、用法的良好风气。高校管理是一个系统工程，涉及方方面面，尤其是高校内部的教职员工和数以万计的在校生。因此，依法治校必须增强高校全体师生的法治观念，并做到自觉知法、用法，以及依法履行自己的义务，规范自己的行为。

（二）依法治校的现状

一方面，当前我国依法治校已取得了一定的成绩。

我国是一个法治国家，改革开放以来，我国制定了各种各样的高等教育法律政策，其中既包括具有普遍性特征的法律法规以及相关政策，也包括专项法律和法规，以及条例、通知、意见等，这些法律法规构成了我国完整的教育法律法规体系。1980 年，我国出台了《中华人民共和国学位条例》。1982 年《中华人民共和国宪法》颁布，为我国教育的法制建设提供了宪法依据。1993 年《中华人民共和国教师法》出台，对教师的权利进行保障。1995 年、1996 年、1998 年我国分别出台了《中华人民共和国教育法》《中华人民共和国职业教育法》《中华人民共和国高等教育法》。除此之外，我国国务院、国家教育行政部门，以及我国各省级人大、政府、教育机构等部门还制定了数百项与教育有关的法律法规。其中针对高等教育的法律法规包括我国高等学校的设置高等院校教职员工和高等教育的资金投入与条件保障、高校招生和就业、高校人才培养、高校专业设置，以及高校的具体课程安排等。这些法律和法规种类齐全、涉及面广，为我国高等教育法治管理提供了基本的法律依据。近年来，随着我国改革开放的深入、社会经济的发展，以及高等教育改革等内外部原因，我国高等教育事业不断发展，与此同时，我国国家有关部门在高等教育实际需求的基础上进一步完善了高等教育法律法规建设，例如，为推动我国研究生教育的发展，以及“双一流”大学的建设，推出了一系列新的法律法规。除此之外，为了提高学生的整体素质，关注学生的道德、安全以及心理等问题，我国还出台了关于学生安全、心理健康、适应学生发展需要，以及知识产权等方面的法律法规。而随着我国高等教育法律法规的不断修正和完善，我国高等教育中形成了有中国特色的社会主义教育法律法规体系，并通过举行高等教育法律普及、执行以及监督等活动，进行高等教育法律法规宣传。

除了宏观层面的高校教育法律、法规和政策外，随着我国高等教育事业的发展，许多高校在市场机制的引领下，开始逐渐转变办学观念，并受高校扩招的影响，开始进行学科结构调整，推动我国高等院校办学层次，而社会外在环境的变化，也为高校的内部管理提出了更高的要求。首先，为了推动我国高校内部管理的规范化和科学化，我国在国家层面出台了一系列概括性和抽象性较强的法律法规，这些法律法规中由于专业术语过多，因此较难理解和把握，以致一些高校的领导者在贯彻和执行这些规章制度时产生了歧义，甚至与我国高等教育在某方向的发展精神背道而驰。而在高校内部管理中，为了适应不同地区、不同层级高等院校的风格，我国高等教育在依法管理中则需结合地域特色、高校发展历史、高校定位，以及高校办学特色，或者领导人的管理风格等，在不违背国家有关法律法规定的基础上，出台具体的学校内部管理规章制度。这些高校内部规章制度的涉及面十分广泛，涉及内容较为具体，包括教学活动、科研活动、学生的学习与生活、学校人员的聘用等，涉及衣食住行医疗卫生等多个环节。这些高校内部的管理制度是我国高等教育法律法规体系的重要补充，也是依法治校的基础，有力地保障了我国高等学校法治化管理的进程。

另一方面，我国依法治校仍然存在着诸多问题。

当前，随着我国依法治国理念的深入发展，我国高等教育的法治化建设也取得了较大进步，许多高校在管理中坚持依法管理的基本理念，极大地推动了我国的高等教育法治化管理进程。然而尽管如此，依法治校方面仍然存在许多问题。

其一，高校管理者依法治校方面的不足。一些高校的管理者对于依法治校的本质认识不清，没有意识到法治化管理中的“法治”一词，既指国家或政府层面制定的与教育相关的法律法规，又指高校自行制定的内部管理制度。而是片面以为高校的法治化建设必须遵守高校内部管理制度，而忽略了国家的教育政策。因此，一些高校的管理者在高校运营和发展中，做出与国家教育法律法规相抵触的决策，从而阻碍高等院校的依法管理运营。这种对高等教育的片面认识还存在于依法管理对象范围上。一些高校管理者认为，依法治校的对象主要为教职员工和学生，因此十分注重对教职工和学生行为的约束，然而却忽略在管理过程中也应按照有关法律法规约束自己的行为，不注重执法的规范性、正当性与合法性。还有的高校管理人员在依法治校中，存在着盲目、片面、程式地强调有关法律和法规，以及规章制度的行为，以为这样的行为即真正的依法管理，而不分实际情况、轻重缓急，导致教育机构存在着大量不必要的会议、文件等，这种层层执行的行政命令，对我国高等教育资源造成了极大的浪费。我国高等教育真正的依法管理，并不只是指僵化地按照法律法规开展教育教学活动，而是在教育教学管理中坚持并体现法治精神，在保障高等学校运行规范化的同时，保障学校、教师、学生的合法权益。除此之外，在高校管理中，法治管理与“以人为本”的规则也并不矛盾，因此在实际管理中，应在坚持依法管理的基础上，体现以人为本思想，调动学生的学习热情和积极性，以达到良好的管理目的。

其二，高等教育法制管理中存在着法治观念淡薄的现象。我国高等教育中一直实施政府和学校二元管理模式。近年来，随着我国高等教育管理体制改革的深化，我国政府和教育机构逐渐放宽了对高等学校的管理权，这使高等学校与政府以及社会之间的关系发生了较大变化。在政府放宽管理权后，激烈的市场竞争机制使我国高校必须在实现学术自主和自治之后，摆脱过去高等教育对政府行政命令的依赖，自主承担起高校对社会、学生所尽的责任和义务。然而在现实中，许多高校管理人员长期以来已经习惯了按照行政命令办事，法治观念淡薄，因此获得一定的办学自主权后，在处理具体问题时仍然以行政命令的形式来解决问题。这种法治观念淡薄的现象导致有的高校管理层在处理问题时，忽视法定程序，而注重个人权威和个人经验的运用，从而严重阻碍了依法治校的发展方向。在高校经营管理中易出现不当行为。随着网络信息时代的到来，信息技术和网络通信技术的发展，使社会的透明度不断提高，推动高校学生的法律观念和维权意识不断增强，而由于法制意识淡薄所造成的损害学生和教师利益的案件不断在网络平台曝光，严重影响了我国高等院校的口碑。对于我国整体高等教育的发展产生了极大的阻碍。

其三，我国高校法律法规内容上存在着不合理、不合法、不合规等现象。当前，我国高校出台的法律法规中存在着“意见”“办法”“规定”等，承载规章制度内容的文种辨识不清、使用不当等现象。因此，导致我国高等教育法律法规在执行过程中效果不尽如人意、大打折扣的情况。除此之外，尽管我国国家层面的高等教育法律法规较为健全，然而，在各地方、各高校对国家有关法律法规进行阐述或根据我国高等教育国家层面的法律法规制定落实细则时，由于对国家高等教育法律、章程等理解不到位或制度起草人员意识受限，而导致个别地方，尤其是高校的法律制度与国家高等教育法律法规有关规定出现错位甚至违背的现象。另外，由于高校的法律规章制度大多由各个职能部门代表学校起草，因此存在着各职能部门为了维护自身利益而不顾全局，所起草的多个规章制度之间存在着匹配性差、契合度低、相互掣肘或矛盾的现象，使我国高等教育法律法规的落实大打折扣。除此之外，个别地方或高校在起草高等教育规章制度时，过分强调高校教职工和学生应该履行的义务，而忽视教职工和学生群体应享有的权利，造成高等教育制度内容机制不健全等现象。

其四，我国高校法律法规执行方面存在着规范性不足等情况。我国高等教育制度的确立、修改与废止的操作应进一步进行规范，这样才能保障我国高等教育法律法规的权威性与科学性。然而，当前高校中却存在着行政部门权力独大，高校法律法规确立、修改与废止不规范、随意性大的现象。一般来说，无论是哪一个层面的法律法规制定都应在起草文件后，征求专家的意见，经过专家的仔细论证和部门正式研究讨论后，才能进行学校领导会议讨论，并最终印发文件，形成规章制度。然而在高校规章制度制定过程中，个别高校省略了征求专家意见、部门研究讨论等环节，或在进行这两个环节时潦草对待，导致高校制定的规章制度存在种种矛盾或不足，难以有效落施。除此之外，一些高校由于有关规章制度与国家或地方高等教育制度相违背，或所制定的规章制度缺乏长远规划，因此需对原有规章制度进行废止或变更，并重新修订相关法律规章制度。然而，在对相关规章制度进行废止或修订时，由于缺乏对原有制度运行情况的评估，因此缺乏相对应的制度运行资料，这不仅不利于我国高校规章制度的制定，也在一定程度上影响了我国高等教育制度的连续性和稳定性发展。

其五，高等教育法制管理中民主精神的缺失现象严重。所谓民主精神，是指在一定时代背景下，社会成员在参与社会政治、经济、文化事务等活动时均可发表各自的看法和意见，并对事件的发展过程进行监督。具体到高等教育中的民主精神则是包括校内外教师、学生、科研机关，以及我国各级高等教育部门在参与民主决策、民主监督作用中的所有行为。民主精神是当前我国高等教育发展中的重要组成因素之一。而当前，在我国高等教育发展中，则存在高校管理民主精神缺失现象。一些高校管理者在学校政策制定和执行过程中忽视了广大民众的意见，而是采用发布命令的方式进行教育改革。又如，随着互联网信息技术的发展，一些高校在决策前通过座谈会、问卷调查、网络论坛等途径进行网络调查，从而充分了解高校师生的需求与意见，然而调研过程中却存在着形式主义的现象，没有确保教职员工和学生的知情权、参与权、决策权、监督权等权利，属于一种虚假民主。此外，我国高等教育法制管理中的民主精神缺失还体现在校务不透明方面。一些高校虽然建立了校务公开机制，然而在实际执行中却存在着校务公开不够、信息沟通不畅、监督渠道堵塞等有悖于我国依法治校精神和民主精神的现象。高校民主精神的缺失，严重阻碍了依法治校过程，制约了我国高校向着依法治校的方向发展。

其六，高等教育法制管理中监督机制的缺失。现阶段，我国高等教育发展的环境十分复杂，不仅受到国家政策的制约，还受到拜金主义、享乐主义等多种社会价值观的影响，因此我国高等教育法治管理中，必须建立完善的监督机构，才能确保避免权力集中和滥用等问题。然而现实中，却存在着高等教育法律监督机制的缺失现象。具体表现在以下几个方面：首先，我国部分高等学校的监督机制不健全。一些高等学校内部的监督机制并没有充分建立起来，从而导致近年来我国高校内部的腐败案件频发，例如，学校招标工作不严谨、学术研究不规范、招生工作违纪违法、学术腐败现象、贪污挪用各类费用等层出不穷。另外，一些高校虽然建立了合法的教育监督机制，然而却并没有对教育监督机制的执行力和实施力进行监督，无视高校内部法制管理的阻力、问题以及没有将教师或学生的反映进行收集，而是通过召开会议、听报告的方式使高校内部的教育监督机制沦为摆设和形式。其次，我国高等教育法制管理的监督主体十分模糊，存在着职责不清现象。我国部分高校的管理机构，同时又是监督机构，出现部门职责不清的现象。最后，我国高等教育法制管理的监督程序不清晰。部分高校虽然设置了监督部门，明确了监督主体，然而却并没有明确监督过程，因此，造成一些高校的监督工作难以展开，无法发挥有效监督职能。

其七，高等教育法制管理中维权机制的缺失。我国高等院校多为公立性质，大多数高等院校属于国有资产，而学校管理者在政策失误、科研计划失败、经营不善等状况中所造成的损失往往由国家或政府埋单，因此形成了我国高校维权意识差等特点。现实中，我国高校中还存在维权机制缺失的现象。例如，有的事件责任方不是校方，而是管理者或教职工、学生或其他人员或组织，然而由于维权机制缺失，在实际处理中，此类事件的诉讼周期长、诉讼成本高，因此，往往采用息事宁人的做法，导致我国高等教育资源产生了巨大浪费。

其八，高等教育法制管理中法律宣传制度不健全。全体教职员工以及校内外有关机构的知法、懂法是我国高校法制管理的前提。然而，在我国高等教育法制管理工作中，存在着法律宣传不到位现象。有的高等院校建立了较为完善的管理系统，然而却没有进行良好的规章制度宣传，造成许多教职员工对于高校相关法律法规及校内规章管理制度不明确、似懂非懂等现象，严重阻碍了我国高等教育法制管理的进程。

（三）依法治校的创新途径

依法治校创新主要表现在以下几个方面：

其一，建立健全我国高等教育法律法规制度体系。我国高等教育司法制度的建设包括多个方面的内容。首先，进一步完善我国高校管理方面的法律法规体系。随着我国依法治国基本方略深入发展，为了顺应知识经济、全球经济化时代，以及我国高等教育中的国际化、全民化、可持续发展、多样化等教育趋势的发展，我国高等教育在依法管理工作中应加强有关立法，对于我国高等教育发展中出现的法律不健全、不完善的情况进行全面改革，建立健全我国高等教育的各项方针政策，以应对我国高等教育发展中所面临的新的问题和挑战，并从根本上调动广大教职员工的积极性，并在结合我国国情的基础上吸取国外高校管理工作的成功经验，不断修改、完善、制定、创新我国高校各项事务的法律法规体系，从而建立一套原则性强、具有一定的灵活性、连续性强、前瞻性良好、稳定性强的高校法律法规，为我国高校的依法管理提供切实的法律依据。其次，规范高等教育法律法规的名称，进一步明确高等教育法规的层次。我国高等教育法律法规既包括《高等教育法》，也包括与之相关的多部配套法；既包括国家级教育机构的法律法规，也包括省级或高级高等教育法律法规；既包括正式颁布的法律，也包括各种规定、暂行规定、草案、办法、通告等，名称较为杂乱，不能从中反映出法律和法规的适用范围及层次，因此，在高等教育法制管理中应对这一问题引起重视。

其二，建立健全教育申诉制度。教育申诉制度是指作为教育法律关系主体的法人、组织和公民，在其合法权益受到损害时，向教育行政部门等国家行政机关申诉理由、请求处理的制度①。对于我国公民来说，申诉制度属于公民享有的宪法权中的一项。近年来，随着我国高等教育发展，高校办学规模越来越大，办学层次呈现出多样化的发展，而高校内部的教职员工和学校之间的关系更加复杂化。因此，在高校经营发展过程中出现了师生之间、教师之间、学生之间，以及学生与学校、教师与学校之间的冲突事件，这些冲突事件发生后，根据我国2005年发布的《普通高等学校学生管理规定》中的条款，我国高校内部的教职员工和学生在人身权、财产权等受到侵犯后可以依法向我国有关部门提起申诉，以保障教职员工和学

① 孙霄兵．教育法理学[M].北京：教育科学出版社，2017.

生的合法权益。在我国教育申诉制度的建立和发展中，应从建立专门的申诉委员会开始，本着解决问题的态度，明确申诉范围、时间和规范申诉程序，并对申诉过程进行全面公开，定期向上级主管部门进行汇报；此外，还可通过网络平台和自媒体平台进行申诉制度监督，确保申诉制度在我国高校中的切实落实，切实保障我国高校广大师生员工的合法权益。

其三，建立健全高等教育仲裁制度。教育仲裁制度是我国教育制度中的一种，也是保障我国依法治教的基本制度。当学校中的教职员工与员工或学校之间产生纠纷时，根据法律法规定可向专门的教育仲裁机构申请仲裁，仲裁委员会根据法律法规对双方进行调解和裁决。我国的教育纠纷仲裁机构是建立在教育行政主管部门内部的一个专门组织。为了保障教育仲裁的公平公正以及专业性，仲裁人员由教育行政部门代表、高校代表、教育界人士、法律界人士等组成。教育仲裁制度具有化解教育纠纷、节约成本、提高效率、保护当事人的合法权益等价值。一般来说，高等教育仲裁纠纷多集中于教师招聘、晋升、行为处理、学位授予等方面的纠纷。当教育仲裁机构无法调解，或调解无效时，教育纠纷即上升至审判机关进行司法审判和裁决。

其四，创新高等教育法律法规宣传形式。当前，我国高校中有法不依、法律意识淡薄等现象，多是由我国高校法律法规宣传不到位所造成的，解决这一问题的途径包括以下两个层面：从国家层面来看，宣传教育法律法规的主体为各级政府和教育行政机关，在宣传中应创新性地引入线上线下平台进行宣传，其中线上平台包括建立专门的依法治校网站宣传高校法律法规；利用网络新闻平台宣传依法治校思想；利用高校网络监督平台，对高校实施依法治校行为进行宣传和曝光。线下平台包括依法治校培训班和座谈会、违法案例培训等，通过线上线下、理论和实践结合的特点，全面、快速地提高我国高等教育的依法管理进程。从高校层面来看，宣传教育法律法规的主体高校管理人员，在高校法律法规宣传中应从提高我国高校管理者的法律素养和执法水平入手，在借鉴国内外高等院校先进法律法规宣传经验的基础上，提升我国高校管理人员的法律意识，把握我国高等教育的发展趋势，并结合我国高校的法治化管理理念，对我国高校内部教师、科研人员、管理人员和学生进行法律法规培养，使学校内部形成浓厚的依法办学氛围。此外，高校出台最新规章制度后应通过多种方式组织校内全体员工进行学习，增强学生的法律意识。除此之外，还可结合高校学生思想活跃、易接受新事物的方法，通过创新高校全体员工的普法方式，提升全员法律素质。例如，通过线上网络、新媒体交际平台进行普法宣传，同时在校内开展多样化的必修和选修法律课程，加强对大学师生的法制教育，提高我国高校的依法办学水平和能力。

其五，理顺我国高校内外部的各种法律关系。我国高等教育中存在着三种法律关系，包括政府与高校之间的法律关系、社会与高校的关系、高校内部的各种关系。首先，政府与高校之间的关系，是我国高等教育体系中的核心关系之一。长期以来，我国高等教育体系中存在着政府教育行政机关和高校两个教育主体。政府教育机关在我国高等教育发展史上较长一段时间内扮演教育行政主体的角色，既是高校的举办者又是管理者，对我国高校的工作进行全面领导与监督。二者之间是领导与被领导的行政关系。近年来，随着我国高等教育改革的推进，我国高等教育中政府教育行政机关对高校的直接领导和管理权力逐渐向宏观调控方向过渡，高校的办学自主权越来越大。政府教育行政机关与高校之间的关系向以法律手段进行调控与被调控的方向转变。除此之外，在一些地方高校中，还存在着政府与高校的合作关系，在合作中，两者均为法人主体，二者之间的关系是一种民事法律关系。例如，我国地方高校与政府在土地、知识产权等方面进行合作时，二者间的关系即为地位平等的民事法律关系。其次，社会与高校之间的关系。这里所指的“社会”是指包括国家机关、企事业单位、社会团体与个人，其与高校之间通过多样化合作联系起来，形成种种关系，包括合同关系、相邻关系、所有权关系等。最后，高校内部的各种关系。我国高校实行党委领导下的校长负责制，在具体的关系处理中，应注意明确党委领导与校长以及校长所领导的学校内部管理层的关系，处理好党委书记与校长之间的关系，明确二者的权力划分。此外，高校内部还存在着高校与教职员工的关系，高校与教职员工之间属于行政性质的法律关系。高校与学生之间则既可形成行政法律关系，也可形成民事法律关系。明确了高校内外部的各种法律关系及其性质后，有助于进一步完善我国高等教育法律法规建设，构建高校校园和谐法律关系。

三、我国高校依法治校创新实践

当前，我国高校在依法治校方面的创新主要集中在民办高校自主权落实等多个方面。本书主要对民办高校自主权落实过程中的创新与清华大学的依法治校创新进行了分析。

（一）民办高校自主权落实的创新实践

所谓高校自主权，是指高等学校办学自主权，即高等学校作为相对独立的教育实体而拥有自我支配、自我约束、自我发展的权利。我国《高等教育法》中对于高校自主办权进行了明确规定，其中第一章第 11 条规定：“高等学校应当面向社会，依法办学，实行民主管理。”① 其中第四章中对于高等学校享有的办学自主权进行了详细规定，明确高等学校享有民事权、招生权、学科专业设置权、教学权、科研开发和社会服务权、国际交流合作权、机构设置和人事权、财产管理和使用权 8 项权利。② 根据《高等教育法》规定，我国民办高校同样享有以上 8 项权利。除此之外，根据我国《教育法》《民办教育促进法》《高等教育法》的有关规定，民办高校在办学活动中享有法人地位和独立自主决定办学事务的权力。另外，《中华人民共和国民办教育保进法实施条例》中，对于民办高校的自主权进行了更加详细的规定。除此之外，2015 年，我国国务院颁发了《落实民办学校办学自主权实施办法》，对于民办高校自主权的落实办法进行规定。根据以上法律法规，我国民办高校所享有的办学自主权包括核心权力和辅助权力两大类型。其中，核心权力包括教学权和科研权，其中科研权具体又可划分为自主管理权、招生权、

①② 国务院法制办公室．中华人民共和国常用法律法规 [M]．北京：中国法制出版社，2016.

学籍管理权、学生奖惩权、结业证书和学位证书颁发权、组织实施教育教学活动权、科学研究权。辅助权力包括内部机构设置权，教职工聘任、晋升、解聘奖惩权，以及办学经费使用权和教育设施管理及使用权四种。

近年来，我国民办高校办学自主权的落实情况取得了较大成绩。然而，也存在着部分民办高校自主权落实不到位的情况。例如，朱玺（2014）对北京地区的民办高校办学自主权落实情况进行研究后发现，北京地区的民办高校自主权中，高校机构设置、干部任免、教师聘用和收入分配等自主权的落实情况较好，而高校招生、专业调整、职称评定等方面的自主权落实情况则存在一定的困难。周蔺（2015）对北京地区的民办高校办学自主权调研后发现，民办高校招生自主权在招生规模、形式、比例和计划等方面的落实，均存在一定的不足，而高校专业设置自主权，虽然较之以前的严格管控有所缓解和放松，但仍存在着一定限制和不足；而在高校自主收费权方面，自主权较之以前有了较大提升。丁力玮、方艺华（2019）在对海南民办高校自主权进行调研后发现，海南民办高校自主权落实在高校招生、专业设置和调整、学费管理等方面存在一定不足。

这是由于几方面的原因造成的：

其一，阻碍民办高校招生自主权落实的主要原因在于，民办高校招生模式与公办高校招生模式均需纳入国家统一招生计划，在招生标准和招生方式上也要遵守国家相关规定。由教育制定全国统一的政策法规，并对民办高校的招生指标计划、招生条件、生源分配计划、考试科目与考试内容、考核标准、录取程序与要求等进行详细规定。而高校的自主招生权在招生计划中难以体现，使民办高校无法根据高校自身办学条件和师资水平，结合社会人才市场需求进行招生。

其二，民办高校的专业设置必须在教育部的管辖范围内，另设专业需上报。尽管我国《高等教育法》中对于高校的专业设置自主权进行了明确规定，然而由于在具体执行过程中，高校专业设置和调整均需请示上级教育行政部门，并需提供相关的申请、教学、师资等材料。这在一定程度上影响了民办高校办学特色的有效形成，使民办高校无法及时根据市场变化调整专业设置，形成民办高校教学活动较市场需求滞后的现象，削弱了民办高校的机制优势，同时也不利于社会发展。

其三，民办高校在职称评定、科研项目申请等方面的自主权落实了一部分，其障碍主要在于公共资源配置不均衡，民办高校所得到的公共资源配置较少，尤其是在科研项目方面，民办高校缺乏相应的科研项目申报渠道，有实力的民办高校只能借助与其他高校合作的名义进行申报。

其四，我国民办高校的学费定价，部分地方由民办高校自主确定，而还有一些地方的民办高校的学费定价受到地方政府的统一管理、统一定价，而使一些地方的民办高校学费管理权受到一定限制。例如，根据2018年《海南省定价目录》规定，非营利性民办高校学历教育收费标准由海南省价格主管部门会同海南省教育主管部门制定，民办高校在学费定价方面缺乏自主权。

民办高校自主权落实不到位是由多方面原因导致的，主要包括相关法律制度缺失和不完善、政府没有彻底转变观念和职能，以及民办高校大学章程缺失等。民办高校自主权落实的创新途径可从以下三个方面入手：

其一，加强我国高等教育立法，进一步细化高等教育法律法规在民办高校自主权方面的政策和措施。明确政府管理与高校自主权之间的界限，避免权力重叠现象。此外，针对高校自主权受到侵犯的现象出台相关政策，对相关部门或责任人追究责任，以保障我高校自主权益。

其二，国家及地方政府在高校管理中，通过简政放权政策落实民办高校自主权。自2010年开始，我国开始大力推行简政放权政策。2010年《国家中长期教育改革和发展规划纲要(2010—2020)》中对高等教育管理权力进行松绑，并提出“简政放权”的改革思路，其目的在于“构建政府、学校和社会之间的新型关系，完善高校治理结构，扩大落实高校自主办学权力”①。从此开始有计划地在高

① 李睿.高等教育管理中政府放权问题研究[D].济南：山东师范大学，2018.

等教育领域中转变政府职能，并逐步下放权力给高校。2016年，国务院在《政府工作报告》中指出，政府的管理工作要持续推进简政放权、放管结合、优化服务。2017年1月，中共中央办公厅、国务院办公厅印发《关于深化职称制度改革的意见》，提出“改进职称管理服务方式，下放职称评审权限”。同年1月，国务院印发《关于第三批取消中央指定地方实施行政许可事项的决定》，同年4月，《关于深化高等教育领域简政放权放管结合优化服务改革的若干意见》发布，该意见从高校学科专业设置、人事管理、教师评聘、薪酬分配、经费使用、内部治理等方面对政府和高校分别应具备的权力和责任等八个方面，进一步落实了高校办学自主权。地方政府也积极推动简政放权政策，落实高校自主权。例如，广东省早在2013年就出台了《广东省人民政府办公厅转发省教育厅关于进一步扩大和落实高校办学自主权促进高校加快发展若干意见的通知》，其中，提出在高校招生、学科专业、教育教学、教育投入和社会资助等方面逐步落实和扩大高校办学自主权。2014年，广东省政府结合党的十八大和十八届三中全会关于简政放权和全面推行权力清单的部署，逐步放宽政府对高校的管理，落实高校自主权。2017年，广东省教育部颁发《关于广东省深化高等教育领域简政放权放管结合优化服务改革的实施意见》，其中指出，对于高校专业设置机制、学位授权审核机制、高校教师职称评审机制以及高校内部治理等进行改革，并对相关权力进行下放或改进，在一定程度上提高了广东省民办高校的自主权。又如，2017年12月，广西壮族自治区教育厅等五部门联合印发《关于深化广西高等教育领域简政放权放管结合优化服务改革实施意见》，其中明确提出：下放高校教师职称评审权，改进教师职称评审办法，加强职称评审制度建设及监管。这对于广西地区民办高校进一步落实自主权、提高师资队伍建设质量提供了有效保障。

其三，民办高校通过制定高校章程将高校自主权落到实处，并对高校自主权进行创新。大学章程是指“由大学的权力机构根据大学设立的特许状、国家或地方政府教育法律法规而制定的有关大学组织性质和基本权利，具有一定法律效力的治校总纲领”。[①]从该定义可以看出，大学章程上承国家法律法规和教育政策，下启大学内部管理制度的有机协调，是大学发展、建设与管理的“基本法”。[②]大学章程与民办高校办学自主权有着直接关系。我国教育部出台的《高等学校章程暂行办法》中第三条明确规定：“章程是高等学校依法自主办学、实施管理和履行公共职能的基本准则。”[③]说明高校章程以法定的形式确立了大学自主管理的权能。大学章程中对于高校自主权的体现主要表现在以下方面：大学章程是民办高校内部管理的直接体现，在民办高校的内部管理中发挥着规范性作用；大学章程中对于民办高校董事会的职责范围以及投资方的权责利等进行了明确规定，有利于民办高校在管理中落实自主权；另外，大学章程中，对于教职员工和学生的责任与义务进行了明确规定，有利于保障教职员工和学生的合法权益。因此，许多民办高校通过设定完善大学章程来落实高校管理权。早在2011年，全国制定大学章程的公办高校只有26所，民办高校制定大学章程的更少。2015年，“211”工程中所涉及的高校普遍制定了大学章程，部属高校基本于2017年2月前普遍制定了大学章程。据有关数据统计，截至2018年底，我国高校普遍制定了大学章程。[④]然而，许多高校大学章程的存在内容可操作性不强、与高校内部其他规范协调性不强，宣传教育的有效性不足、对于科学研究和人才培养的制度保障不足等问题。还需对大学章程进行不断完善，发挥长处，补充短板，才能提升高校内部治理的有效性，落实自主权，提升依法治校水平。例如，广州城建职业学院是广州市一所综合实力较强的民办高校，该校在独立设置之初，就制定了《广州城建职业学院章程》，并将其作为办学“宪章”，对学校各利益相关者的基本诉求进行了规范，并切实遵照章程推进依法治校进程。多年来，该校不断对大学章程

---

① 李冀．教育管理辞典[M]．海口：海南人民出版社，1989.

② ④ 徐铭勋．新时代推进大学依法治校研究——基于大学章程实施现状调查[J]．中国高校科技，2019(4):66–68.

③ 国务院法制办公室．中华人民共和国教育法典注释法典新4版[M]．北京：中国法制出版社，2018.

进行补充和完善，在高校自主权的落实中，起到了极为关键的作用。

（二）清华大学依法治校实践案例分析

自党的十八届四中全会和党的十九大关于全面推进依法治国精神的指引下，近年来，清华大学积极落实依法治校精神，从法治思维入手，对法治方式进行全方位深化改革，极大地提升了依法治校的实践性。从总体上看，清华大学的依法治校创新实践主要体现在五个方面。

其一，清华大学的依法治校和依法建设的领导机构设置。清华大学的依法治校工作由清华大学党委统一领导，有关依法治校的重要事项都须经清华大学党委常委会研究后决定。除此之外，为了落实依法治校政策和提升依法治校的实效性，清华大学还成立了多个不同方面、不同层级的依法治校小组。其中，依法治校工作领导小组由清华大学党委书记或校长任组长；除此之外，还成立了法制宣传工作领导小组、制度建设工作领导小组等，对依法治校工作进行统筹。在依法治校的执行层面，成立了专门的法律事务办公室，该办公室设立了 9 个专职岗位，处理依法治校工作，重点体现高校依法治校方面的管理与服务职能。另外，在法律事务办公室之外，还成立了以法学、管理学、教育学等学科领域的学者为主的专家组，作为依法治校与法治建设专业队伍的补充。在清华大学二级单位中，明确各单位法治建设工作由党委书记和部门负责人直接负责，同时设立专门的法治工作联络员，对高校法治工作进行全面落实与协调。另外，在财政预算方面，将法治建设费用预算列入学校财政预算内，为学校法治建设工作的展开提供了资金保障。

其二，清华大学的制度体系建设与完善。高校依法治校工作的落实，离不开高校制度体系的构建。清华大学为了推进依法治校进程和提升依法治校实效，专门制定了《清华大学制度建设“十三五”规划（2016—2020 年）》，其中明确提出 2020 年全面建成一套内容科学、程序严密、配套完备、运行有效的制度体系。为了实现这一目标，清华大学又制订了一系列配套方案。首先，制订《清华大学制度体系架构设计方案》（以下简称《设计方案》），该方案以清华大学章程为统领，将清华大学的制度分为根本制度（章程）、基本制度和具体制度，并设立了300多项制度建设指标，对高校制度进行了全方位、较细致的规定。其中，基本制度侧重于治理结构的完善和权利义务的明晰；而具体制度则着力对办学管理行为进行规范，保障权益的实现。其次，制定《清华大学规章制度建设管理规定》（以下简称《管理规定》），保障《设计方案》落到实处。《管理规定》实行校级制度分层级管理、逐级授权管理，以及年度计划、立项审批制度。最后，为了将制度建设规划落到实处，清华大学制订了《清华大学制度建设五年任务分解方案（2016—2020）》，将涉及的100多项制度建设的具体任务分配至各部门，并落实到年度指标规划中，截至2018年，该制度指标覆盖率已达到95%，并于2019年底完成制度指标覆盖率100%，二级单位内部制度体系构建达标。由此，为清华大学依法治校的落实提供了完善的制度保障。

其三，清华大学在依法治理方面的突破。为了保障清华大学自主办学权的落实，从2016年起，清华大学确立了全面实行决策及管理行为合法审查机制，对于清华大学的管理行为进行合法审查，避免因行政干预等行为而影响大学的自主办学权。为了降低自主办学过程中面临的各种风险，清华大学采取了一系列措施。首先，清华大学制定了《清华大学重大决策法律风险评估规定》，对自主办学中遇到的风险进行评估，主动防范在自主办学中的决策风险。其次，清华大学制定了《清华大学规章制度起草技术规范》，并对各级管理制度和审查制度进行了完善，对所有一级制度和二级制度进行合法合规性审查，没有通过审查的制度一律不进行审议，从而有效确保了清华大学制度管理的合法性。最后，清华大学还大力健全和完善合同管理体系与机制，并制定了《清华大学合同管理规定》，以及各类合同管理的二级制度，从对各级各类法律文本进行审查，在确保全校师生合法权益的同时，有效防范了因合同不严谨、不合规而带来的法律风险。

其四，清华大学在依法落实全校师生的权益保障方面的探索。为了全面保障并落实全校师生的权益，清华大学采取了多种措施。

首先，在学校内部管理工作中，严格执行民主程序，听取广大师生的意见，确保全校师生的知情权、参与权、表达权和监督权不受侵犯，有效保障了全校师生的主体地位。其次，无论是学校章程或其他二级制度，凡是内容与师生利益切身相关的内容，都严格按照有关规定，实行草案公示制度。再次，建立健全与学校师生相关的管理细则，如制定《清华大学学生纪律处分管理规定》《清华大学学生申诉处理办法》《清华大学学生纪律处分工作实施办法》等，做到学生处分有法可依、有章可遵，并在处罚学生的过程中切实保障学生的陈述权、申辩权、申诉权等。最后，为了加强清华大学校园内部各个人群的权益，创新学校权益维护机制，清华大学还制定了专门的《清华大学名称及商标使用规定》，对于清华大学名称及商标进行有效保护。另外，清华大学还面向社会公开招标法律服务机构，出台了《清华大学委托法律服务机构工作办法》等规定，以风险代理的方式，维护清华大学的名誉权、学校商标专用权和名称权等权益。

其五，清华大学在构建校园法治文化方面的创新。为了培养学生的法律意识，清华大学除设置专门的法制课程外，还十分重视校园法治文化建设。首先，清华大学专门出台了《清华大学文化建设“十三五”规划》，从制度层面保障高校制度文化建设，构建依法治校育人环境。其次，从法治能力方面，通过充分发挥法治工作联络员的作用，加强法治工作队伍建设，健全和完善学校内部的执法机制。最后，通过在校园内开展多式样、多层级的法治教育活动，例如，针对学生的法治教育活动、针对教职工的法治教育活动和针对学校领导干部的法治教育活动，不断加大法治宣传教育力度，在学校内部营造知法守法的法治环境和文化氛围。

第二节 中国高等教育质量管理制度创新与实践

教育质量是教育的生命线，高等教育质量管理制度关系到我国高等教育发展的未来，当前随着我国高等教育规模的不断扩大、高等教育社会功能的进一步凸显，以及世界高等教育全球化竞争的加剧，加强高等教育质量已成为我国高等教育界普遍关注的一个重要问题。

一、高等教育质量的内涵及发展过程

“高等教育质量”这一概念，是随着高等教育从精英化向大众化发展过程中产生的专业术语。在世界高等教育发展史上，高等教育经历了精英化阶段、大众化阶段，当前，正向普及化阶段发展。在高等教育精英化阶段，只有少数人才能进入大学学习，大学的学术声望本身就是质量的最佳评判标准。随着高等教育向大众化阶段过渡，大学的数量越来越多，高等教育也从数量时代向质量时代转换[①]，以培养符合社会发展需要的人才。

（一）高等教育质量的内涵及特点

所谓“质量”是一个专门术语，最初来源于工商业领域。高等教育质量是一个多层面的概念，其内涵十分丰富，主要可从内涵和外延两方面进行理解。

当前，国内外学者对于高等教育质量并没有统一的定义。高等教育是一个十分复杂的人类实践活动，涉及多个层面。从高等教育质量的内涵来看，其应包括三方面的内容。其一，高等教育质量是指人类进行高等教育实践活动的各个环节、各种具体形式的质量。其二，高等教育实践活动能够推动社会的政治、经济、科技、文化等方面的进步和发展，同时，也能够促进个体自身的发展，使个体认识到生命存在的意义，并追求生命的价值与意义。因此，高等教育质量既要反映高等教育实践活动对社会的影响，也要反映对个体的培养和影响。其三，高等教育实践活动是人类社会最基本的实践活动之一，受到社会经济、政治、文化、科技等因素的制约，同时也对社会产生一定的推动作用。除此之外，高等教育内部还存在着多种复杂的矛盾与关系。例如，高等教育的施教者与受教者之间的

① 路易丝·莫利.高等教育的质量与权力[M].罗慧芳译.北京：北京师范大学出版社，2008.

相互关系，高等教育要求与受教育者身心发展之间的关系与矛盾等。因此，高等教育质量还应对高等教育实践活动的基本规律及其与内外部之间的关系进行判断与衡量。

除以上三种内涵外，根据高等教育实践活动的范畴，高等教育质量的外延还包括高等教育人才培养质量、高等教育体系质量、创办高等教育机构的质量以及高等教育宏观管理系统的质量等多方面的内容。另外，高等教育涉及多个主体，主要包括国家政府、社会经济组织、高等教育系统或学术组织、受教育者等，高等教育实践必须满足高等教育各个主体的需要，而这些主体也从不同角度对高等教育质量进行评价。

综合以上分析，可以为高等教育质量下一个定义，即高等教育质量是指高等教育在坚持社会效益和经济效益相统一的原则基础上，其各种活动及其产品的内适性与外适性的统一程度。①

高等教育质量的本质可通过高等教育的特征表现出来。高等教育的特征包括以下三个方面：首先，高等教育质量具有主观性和客观性相统一的特点。一方面，高等教育质量是根据一定的客观标准进行判断的、是不以人的意志为转移的，从这一角度来看，高等教育质量具有客观性的特点；另一方面，高等教育质量的主体具有多样性，不同主体对于高等教育质量的评价也不尽相同，从这一角度来看，高等教育质量具有主观性特点。其次，高等教育质量具有相对性和绝对性相统一的特点。一方面，高等教育质量评价标准不同，因此反映出高等教育质量具有相对性；另一方面，高等教育质量是必然存在的，并不会因为判断标准的变化而发生根本性变化，因此反映出高等教育质量的绝对性。最后，高等教育质量具有时间性和空间性相统一的特点。由于不同历史时期，高等教育实践所取得的成果存在较大差别，相应地，社会不同时期高等教育质量也不相同，体现出高等教育质量的时间性特点。另外，即使在同一历史时期，世界上不同国家同一层次的高等教育质量也存在较大差异，体现出高等教育质量的空间性特点。

---

① 涂阳军．高等教育质量评价方法与案例[M]．长沙：湖南大学出版社，2016.

（二）高等教育质量管理的发展和演变

20世纪四五十年代后，随着第三次科技革命的到来，世界经济进入新的繁荣时期，对于高等人才的需求量大大增加，迫切需求高等教育培养众多适合的人才。第二次世界大战后，西方国家面临着如何安置大量退伍军人的问题。许多退伍军人除要求重建家园外，还有着强烈的接受高等教育的愿望与要求。除此之外，随着第三次科技革命的深入发展，知识经济时代的到来和经济全球化的影响，社会对于高等教育人才提出了新的要求。各国政府为此做出积极反应，投入大量财力、物力建设高等学校，导致高等院校规模、数量、学生人数急剧扩张。许多国家的高等教育从精英化教育进入大众化阶段。20世纪60年代，“人力资源”的概念被提出，世界高等教育得到空前发展。在高等教育大众化阶段，高等教育的形式更加多元化，除研究型大学外，还新增了专科教育、短期高校以及面向成人开放的广播电视大学、函授学校等。由于高校在校生数量和规模的扩大，在校生群体的多样化以及教育的多元化，对高校教育的质量管理提出了前所未有的挑战。20世纪七八十年代，世界各国，尤其是西方发达国家中关于高等教育质量的批评声不绝于耳。例如，20世纪70年代末至80年代中期，英国的高等教育质量受到政府和企业的强烈批评。20世纪80年代初期，美国大学本科水平降低，相关学习能力测验的成绩呈现出下滑趋势。1983年，美国教育质量委员会发表《国家处于危险之中，教育改革势在必行》的报告。1984年，美国“高质量高等教育研究小组”指出当代美国高等教育的根本问题是教育的质量问题。之后，美国社会对于保证高等教育质量的呼声越来越高。20世纪80年代后期，随着日本经济高速发展时期结束，日本企业在国际性经济竞争和高科技竞争的压力下，对于高等教育质量提出了新的要求，对于国内高等教育质量的批评声也不绝于耳。1998年10月，第一届世界高等教育大会通过了《21世纪的高等教育：展望和行动的世界宣言》，重点强调了21世纪高等教育的三个发展方向，即针对性、质量和国际化。之后，本次大会通过的《宣言》《行动框架》，以及联合国教科文组织通过的《政策性文件》等，从多个角度强调了高等教育质量的重要性。

为此，世界各国自20世纪80年代起开始对高等教育质量进行严格管理。所谓“质量管理”是指在质量方面进行指挥和控制组织协调的活动。所谓高等教育质量管理是指，通过对高等教育质量方针、目标、职责和程序进行规定，并通过建立和保持的相关体系进行过程管理、质量策划、质量控制、质量保证和质量改进使其实施和实现所有质量职能和活动。[①]高等教育质量管理与其他产品或服务的质量管理相比，拥有其独特的特点。首先，高等教育质量评测标准的制定相对困难。高等教育实践活动，具有非实体性的特点，并且包含多个环节，难以制定明确的衡量标准。另外，高等教育服务的生产者在教育服务过程中的自主性较强，为高等教育质量评测标准的制定带来一定困难。其次，高等教育质量管理的参与主体众多，包括政府、学校、学生、家长以及社会第三方机构等多个主体，这些主体统一参与高等教育质量管理，并共同决定高等教育质量管理的制度和实施细则、实施事项等。最后，高等教育质量管理受意识形态的影响。国家的意识形态对于高等教育管理制度的建立与发展、高等教育管理模式的改革等均会产生一定的影响。

自20世纪90年代以来，西方国家大学中传统的质量管理方式受到国际化与产业化绩效评估标准的挑战，受企业质量管理的经验启发，许多大学将ISO9000标准和全面质量管理体系引入高等教育质量管理实践。除此之外，在高等教育质量标准制定方面，欧洲各国根据自身高等教育发展理念、路径、环境条件等形成了具有多种特色的高等教育质量保障体系，越来越多的国家和地区建立了高等教育质量保证机构，对高等教育质量进行评估。1984年，法国出台了新的《高等教育法》，其中明确指出要成立科学、文化和职业公共高等学校国家评估委员会，对法国高等教育机构进行综合性整体评估，由此对全国高等院校的教育质量进行控制。1991年，英国发布《高等教育：一个新框架》白皮书，对高等教育质量控制、审核、评估等进行了明确说明和区分，从而有效保证评估工作的有

① 廖浩然.我国高等教育质量管理的制度分析[D].长沙：湖南师范大学，2008.

序性。荷兰政府针对高等教育质量先后出台了《开放大学法》《大学教育法》和《高等职业教育法》，在确保大学自治的同时，保障高等教育质量。瑞典全国高等教育局为进行高等教育质量管理颁发了一系列具有法律效力的条例，通过对高等院校和课程的认可、对高等院校的质量检查、对高等院校学科的国家评估等方面的管理，确保高等教育质量。俄罗斯于1996年发布《俄罗斯联邦教育法》，其中包括“教育质量不合格的赔偿”条款。该条款指出，对于毕业生培养质量不合格的受委派教育机构，政府可以国家教育管理机关全权代理者的身份对其提出诉讼，意图通过这种法律监控的手段对高等教育质量进行管理。2000年3月，澳大利亚成立大学质量监控署对高等教育质量进行监控。大学质量监控署不同于其他国家以政府为主的高等教育质量管理体系，它是一个独立的、非营利性的机构，其在与政府和高校保持一定距离的基础上，对会员院校开展外部检查并公布检查结果。

此外，联合国教科文组织、欧洲理事会、经济合作与发展组织、国际高等教育质量保证协会、欧洲高等教育质量保障协会等均发布了一系列建设高等教育质量保障体系的指导性文件，并提出高等教育质量已发展成为全球共同议题。①我国对于高等教育质量问题十分重视，不仅从高等教育质量管理制度上给予重视，还建立了较完备的高等教育质量评估体系。

二、中国高等教育质量管理制度发展历程及特点

我国的质量管理研究和实践与世界发达国家相比较为滞后。20世纪80年代，为保障高等教育服务质量观的实施，我国高等教育对高校教学质量进行评估。1985年，我国出台了《关于教育体制改革的决定》，其中，首次提出“高校办学水平评估”的概念，对高等院校教育质量进行定时定期教学评估，之后，我国专门成立了

① 黎武廷飞.中越高等教育质量保障的比较研究[D].南京：南京师范大学，2018.

专项小组，对高等教育质量评估办法进行研究和探索。1990年10月，我国原国家教委出台《普通高等学校教育评估暂行规定》，初步确立了我国高等教育质量评定模式与框架。1991年，中央成立研究协作组，并针对高校质量保障出台评估教育研究。1992年，我国正式发布了GB19000系列质量管理和质量保证标准。GB19000采用了ISO9000系列国际标准，参照中国质量标准认证机构国家认可委员会的文件《质量体系认证机构认可基本标准的说明》，其中包括高等教育在内。1993年，中央下达《中国教育改革和发展纲要》，其中明确指出各地教育部门按照新的高等教育质量评价体系开展工作，并将教育考核纳入各地教育部门的成绩考核，对各地教育部门进行行政督促。1994年，在我国国家教委的委托下，我国第一个全国性教育评估机构“高等学校与科研院所学位与研究生评估所”诞生，这是一家事业单位性质的非营利机构，主要负责对全国各大高校试办和申请试办研究生院、博士学位和硕士学位授权学科、一级学科排名等进行评估。2003年，该评估所改名为“教育部学位与研究生教育发展中心”，属于国家级教育评估单位。1995年之后，我国高等教育本科教堂评估工作大面积展开，并采用合格评估、优秀评估、随机性水平评估三层次评估方法。

实际上，1999年前我国高等教育的规模较小，尚处于精英高等教育阶段。自1999年高校大规模扩招以来，我国高等教育质量问题开始显现出来。由于大规模扩招，我国大部分高校呈超负荷运行状态，教育投入增长速度、师资队伍增长幅度、办学条件等均出现跟不上高校发展的现象，高等教育质量问题引发了全国公众的普遍关注。为了加强高等教育质量管理，2001年，我国印发了《关于加强高等学校本科教学工作提高教学质量的若干意见》，对于高等教育教学工作提出了12条要求。2002年6月，教育将合格评估、优秀评估、随机性水平评估三种形式的评估进行合并，统一为“普通高等学校本科教学工作水平评估”。2003年，我国教育部启动并实施了“高等学校教学质量与教学改革工程”，在狠抓教学质量，建设国家精品课程的同时，积极推进高校本科教学评估工作。同年，教育部发布的《2003—2007年教育振兴行动计划》正式将“完善高等学校教学质量评估与保障机制”作为一项制度确立下来，实行5年一轮的普通高校教学工作水平评估制度。2004年8月12日，中国教育部印发了《普通高等学校本科教学工作水平评估方案（试行）》，正式设立了我国国家层面的高等教育质量评估专门机构——中华人民共和国教育部高等教育教学评估中心，全面启动周期性教学评估工作，标志着我国高等教育教学评估工作进入一个规范化、制度化的发展阶段。2006年底至2007年初，我国中央政府决定在“十一五”期间投入25亿元实施高等教育“质量工程”。2009年初，我国教育部高等教育司和评估中心联合制定了《普通高等学校本科教学工作合格评估方案》。2011年，教育部办公厅颁发了《开展普通高等学校本科教堂工作合格评估的通知》等系列文件，制订了新一轮的合格评估方案。2013年12月，制定了《关于普通高等学校本科教学工作审核评估实施办法》。近年来，经过多次改革和调整，我国高等教育扩招的势头已得到了基本控制，在党的十九大指导下，我国高等教育质量管理制度取得了较大发展。

综观我国高等教育质量管理的发展历程，可以看出，我国高等教育质量管理制度的发展经历了多个阶段的发展，其发展过程具有以下特点：

首先，从高等教育质量管理观念角度看我国高等教育质量管理制度发展。高等教育质量观是指导我国高等教育质量管理的主要思想，对于高等教育质量管理制度有着直接影响。我国高等教育质量管理观念经历了从产品质量管理观念到服务质量管理观念的变化。所谓产品质量管理观，是将高校学生或人才当作高校产品，从高校人才适应社会需求和市场需求的角度进行衡量。其特点是将高校作为一所教育工厂，沿用工业化生产模式，将人作为事物，在一定程度上无视人的主体性，教育内容和教育方法较为简单和统一。这种高等教育质量观适用于精英高等教育阶段，然而这种高等教育质量观是存在一定缺陷的。教育的主体是人，教育的本质是教育人和培养人，并促进人的身心发展，高等教育质量观只是单纯地从社会需要的角度对高等教育质量进行评价，而忽视了高等教育的本质功能。高等教育服务质量观则是在高等教育产出是教育服务而非教育产品的基础上提出的。这种高等教育质量观认为，高校是一个服务单位，其主要服务对象为学生，学校和教师是为学者提供教育服务的人，从市场角度来看，学生是教育服务的直接消费者。随着20世纪80年代我国市场经济体制的建立，作为高等教育消费者的学生及家长，在高等教育市场上可以在一定范围内主动选择学校，从而建立了高等教育市场中一种平等的、全新的供求关系。高等教育的产出不是产品，而是服务，高等院校适应市场需要，则指适应服务市场的需要。高等教育服务质量的出发点和归宿是满足学生的学习需求，而高等教育服务质量即高等教育消费者所感知的质量。因此，在高等教育质量管理过程中，应充分尊重和满足学生的动态求学需求。高等教育服务质量观更适用于高等教育大众化阶段的发展，因此被越来越多的人所接受和关注。

其次，从高等教育质量管理结构看我国高等教育质量管理制度发展。从整体上来看，我国高等教育质量管理制度经历了从政府主导到大学自主，再到政府、中介和大学三者相结合的质量管理制度的变化。中华人民共和国成立以来，我国高等教育质量管理最初形成了政府主导的模式。这与中华人民共和国成立后我国实施的高度集权计划经济体制有关。这种政府主导的高等教育质量管理强调高等教育要适应国家政治、经济、文化等方面的需要，并以是否适应国家需要作为质量评价标准。这种政府主导的高等教育质量管理制度在重视高等教育功利价值的同时，忽略了高等教育自身的主体价值以及学生和教师的主体地位，因此存在一定的缺陷。改革开放后，随着我国经济体制改革的推进，我国高等教育制度改革也提上日程，大学自主型高等教育质量制度走上历史舞台。1992年以来，随着社会主义市场经济体制改革的发展，政府对高等学校的管理职能发生了较大变化，高等学校办学自主权逐步放开。为了保障高校教育质量，强调高校自身的院校监督制度。这种院校监督制度存在一定的局限性，易忽视高校外部监督和学生需求，从而在一定程度上导致高校发展错位。随着经济社会的进一步发展，院校监督制度的弊端进一步展现出来，我国高等教育质量管理制度演变为政府、中介和大学三者相结合的质量管理制度。尤其是近年来，随着我国经济体制改革逐渐深入，多元化的经济格局逐渐形成，政府、社会中介和大学三者共同参与高等教育质量管理制度，既有利于发挥政府的宏观调控和指导作用，便于学生主体地位的确立；也有利于院校发挥自身优势，同时社会中介机构的监督，也有利于确保高等教育质量监督的客观性，从根本上保障高等教育质量的提高。

最后，从高等教育制度变迁角度看我国高等教育质量管理制度发展。我国高等教育质量管理制度经历了从强制性制度变迁向诱致性制度变迁发展。强制性制度变迁理论强调国家和政府是制度安排和制度变迁的单一主体，制度的设计、实施、改革均依靠政府强大的权力来实现。这种强制性制度变迁的特征具有自上而下的垂直性特点，制度变迁的效果取决于政府的态度与决心。自中华人民共和国成立至 20 世纪 80 年代前，我国高等教育的制度变迁属于强制性制度变迁，相应地，我国高等教育质量管理制度也属于强制性制度变迁范畴。在这种强制性制度变迁下，我国高等教育质量管理的特点为质量管理经费大多依靠政府专项拨款，高校的自主性难以体现出来。政府既是高校的资助者也是管理者，长期占据着高校主体地位，难以发挥高校其他利益主体，如学校、学生、教师等的积极性和自主性，易造成管理制度僵化，无法形成多方主体共同监督与维护质量保障体系的健全机制。

诱致性制度变迁则是一种自下而上的制度安排及变革形式，包括制度的设计、变更、调整和改革在内的各个方面均是由个人或组织根据自身需求而进行倡导实施和改革的。诱致性制度变迁的方式接近于民主形式，能够提高效率，注重管理的民主性和公平性，并打破了强制性制度变迁中单一权力主体垄断管理的格局。20 世纪 80 年代后期，随着我国改革开放的深入，我国高校自主权的逐渐增加，高等学校在法律允许的框架内实施制度变迁，这一时期，诱致性制度变迁成为大学治理结构变迁的重要路径，相应地，我国高等教育质量管理制度也呈现出诱致性制度变迁的特点。通过利益关系人共同参与高等教育管理活动，提升高等教育管理质量。然而，诱致性制度变迁也存在着一定缺点，其以实现自身利益最大化为目标，容易造成一哄而上、恶性竞争的局面。尤其是在 20 世纪 90 年代末和21世纪初期，随着我国高等学校的扩招，这种特点极为明显。近年来，随着我国高等教育制度的创新，我国高等教育质量管理制度开始向政府、学校和社会共同参与的制度安排模式方向转变，在充分保障国家宏观调控的基础上，充分发挥学校的能动性，促进我国教育质量的提高。

当前，我国高等教育质量管理建设仍然存在一定的不足和缺陷，主要表现在高等教育质量管理制度稍显滞后，落后于我国高等教育的整体发展水平。另外，我国高等教育质量管理制度稍显僵化，一些高校在引进ISO9000质量标准体系后，不能结合高校自身特点进行改革，导致ISO9000质量标准体系与我国高校的发展并不适应。我国高等教育质量管理制度也呈现出制度泛化和制度过度的特点，难以适应当前高校的发展水平，满足社会对于高校人才质量培养的需求，因此迫切需要创新高等教育质量管理制度。

三、高等教育质量管理制度的创新与实践

（一）高等教育质量管理制度的创新原则

高等教育质量管理制度创新可以有效提高我国高等教育的办学效益，推动我国高等教育资源优化配置，同时还可提升我国高校的核心竞争力，兼顾社会效益。尤其是在知识经济时代和经济全球化背景下，高等教育质量管理创新十分必要。高等教育质量管理制度创新过程中应坚持以下几个基本原则：

首先，高等教育质量管理制度创新应坚持公平与效率相结合的原则。教育公平是我国的基本教育政策，是社会公平的重要组成部分和重要体现。因此，高等教育质量管理制度应坚持公平原则。同时，制度创新涉及各个主体的利益，作为一种资源分配方式，除了兼顾公平外，还应注重效率，实现社会资源效益最大化，并在此基础上促进教育质量整体水平的提高。

其次，高等教育质量管理制度创新应坚持多主体参与原则。高等教育涉及多个主体，其中包括政府、高校、教师和学生、社会机构等。在高等教育质量管理制度创新过程中，也应兼顾吸纳各个主

体的参与，让他们参与到制度创新中来，并激发他们在教育过程中的积极性，以此保证高等教育质量管理制度创新活动的顺利、有效推行。

最后，高等教育质量管理制度创新应坚持继承与创新相结合的原则。当前，我国高等教育质量管理制度是在高等教育改革发展的过程中不断形成的。随着社会的发展和高等教育改革的深入，各种教育思想和教育理念、教育方法和手段不断涌现出来，对我国现有高等教育质量管理制度形成冲击，然而在高等教育质量管理制度创新中不应对以往的教育制度进行全盘否定，而应在继承原有高等教育质量管理制度的基础上，发扬与时俱进的精神，结合国家、社会以及教育领域出现的新课题、新状况进行高等教育质量管理创新。

（二）高等教育质量管理制度创新的内容

高等教育质量管理制度创新不能盲目创新，而应遵循一定的客观规律，主要从以下几个方面进行创新：

首先，推动高等教育质量标准的创新。高等教育是一个由多种层次、多种类型学校共同组成的多样化教育体系。对于不同的学校来说，其职能、特色和办学优势，发展目标、培养人才目标等均不相同，因此，不同高校应根据不同的特色和优势而制定不同的质量标准。除此之外，高等教育相关利益主体的利益不同，对于高等教育质量的要求不同，均对高等教育质量标准产生了一定的影响。因此，我国高等教育质量管理制度创新应从制定质量标准开始，构建多样化质量标准体系，对不同高等院校的教育质量进行管理。2018 年，我国教育部发布了我国高等教育领域首个教学质量国家标准——《普通高等学校本科专业类教学质量国家标准》，该标准与全世界重视人才培养质量的发展潮流相一致，突出学生中心、产出导向、持续改进等原则，坚持底线与目标相统一、定性与定量相统一，在统一标准的基础上，保障各校专业人才培养具有足够的拓展空间。这一高等教育质量标准的颁布对建设中国特色、世界水平的高等教育质量标准体系具有重要的标志性意义。

其次，推动高等教育质量认证制度。随着我国高等教育进入大众化高等教育成熟阶段，并即将向高等教育普及化阶段过渡。我国高等教育质量认证制度也日渐提上日程。当前我国高等教育质量认证制度还未完全建立起来。尤其是在全球化背景下，对我国高等教育提出了新的要求，我国高等教育在数量发展的基础上，也应大力提升教育质量和教育效益，着眼于国际市场的供需状况，合理配置高等教育资源、调整高等教育专业设置、培养目标与课程体系，建立起与国际接轨的高等教育质量认证制度，从而有效完善我国高等教育市场体制，提高我国高等教育服务的竞争力。

最后，推动我国高等教育质量监督与评价制度的多元化发展。20 世纪末期，我国高等教育质量监督和评价制度就已经开始构建。然而，当时主要依靠政府机构进行质量监督组织和评价。之后，我国高等教育质量监督与评价制度又以高校组织为主。现已正向由政府、学校和社会中介机构共同构成的高等教育质量监督与评价制度发展。多元化高等教育质量监督和评价制度与高等教育的多元化主体中，政府是高等教育的主要宏观调控者，政府高等教育质量保障体系的宏观管理也由政府进行整体宏观调控。学生是高等教育的直接生产者，对于高等教育的质量有着直接发言权，而社会中的企业与机构不仅需要高等教育为其培养人才，同时也涉及社会监督与评价更加客观与公正化。因此，高等教育的不同主体在高等教育质量保障监督与评价中扮演着不同角色，而多元化的高等教育质量保障体系的构建有利于高等教育评价保障体系的公开、公正、扬长避短，有利于推动我国高等教育质量评价与监督工作的有序进行。然而，多元化的高等教育质量监督与评价体系的确立并非易事，必须克服重重困难才能建立起来。

（三）高等教育质量管理制度创新的案例

2014 年清华大学通过了《清华大学关于全面深化教育教学改革的若干意见》，本书以清华大学工程管理本科专业培养为例，其中重点介绍清华大学工程管理本科专业三位一体的人才培养模式和质量管理制度。

首先，清华大学工程管理专业建立了较为完善的内部评价机制。

清华大学工程管理专业本科的学制为四年，按照清华大学的学分制管理机制，实行弹性学习年限。每年 6 月，清华大学工程管理专业根据《清华大学本科生学籍管理规定》对毕业生的毕业资格进行严格审核，只有满足学校学分规定，各方面达到本科毕业标准的学生，才准予毕业，并发放本科毕业证书，并为符合学士学位授予条件的学生颁发工学学士学位证书。除了学分制度外，清华大学工程管理专业还建立了较为完善的本科教学质量保障评价体系，对教学全过程进行规定化、流程化和周期化的管理。通过专家重点评估、干部听课制度、院系督导课堂、学生评教调查、授课教师自评、应届毕业生问卷调查等方式对教学管理进行全面审核，有效保障了教学质量。根据 2014~2018 年对清华大学工程管理专业本科毕业生的就业方向调研情况来看，70% 的清华大学工程管理专业本科毕业生选择了继续考研深造，另外，30% 选择就业，其就业单位大多为国家政府、中央直属企业，以及国内外知名施工单位和设计单位等，毕业去向与该专业培养目标较为吻合，从另一个侧面显示出该专业的教学教育质量较为理想。另外，清华大学工程管理专业还建立了同行评估督导、学生评教、问卷调查、教师座谈、师生座谈等多种途径，对学校师生满意度进行调查，从师生角度对学校培养质量进行评价。

其次，清华大学工程管理专业建立了较为完善的外部评价机制。一方面，清华大学工程管理专业积极引进国际一流的知名职业团体参与教学质量评价。清华大学工程管理工学学士学位课程于 2011 年 9 月即通过了美国项目管理协会的全球项目管理鉴定中心的国际认证，并于 2018 年通过了复评，这表明清华大学工程管理专业本科教育符合 PMI-GAC 认可的国际标准，实现了与国际接轨，提高了清华大学工程管理专业本科教育的国际声誉。另一方面，清华工程管理专业在教学培养中，定期以问卷调查、座谈会、电话访谈、项目合作等多种形式面向用人单位和相关企业，征求它们对于教学质量的调查，通过多方位、多渠道收集评价意见，形成教学反馈，为清华大学工程管理专业改进人才培养工作提供了可靠有力的依据。除此之外，清华大学工程管理专业十分注重毕业生的满意度调研和反馈，并从中对教育教学质量进行调研。另外，清华大学工程管理专业十分注重社会声誉调研，并以此作为该专业教学教育质量的重要反馈方式。

最后，清华大学工程管理本科专业积极根据社会评价，及时调整和更新人才培养理念。当前，清华大学工程管理本科专业根据各项评价指标反馈，提出以技术、管理并重为特色，培养“研究型、创新型、国际型”的建设行业高端管理人才的新理念。根据这一理念，从2017年开始，清华大学工程管理土木类招生，在大一学年结束后，重新对学生进行志愿专业确认，实行三位一体的培养模式。与此同时，清华大学工程管理本科专业还积极开阔学生的国际化视野，通过建立多个海内外实践基地，资助本科生海外实习，面向本科生和研究生开设国际课程，并主办“清华大学国际工程暑期学校”，开展多项高水平科技创新系列赛事，通过国际权威课程认证等方式，加强该专业与国际接轨，提高该专业的国际影响力。

第七章 中国高等教育内部制度创新与实践

中国高等教育内部制度包括许多方面，本书主要从高等教育人才选拔制度、高等教育教学管理制度以及我国高等教育开放制度三个方面进行重点阐述。

第一节 中国高等教育人才选拔制度创新与实践

人才培养是我国高等教育的核心目标。近年来，随着知识经济时代的到来，高等学校作为智力单位，以及高端创新人才的聚集地，在我国经济和社会发展中起着越来越重要的作用。

一、中国高等教育人才概念与特点

人才是21世纪最重要的资产，也是21世纪推动社会经济发展、科技水平提高的最关键力量。近年来，随着知识经济崛起，知识经济逐渐取代了工业经济成为推动经济发展的核心动力。而掌握了先进知识和技术的人才，则成为社会和国家发展中的稀缺资源，在未来国家与国家之间、地区与地区之间，以及组织与组织之间的竞争中起到至关重要的作用。高等学校作为培养知识人才的基地，在国家人才培养和人才管理中有着极着重要的地位。

（一）人才的概念

所谓人才，不同的学者从多个角度给出了多种含义。其一，人才是指有才识和学问的人，这类人常常德才兼备或有某种特长。其二，人才是指大学和中等专业学校培养的，毕业后能适应工作，德、智、体、美、劳综合发展，有高等学校或中等专业学校学历的人才。其三，人才是对于技术员以上职称的统称。其四，人才是指具有良好思想品德、创造性劳动，以及为社会发展和人类进步做出较大贡献的人。2003 年，我国第一次全国人才工作会议上，将品德、知识、能力和业绩作为衡量人才的主要标准。

根据以上人才的概念，人才的特征可以总结为以下几个特点：其一，人才具有创造性特点。是否拥有创造性是区别人才与普通人的本质特征和根本标准。创造力是指运用所学的知识，为了达到目标而对知识进行重新加工、组合，并在已有知识和经验的基础上提出新的解决问题的设想能力。人才与其他劳动力相比最重要的特征是创造性。其二，人才具有社会性的特点。人类既是自然人，又是社会人。而人才的判断具有一定的时代性，人才的判断标准随着时代的发展而变化。不同时代有其独特的能力，然而其共同点是均在一定历史条件下，推动了人类的发展和进步。其三，人才具有实践性的特点。人才来源于社会实践并服务于社会实践，其对社会贡献的大小以其对社会实践的大小来衡量。

人才管理，这一概念出现于 20 世纪 90 年代，最初是指企业对人才的招募、发展和保留，并通过人才推动公司发展的行为。从马克思主义思想来看，人才管理即尽量准确识别、选拔人才，合理地使用人才，并支持人才创造业绩，做到人尽其才，才尽其用，不使人才被积压浪费①。人才管理不等于人事安排，而是人才学和管理学的交叉学科，人才管理包括人才开发和人才管理两个方面。我国的人才管理是以马克思主义人才管理理论为指导思想，在党和政府

---

① 刘洋．高校人才管理理论与实践 [M]．徐州：中国矿业大学出版社，2012.

领导下进行的系统人才管理，有助于推动我国社会主义现代化建设。

人才管理是以人才的发现、识别、选拔、使用、培养、考核等为对象，并对人才的流动进行合理预测，以及对人才与管理者、人才与社会之间关系的研究。人才管理不等于简单的人力资源管理。其差别主要表现在三个方面：其一，人力资源强调平等，同时按照公司资源分配的情况对人才做出不同的要求并进行考核。而人才管理对于人才的关注，在初期就对核心人才和非核心人才的需求进行明确的划分。其二，人力资源管理多归属于人力资源部门，而人才管理则由人力资源部门与高层管理者共同负责，并对人才进行培养。其三，人力资源管理的关注点是人本身，而人才管理的关注点则是人才，更强调人的功能的实现。

（二）人才管理的重要性与发展趋势

人才管理在我国现代化社会发展中起着不可替代的重要作用，在整个社会管理中占有越来越重要的地位。首先，人才管理在我国现代化发展中起着重要的推动作用。我国现代化发展离不开对人才的发现、识别、培养与任用，而人才管理正是以这些内容为对象。随着科技的发展，我国社会分工越来越细，既对高校中的顶尖科研人才的需求量越来越大，又对适合社会发展与分工的技术性和应用型人才的需求越来越高。只有在加大人才培养与识别的同时，加强对人才的管理，开创人才辈出、人尽其才的局面，全面提升我国的核心竞争力和综合国力，才能推动我国健康、快速发展。其次，人才管理的重要性还体现在人才质量的控制上。人才管理既有助于从微观方面加强人才的科学管理，例如，对人才的选拔和培养、奖惩等，也有助于从宏观层面加强对人才现状的调控与管理。此外，人才管理还有助于推动我国整体人事制度的改革，从总体上提高人才质量，建立现代化、合理化和高效化的人才管理机制。

当前，随着科学技术的迅猛发展，知识经济时代发展越来越深入，国家与社会之间对于人才的竞争越来越激烈。人才管理呈现出以下几种发展趋势：

其一，人才管理的开放性越来越强。在封建时代，人才的选拔与录用多带有隐秘色彩，只将最后的结果公之于众。近现代以来，人才管理的开放性越来越强。改革开放以来，随着我国市场机制的深化发展，现代人才管理越来越体现出民主原则，公开性、透明性越来越强，并开始实施择优录取的选择。我国高校对于人才的管理也是如此。在高考招生中，则用全国统一考试，并按照考试成绩进行择优录取。

其二，人才管理的科学化趋势越来越明显。随着我国计算机信息科技的发展，人才的科学化管理程度越来越高，尤其是对于未来所需各类人才数量和素质的预测，以及人才的合理流动的预测等，均离不开人才的科学化管理。

其三，人才管理的法制化程度越来越高。随着我国依法治国、依法治校基本理念的贯彻，我国高校在人才管理方面经过长期摸索与实践，建立了一套基本人才管理方式，使我国高校的人才管理有法可依，极大地增强了我国人才管理的法制化建设。

其四，人才管理的专业化程度越来越高。我国高校人才管理的专业化是指当前我国高校中已经形成了一支人才管理经验丰富的人才管理队伍。在我国高校内设置了各种人才研究和培养机构，为我国高校大批培养人才、使用人才、管理人才奠定了基础。

高等教育人才选拔制度是高等教育人才管理的重要组成部分，是一项关系到国家繁荣、社会稳定的重要制度。本书主要从高等教育人才选拔制度的角度进行详细分析。

二、中国高考人才选拔制度的发展历程及现状

高等教育是培养高级专门人才和职业人员的主要社会活动，民国时期，我国高等教育从单纯模仿国外高等教育开始，逐步形成。在此期间，高等教育人才选拔制度也逐渐形成。民国时期，我国高等教育人才选拔制度经历了高校自由与自主招生、计划与统一招生和招生形式多元化等阶段。当时，我国高等教育人才选拔制度还未正式形成，教育部没有制定统一的命题标准，此时，各个高校的招生由各高校单独办理，考试科目和录取标准也由各高校自行决定。这种高校无计划的自主招生，缺少统一标准，导致这一时期高等教

育发展出现畸形。主要表现为，高校招生考试内容与中学实际教学相脱离，高校中文理科学生的比例不均衡等，这使中学教育无法与高等教育紧密结合，高校文理科比例失调。直到1933年，教育部才建立起国立高等院校统一人才选拔制度，采取比例招生法，通过设置实际招生名额控制、建立统一招生委员会等措施，推动计划招生与高校统一招生。1941年后，由于战争等原因，高校统一招生制度被迫中断，无论是国立高等院校，还是民办高等院校实行单独招生、联合招生、委托招生，以及保送、会考等相结合的多种招生方式进行人才选拔，形成了招生制度多元化的局面。

1949年，中华人民共和国成立之初，百废待兴，我国高等教育开始时仍实施单独招生制度。1950年，我国三大区高等学校开始实施高校联合招生制度，1951年，实施高校联合招生制度的学校扩展至六个大区。1952年，我国正式确立了全国统一招生的高考制度，这也标志着我国高等教育人才选拔制度的正式形成。①20世纪50年代，在“文化大革命”时期，我国高等教育人才选拔制度曾一度废止长达近十年时间。1977年，随着高考的恢复，我国高等教育人才选拔制度得以恢复。1978年，随着中共十一届三中全会的召开，中国改革开放政策正式实施，中国高等教育人才选拔制度发生了一系列变革。

1977年中国高考恢复后，高校人才选拔制度自1952年至“文化大革命”前夕所暴露出来的人才选拔标准单一，应试教育明显的矛盾再一次凸显出来。为此，1981年，我国高校人才选拔工作会议上讨论了高等教育人才选拔制度改革问题。同年，教育部在提交给国务院的报告中第一次提出了高校人才选拔制度改革的思想。然而，此时由于“文化大革命”刚刚结束，我国的高等教育工作仍处于恢复期，因此，高等教育人才选拔制度的改革仍处于酝酿期。1985年1月，我国第二届高校人才选拔研讨会召开，会后确定了在上海高中毕业会考后进行高校人才选拔科目设置的标准化人才选拔试验，这一小范围中实施的高校人才选拔试验标志着我国高等教

① 翟居怀．我国人才选拔制度的历史探析[J]．教育与职业，2008(2):51.

育人才选拔改革正式实施。这一时期，我国高等教育人才选拔的改革力度较小，主要包括推行会考制度、选拔科目减少、试点保送生、收费并轨与标准化选拔等。自 1999 年开始，我国高等教育人才选拔制度开始实施较为深入的改革。这一时期，高等教育人才选拔改革力度较大，实施了选拔科目、网上阅卷与网上录取、分省选拔、春季人才选拔、自主人才选拔、取消文理分科、学业水平选拔纳入人才选拔成绩等。其中，尤其以自主招生的改革力度最大。

1999 年 2 月，我国教育部出台了《关于进一步深化普通高等学校招生考试制度改革的意见》，该意见中明确提出我国高考制度改革的指导思想。根据这一意见，2001 年江苏省颁布了《关于深化高等学校教育教学管理改革等若干问题的意见》，该文件中提出，批准有条件的高校在全国普通高校统一招生考试之前单独组织招考，也可以几所学校联合组织招考，自此正式拉开了我国自主招生的帷幕。2003 年，教育部颁布了《关于做好高等学校自主选拔录取改革试点工作的通知》，在这一文件中，明确提出以清华大学、北京大学等为首的 22 所高校在本年度招生计划总数的 5% 以内试行自主招生，并明确规定了自主招生的程序。2004 年，我国高等院校招生中参加自主招生的院校增加至 28 所，之后，逐年增加。2009 年，北京大学在自主招生中首次率先实行了“中学校长实名推荐制”。2009 年，清华大学、上海交通大学、中国科技大学、南京大学、西安交通大学达成协议，实行“五校联考”。2010 年 1 月 16 日，以上五所学校实行了自主招生选拔的联合笔试，正式拉开了自主招生联考的序幕。2010 年底，我国高校自主招生中的“华约”“北约”“卓越同盟”三大联盟格局正式形成。2019 年，自主招生高校达 90 所。2020 年 1 月 14 日，我国教育部出台《关于在部分高校开展基础学科招生改革试点工作的意见》，该意见指出，2020 年，我国高校招生中不再组织开展高校自主招生工作，而是开展“强基计划”。

当前，我国高考人才选拔制度一直处于不断改革之中，取得了较为突出的成绩。在思想观念层面，改革开放 40 多年来，我国高考制度的形成与改革，在全社会重新树立起尊重知识、尊重人才的观念。随着我国高考招生制度改革，进一步确保了我国高等教育选拔的公平竞争，提高了选拔效率，取得了较为良好的社会效益，在我国人才强国战略的实施和人才选拔制度的规范性等方面取得了较突出的成绩。然而当前我国高考人才选拔中仍然存在着一定的问题，主要表现在三个方面。首先，高考选拔人才标准较为单一。当前，高考中成绩和分数仍然是高考人才选拔的决定性因素。尽管分数的可信度高、可比性强，然而却无法反映学生的综合素质水平，导致许多有潜力、有个性以及创新精神的人才因为分数不足而被大学拒之门外，不利于偏才、怪才和学生创新能力的培养。此外，高考人才选拔中存在较为严重的文理偏科现象，这是由于文理分科的学习方式所决定的，严重的偏科会为高等教育人才的培养带来一定的难度。其次，我国高考制度中的保送生制度存在一定的弊病。一些高中学校为了确保学校的升学率，在推荐保送生时，由“推荐优秀学生”改为“荐良不荐优”，甚至演变为“送官不送民、推劣不推良”这种不正之风，有悖于保送生制度的初衷，导致保送生制度面临着信任危机。最后，高校自主招生中也存在着监督不到位、学生招生质量难以保障等缺点。同时，也使高考公平性面临着严峻考验。

三、中国研究生人才选拔制度历程及现状

研究生教育是我国高等教育培养高层次人才的主要途径之一，也是我国人才竞争和科技竞争的重要支柱，是推动我国人才创新战略和建设创新型国家的核心要素之一。研究生人才选拔制度是我国高等教育人才选拔制度的重要组成部分。我国高等教育中，“研究生”一词最早出现于清朝末年。民国时期，由于受当时的政治、经济和文化等方面的原因，尽管一些高校中招收少量研究生，然而我国并没有形成系统的研究生招生制度。1949年，中华人民共和国成立后，随着我国经济和国防建设需要，我国很快制定了发展研究生教育的政策和方针。中华人民共和国成立初期，由于我国高等教育制度受苏联影响，因此，我国研究生招生和培养制度也以模仿苏联研究生教育制度为主，快速建立了以苏联模式为基础的研究生招生制度系统。1951年，中国科学院和中央教育部联合发布了《1951年暑假

招收研究实习员、研究生办法》的规定，该规定中明确提出了我国高等教育中研究生招生方式为“推荐免试+政审”的方针。1953年，我国高等教育部发布《高等学校培养研究生暂行办法（草案）》，这一草案中规定，研究生考生必须经高等教育部选派或经中央一级机关、团体调派、经中央高等教育部同意并经考试及健康检查合格者，才有机会进行高校研究生考试。除此之外，这一草案中还确立了研究生人才选拔采取“推荐与考试相结合”的原则，并由高等教育部统一制度招生培养计划以及相关专业设置，进行研究生统一招生。1966年，由于“文化大革命”的开始，我国研究生人才选拔工作落入低谷。

1977年，随着我国高考招生制度的恢复，我国研究生招生工作也逐渐恢复。1977年10月6日，我国教育部出台《教育部关于一九七七年高等学校招生工作的意见》，在该意见附件中包括《关于高等学校招收研究生的意见》，这一意见的出台，为我国研究生招生工作的恢复起到了极重要的作用。该意见中还指出，我国高等院校研究招生制度承袭中华人民共和国成立以来的统一计划和考试制度。1978年、1979年，我国研究生人才选拔采取考试的方式，然而其考试科目及试题均由招生高校自主命题。1980年，我国研究生人才选拔中首次实行公共课和部分专业基础课采用全国统一命题，而部分专基础课以及专业课仍然实行招生高校自主命题的方式，建立了统一考试与自主考试相结合的研究生人才选拔制度。1981年，《中华人民共和国学位条例》正式实施，我国教育部进一步完善了硕士、博士分层选拔格局，正式将硕士与博士的招生进行分离，并确定了高校自行确定选拔时间和方式的博士人才选拔基础。之后我国高校研究生招生制度于1983年正式形成了推荐免试招收应届本科毕业生攻读研究生的制度。除此之外，我国研究生人才选拔制度中，还对在职人员研究生选拔采取委托、定向培养的方式，摸索出了一套以培养在职人员为主的专业学位制度。1984年，随着我国改革开放的持续深入推进，我国经济社会对于高校人才发展提出了新的需求，研究生院规模开始扩大，研究生教育招生规模开始扩张。1985年，我国研究生人才选拔政策中首次实行169所高校试点推荐优秀应届本科毕业生免试就读研究生的政策，在这些高校中，共有3300人获得了免试就读研究生的资格。同时，研究生人才选拔制度确立了初试与复试相结合的考试制度。同年，中共中央出台的《关于教育体制改革的决定》中提出使用多重利好政策扩大高校研究生招生规模。

1986年，随着《国家教育委员会关于改进和加强研究生工作的通知》，标志着我国硕士研究生教育进入规范发展时期。这一阶段，我国研究生的招生重点从在职人员向应届本科生和本科毕业的在职人员转变，对于研究生招生选拔的年龄进行了放宽。1987年，我国为了提高在职研究生的招生比例，鼓励应届本科毕业生在考取研究生后，保留入学资格的基础上，先到对口单位工作1~3年再入学进行学习。1988年，我国教育委员会、国家计委、财政部和人事部联合发布了《关于进一步改进研究生招生工作的几点意见》，在这一政策中指出，要招收优秀在职研究生，增加研究生选拔方式，施行在职研究生单独考试等政策。1989年，我国国家教育委员会发布《关于做好一九九〇年研究生招生工作的通知》，该通知中指出，这一时期研究人才选拔仍以招收在职人员为主，这一倾向一直延续至1992年。进入20世纪90年代后，随着我国高等教育改革的逐渐深入，我国高校研究招生制度框架逐渐成形，确定了研究生总体框架相对稳定，同时以局部优化为主的制度。1993年，我国取消对有本科毕业学历的考生工作年限的要求，将研究生报考年龄放宽至40岁。1992年，我国国家教育委员会发布通知，明确指出优秀应届本科毕业生免试推荐是硕士研究生生涯扩大的重要方式，并严格规定了推免比例，这标志着我国研究生人才选拔制度中推荐免试制度的正式形成。同年，我国国家教委印发《关于国家教委直属高校深化改革，扩大办学自主权的若干意见》，其中明确提出我国高校硕士学位授权学科专业点的调整和审核增列权，增强了高校硕士人才选拔的自主性。1998年，中国开展基础教育教学和管理人员在职攻读教育硕士专业学位，并首次举行全国统一入学考试，标志着我国在职研究人才选拔联考制度的形成。

1999年，我国高等教育大众化阶段的来临，我国高等教育中的研究人才选拔的报考条件进一步放宽。2000年开始，研究生在职联考制度正式确立。2002年，考生进行硕士在职考试时，无须所在单位同意。2001年12月11日，随着中国加入世界贸易组织，为了更好地推进中国改革开放，扩大对外交往需要，我国硕士研究生初试中，对于考生的外语能力设立了新的要求，并将硕士研究生招生统一考试中的科目确立为四门学科即政治理论课、外国语课、基础课与专业基础课。自2005年开始，外国语课程考试中的听力测试改由招生单位复试中进行。2007年，我国对部分学科的初试科目进行改革或合并。2009年，我国硕士研究生人才选拔规模增速开始放缓。此时，我国教育部提出我国研究生人才选拔应坚持两个方向，一是学术学位为主的方向，二是学术学位和专业学位相结合的方式。2016年，全国招收硕士专业学位研究生27万人，基本实现了我国学术学位和专业学位相结合的目标。除此之外，自2016年起，我国硕士研究生招生考试中，除了高级管理人员工商管理硕士外，其他类别的在职人员专业学位联考取消，所有硕士研究生招生统一使用全国硕士研究生招考系统，正式将在职专业学位联考纳入国家统一考试体系。《2018年全国硕士研究生招生工作管理规定》中指出，硕士研究生人才选拔中应注重“解决实际问题的能力能够承担专业技术或管理工作、具有良好职业素养”。

当前，我国研究生人才选拔制度主要采取统考与推免相结合的方式，其中考试主要分为初试、复试，初试分为全国统考、推荐免试、单独考试和联合考试四种类型。经过数十年的发展，我国研究生人才选拔取得了较大成绩。然而，研究生人才选拔制度也存在着一定问题。例如，研究生人才选拔中存在着资源失衡的问题。尤其是推免生源中，大部分生源集中在重点高校。重点高校和一流建设学科高校的推免资格远远高于普通高校。此外，随着重点高校推免录取名额的持续扩大，统考缩招成为一种大趋势。这是由于对于重点高校来说，推免制度可以吸引一批来自全国各地高校的优秀学生，易使重点高校获得心仪考生。这是统招所不具备的。然而，这在一定程度上造成了高校研究生人才选拔制度中的不公平性。例如，一些重点院校的推免简章中明确指出只招收“211”和“985”院校的学生，这在一定程度上对普通院校的考生不公平。当前，我国硕士研究生人才选拔制度中选拔创新人才的有效性受到质疑，在入学考试中，复试多流于表现，呈现出走过场的现象，然而由于复试中不能考察学生的专业素质和综合能力以及创新能力，使复试在人才选拔中所起的作用越来越小，从而造成一些具有创新精神和综合能力的人才因此流失。另外，硕士研究生考试中，呈现出重视外语水平、专业知识和政治理论，而对学生的综合能力考察不足的现象。

四、高等教育人才选拔制度的创新与实践

人才培养是高等教育的首要任务，高校人才选拔制度直接关系到高校人才培养问题。自中华人民共和国成立以来，尤其是改革开放以来，高考即成为我国人才选拔的重要方式。改革开放40多年来，我国高考改革不断深入，高校人才的选拔方式也逐渐多元化，并持续朝着由应试教育向综合素质教育人才选拔的方向转变。

（一）我国高等教育高考人才选拔制度创新与实践

高考人才选拔制度创新主要表现在以下两个方面：

首先，新高考制度改革。2014年，我国国务院发布了《关于深化招生考试制度改革的实施意见》，正式将我国高考综合改革提上日程。2014年底，我国教育部颁布了《关于进一步减少和规范高考加分项目和分值的意见》《关于普通高中学业水平考试的实施意见》《关于加强和改进普通高中学生综合素质评价的意见》《关于进一步规范高校自主招生工作的意见》等一系列配套文件。2014年9月，一些地方，例如，上海、浙江等地作为首批试点省市，出台了新的高考综合改革方案，并于2017年开始实施改革后的高考。2017年2月，北京、天津、山东、海南作为第二批试点省市，从2017年秋季新入学的高一学生开始实施高考综合改革。2018年，青海、西藏、内蒙古、黑龙江、辽宁、吉林、山西、河南、河北、江苏、安徽、福建、湖北、贵州、四川、重庆、广东等地开始启动新高考改革。2019年，广西、云南、宁夏、新疆、甘肃、陕西启动新高考改革。2017年，上海、浙江的首批考生已完成新高考。

这种新高考改革制度采取“语数外必考科目+选考科目”的模式，不分文理科，通过多次考试、选考、外语成绩两年有效等方式，纠正高中人才培养中的文理偏科现象，以确保高考人才选拔向综合素质方向发展。其最大的特点是采用分层教学和“走班选课制”学习，将老师走班与学生选课制度相结合，同时成立专门的学生指导中心，建立专业的学生发展顾问团队，以职业生涯规划课、讲座、访谈等形式，帮助学生进行生涯规划，选择学习和考试科目，为未来的选择做好充分的认识和准备。

新高考制度改革首先扩大了考生考试科目的选择权。在新高考改革中，学生可以根据自己的兴趣、特长和爱好等自由选择考试科目，一些地方试点中，均给出了多种科目组合方案。例如，上海新高考改革中为学生提供了20种科目组合方案；而浙江新高考改革中，则为考生提供了35种科目组合方案。这些组合方案比原来的文科或理科二选一的方案多得多，给予了学生更多的选择权。新高考改革扩大了考生考试的选择权，新高考改革中设置了外语科目一年考两次，并保留成绩的做法，而在一些地方，将考试范围进一步扩大。例如，浙江新高考改革方案中，除了语文和数学外，外语和考生选择的三门科目均可进行两次考试，这就在很大程度上给了考生更多机会。通过增加考试次数，多次考试成绩中选择最好的一次计入高考总成绩的方式，避免了高考人才选拔中“一考定终身”的状况，更能体现出考生的真实学习水平。此外，新高考改革为考生提供了高校和专业的选择权。新高考人才选拔中，对于录取批次进行了相应调整，例如，上海于2016年合并了一本和二本的录取批次，实施院校+专业组的平行志愿录取。而浙江高考综合改革中，取消了所有录取批次，考生可同时报考本科和高职志愿，并采用分段填报志愿的方式，按实报人数一定比例分段填报志愿，录取时，则按照高考总分数从高到低排列，分段按比例录取。新高考改革有利于培养学生的综合素质，并有利于发挥学生特长，培养学生的个性发展。新高考改革对于原来的教学方式进行了较深刻的改革，有利于实现学生的全面均衡发展，从总体上提升高考人才选拔水平。

其次，“强基计划”。2020年1月，教育部印发了《关于在部分高校开展基础学科招生改革试点工作的意见》（也称“强基计划”），“强基计划”不仅着眼于高考人才选拔，而且放眼于国家对于人才的战略培养，是一种从人才选拔到人才培养的习惯培养。“强基计划”主要选拔有志于服务国家重大战略需求且综合素质优秀或基础学科拔尖的学生。该计划以数学、物理、化学和生物等基础学科为主，入围“强基计划”的考生，需在其擅长的领域从事基础学科学习，而不是将个人专长当作跳板，进入大学生转而学习其他热门课程。“强基计划”录取的学生采用小班培养、导师制模式，并探索建立本硕博衔接培养模式，同时鼓励国家重点试验室、前沿科学中心等国家重点技术攻关单位吸纳这些学生参与实际项目研究，并探索建立一种与重大科研任务相结合的人才培养机制。[①]2020年开始，“强基计划”第一批试点高校限定于一流大学的36所大学中展开。“强基计划”是新高考改革的有效组成部分，新高考分数占录取分数的85%，高校自主进行的笔试和面试则占录取分数的15%，最后将成绩折算成为分数排队录取。由此可以看出，尽管“强基计划”并非一种单纯的高考人才选拔方式，然而其作为一种高考人才选拔方式，进一步创新了我国高考人才选拔途径，使高考人才选拔更加多元化。

（二）日本硕士研究生人才选拔制度分析

日本的研究生教育近年来经过改革，发生了一系列变化。这一变化首先表现在日本硕士研究生人才选拔方面。日本的研究生院开始时对于人才的选拔限制颇多，必须为本科毕业生才能学习研究生课程。近年来，随着社会的发展，越来越多的日本人希望进入研究生院学习。在社会需求下，日本的研究生教育制度发生了一系列变化。在研究生选拔上，对于在校生来说，只要大学学习满三年以上，且修满参加研究生学习所需的全部课程的学生均可参加研究生选拔考试；对于社会人员来说，企业事业单位在职员工本科毕业满一年以上，由领导举荐后，即可参与研究生选拔测试。例如，2017年北海道大学教育学研究院招生简单中，即提出凡是日本国内大学

① 陈志文．“强基计划”不是自主招生的升级版[J]. 中国民族教育，2020(2):8.

本科毕业的学生，且在入学前能取得学士学位的学生，无论往届还是应届均可参加研究生考试；在日本以外的国家和地区，入学前完成16年学校教育的学生，以及在日本本土通过远程教育在入学前修完外国学校16年教育课程的学生，无论应届还是往届均可参加研究生考试；除此之外，通过研究生院的入学资格审查，具有大学毕业同等以上学力的，且年满22周岁的学生均可参加研究生入学考试。除此之外，报名者还需提供包括大学毕业证书等在内的一系列证书或文件，且申报者在攻读硕士课程前，还应得到指导老师的认可，否则没有导师愿意接受，则申报者无法攻读硕士课程。

日本硕士研究生教育并没有设立统一的考试，也没有标准化的考试模式，具体考试内容由各高校和研究生院自主确定，考试包括笔试（含专业知识和外语考试）、口试。其中，笔试科目考核包括基础科目和专业科目两种，外语考核则以所报学院和专业的不同而有所区别，某些专业的外语考试还可通过考生两年以内的托福或托业成绩进行判定。口试在日本研究生选拔中占有较大比重，不同学校的口试考试方法不同。有的大学研究生学院只有笔试考试合格后才能进行口试，如东京大学教育研究生院；而有的大学研究生学院则将笔试和口试同列为考生考试科目，如北海道大学教育研究生院。在进行口试之前，考生需提交一份研究生计划书和本科学习阶段的学业成绩等资料，口试考试中，考核人员会针对考生所列的计划书对考生进行考核，以此全面考察学生的口语表达、逻辑思维、专业综合能力以及考生的兴趣爱好和综合素质等，并从中筛选出适合的学生，避免人才流失。在笔试和口试结束后，日本高校研究院会组织教授召开研讨会，综合考生的笔试成绩、口试表现、本科成绩、健康诊断等多方面因素进行人才选拔，既看重考试成绩，又不将考试成绩作为唯一标准。除此之外，日本硕士研究生的考试时间较为灵活，有的学校一年设置两次考试。

从日本硕士研究生人才选拔制度中可以看出，日本研究生人才选拔重视考生的综合能力表现，偏重于本科知识与研究生知识的连贯性，注重考察学生的知识积累和科研潜力。除此之外，不唯分数论，而是通过对考生多元化的、多样化的考核注重考生综合能力和研究潜力。另外，日本硕士研究生人才选拔制度中非常重视导师的个人作用。

（三）我国高等教育研究生人才选拔制度的创新与借鉴

在借鉴日本高等教育研究生人才选拔制度的基础上，我国高等教育研究生人才选择创新可从以下三个方面入手：

首先，研究生人才选拔创新应重视复试考试。当前，研究生选择采用统考和推免相结合的方针，在研究生统一考试中，面试与复试各占一定的分值。2006 年《教育部关于加强硕士研究生招生复试工作的指导意见》规定研究生考试中，复试成绩权重占总成绩的 30%~50%，复试包括笔试、实践（实验）能力考核、面试等方式，主要考察专业素质和能力及综合素质和能力两种。而在现实招生中，导师也更注重学生在复试中的表现。因此，在研究生人才选拔创新中可从复试入手进行创新。其一，上调复试成绩权重。从整体上来看，研究生考试中复试权重相对较高，然而在一些热门专业，竞争十分激烈，初试成绩不能有效拉开差距，这时复试成绩就会显得十分关键。除此之外，研究生考试复试环节能够充分发挥高校和导师的自主权，而自主权的提高有利于高校和导师从学科需要角度选择合格人才。其二，复试是对于考生综合能力的考试，不仅需看到考生较强的基础学习能力，还应综合对学生的品德、素质等进行全面考察。这就需要在研究生考试中，重视复试考试，而不是让复试考试沦为一种形式。另外，将研究生统一考试和推荐免试方式相结合，无论是推免和统一考试都应严格实施复试考试，而针对现实中两种不同的研究生选拔方式选拔时间不同的特点，可创新性地将两者的复试时间改为同时进行，以此提高研究生复试的公平性。其三，创新性地建立多元化的复试评价体系。在复试考核中，既包括专业笔试，也包括面试，在复试中，应正确调整专业笔试和面试之间的比例权重，侧重于对学生动手能力的考核，从而从专业笔试、动手能力、综合素质和创新能力等多方面入手对学生的能力进行全面、综合的考察和评估，构建多元化的复试评价体系。

其次，在研究生招生考试中，应进一步完善法律法规，促进高校研究生考试公平，构建层次多样的研究生人才选拔机制。自中华人民共和国成立以来，经过数十年的发展，我国高等教育研究生教育已经取得了较为丰硕的成果。尤其是改革开放以来，随着我国研究生教育规模的不断扩大，为我国研究生人才选拔和人才培养提出了新的要求。党的十九大报告中指出，要加快一流大学和一流学科建设，实现高等教育选拔内涵式发展的要求，不断提升高校研究生招生选拔质量。当前，我国高校研究生既有学术型人才，也有应用型人才，未来，为了满足我国研究生人才多元化、多层次的培养方式，在人才选拔中，也应建立和不断完善研究人才选拔层次。

最后，在研究生选拔机制中还应建立和完善监管机制。近年来，随着我国高等研究生选拔制度越来越成熟，复试在研究生选拔机制中所占的比例越来越高。我国还应尽快建立和完善研究生选拔监管机制。在研究生招生中严格按照公开透明的程序进行，无论是统考生还是推免生都应接受公开审核与监督。由教育主管部门、各专业委员会建立和完善研究教育评估和认证体系，对于招生质量不达标、研究生教育评估不合格或招生程序不规范的研究生培养单位予以处罚，减免相关高校的研究生名额。同时进一步建立健全研究生人才选拔淘汰退回机制，以便推动研究生人才选拔向更科学、合理和公平的方向迈进。

第二节 中国高等教育教学管理制度创新与实践

教学是高等教育工作的核心，教学质量的高低直接决定着我国高等教育总体水平的发展。教学管理是为了保障教学而设立的制度，当前，我国高等教育改革的核心是对我国高等教育教学制度的反思与重构。

一、高校教育教学制度的内涵

中国高等教育教学制度主要是指我国高校教学制度。所谓高校教学制度是指连贯的教育规章和教学管理体系，主要指在高校组织或学术团体中，要求教师、学生和管理人员等组织成员共同遵守，并按一定程序活动的准则和规范[①]。高校教学制度包括高校人才选拔与培养的各个环节以及所有过程，高校教学制度中的教育者和受教育者两个主体的行为相互联结，从而形成一个规范有序、互动协调的整体，从而推动了我国高校教学中人才培养基本职能的科学、高效、有序。

高校教育教学制度作用主要表现在三个方面：首先，高校教学制度对教学行为主体的行为进行规范，对教学行为具有导向作用。高校教学系统中包含着多个群体，即教师、学生以及教学管理人员，不同群体的职责、权利和义务不同。高校教学制度通过不同群体的责任、义务以及权利的明确，从而使教学系统中不同主体行动有章可循，最终形成良好的教学秩序。其次，高校教学制度的第二个功能是整合协调教育系统，从而达到稳定持续运行的效果。一方面，高校教学制度从宏观层面，建立健全高校教学的目标、教师教学规章制度、教学的组织制度以及管理制度等，保障高效教学系统与高校教育系统，以及社会、经济、文化的发展相协调。另一方面，高校教学制度从微观方面，通过全面调动和优化配置教学过程中所需的人力、财力、物力等资源，从而为高校教学活动提供保障。最后，高校教学制度涵盖了教育教学发展过程中各个历史阶段的制度化成果。一方面，各项教学制度继承了我国古代优秀的教育思想，如有教无类、尊师重教、因材施教等，并将这些教育思想以教学制度的形式传承下来；另一方面，我国高中教学制度将现代教育教学实践与先进理念凝聚的教学精神，如以人为本精神，通过教学制度的形式传承下去。

我国高等教育教学的基本体系包括三个方面：第一，国家根本教学制度。国家根本教学制度是指对我国宪法、国家制定的各种与《高等教育法》相关的教育教学宗旨、培养目标以及培养计划和方针。国家根本教学制度在我国高等教育中起着重要的规范和引领作用。第二，普遍性教学制度。普遍性教学制度是指国家规定的我国高等

① 赵哲，宋丹．高校教学制度建设的问题及消解途径[J]．国内高等教育教学研究动态，2016,(13)：26.

教育教学一系列相关制度，以及有关具体教学活动组织的规章制度，其是在我国国家根本教学制度上衍生出来的。第三，校本特色的教学制度。校本特色的具体教学制度是指针对高校具体的教学活动进行的规范和管理，不同高校的校本特色教学制度也有所不同。改革开放 40 多年来，我国高校教学制度经历了多次改革和创新。高校教育教学制度改革主要体现在高校专业设置、高校学分制、高校选修制、高校教学管理制度等多个方面。我国高校教学制度的建立健全，有助于我国高校整体教学水平质量的提升，打造高校教育教学品牌，使我国高校在社会上树立起较好的口碑，极大地扩大了高校的社会影响。

本书主要对高校教育教学改革中的专业设置和教学管理制度，以及学分制改革进行了详细讲述。

二、高校教育教学改革中的专业设置与创新

所谓专业设置，是指高等教育部门根据科学分工和产业结构的需要所设置的学科门类[①]。高校专业设置和教学计划是我国高等学校教学制度的核心部分。高校专业设置对于毕业生能否适应社会职业需求以及顺利发展起着极为关键的作用。因此，我国高校专业设置是否合理关系到高校人才培养是否适合当前社会经济的发展。

（一）我国高校专业设置发展史

专业设置是随着高等教育的发展而产生的，自中华人民共和国成立至今，我国高校专业设置经过了多次调整。

第一阶段：1949 年至 20 世纪 80 年代初。在 1952 年之前，我国高等学校因效仿西方欧美国家的办学模式，因此，在高校中只设立了院系，而不设专业。自 1952 年以来，我国高等学校参照苏联高校中的专业模式，开始在我国高校中设立了我国高校自己的专业门类。1954 年，我国颁布了《高等学校专业目录分类设置（草案）》，在这一草案中，正式提出了我国高等学校的专业设置，其中，以产品和

① 薛天祥．高等教育学 [M]．桂林：广西师范大学出版社，2001.

职业为依据设置了257种专业。1958年，我国高校的专业设置达363种，到1962年，高校专业种类增加至627种。1963年，我国发布《高等学校通用专业目录》对高校专业划分过细的现象予以了纠正。“文化大革命”时期，我国高校专业设置十分混乱，在高校未停止招生前，许多文科专业改为理科专业。1977年，我国恢复高考，1978年，我国教育部发布《关于做好高等学校专业设置和改造工作的意见》，对于高校专业设置实行集中管理。之后，教育部成立专门的高等学校学科专业设置与调整办公室。对我国高校专业设置中的乱、窄、缺等现象进行了大力度整改。1982年，第五届全国人大第五次会议召开，并对《高等学校专业目录》进行了重新修订，其要点为拓宽了专业口径、恢复了人文学科，设置了一些新兴、交叉专业学科。

第二阶段：20世纪80年代初至90年代末。1987年，我国第一部关于高校专业设置管理的法规《普通高等学校本科专业设置暂行规定》出台，标志着我国专业调整从计划指令向宏观调控转变。同年，我国对于本科专业目录进行设置。1993年，我国再次对本科专业目录进行修订，形成《普通高等学校本科专业目录》，进一步拓宽了专业口径，这一时期的高校专业目录设置开始以学科性质及特点作为基本依据，使我国专业设置管理走上了科学化、规范化，以及制度化的道路。1998年，我国第四次对本科的专业设置进行调整，颁布了《普通高等学校本科专业目录》。

第三阶段：21世纪至今。2001年，我国教育部再次启动了高校学科专业调整，并颁布了《关于做好普通高等学校本科学科专业结构调整工作的若干原则意见》，使我国高校的专业设置更加符合经济全球化的人才培养需求。2003年，教育部发布《关于进一步深化教育改革，促进高校毕业生就业工作的若干意见》，指出高校专业设置应与高校毕业班就业状况挂钩。2004年，国务院办公厅发布的《关于进一步做好普通高等学校毕业生就业工作的通知》再次强调高校专业设置要与毕业生就业相挂钩。2007年，教育产联合财政部出台了《关于实施高等学校本科教学质量与教学改革工程的意见》，其中提出我国高校应构建专业设置预测机制。同年，质量工程领导小组办公室启动了“高等学校本科专业设置预测系统项目”。由此可见，高校专业设置与社会需求之间的衔接已经上升为高等教育教学改革中的重点项目。2017年，教育部等五部委联合发布的《关于深化高等教育领域简政放权放管结合优化服务改革的若干意见》，提中指出建立高校招生、毕业生就业与专业设置联动机制。

（二）我国高等教育专业设置的反思

自改革开放以来，我国高校的专业经过不断优化，已经形成了较为合理的产业机制。当前，我国高校中的专业设置呈现出以下特点：

其一，初步形成了高校专业设置与市场需求相适应的特点。近年来，随着我国改革开放的深入，社会经济的飞速发展，市场竞争激烈，推动我国产业结构加速升级。除此之外，受我国高等教育大众化趋势的影响，高校毕业生就业形势越发严峻，甚至出现了毕业即失业的现象，我国高校的专业设置市场化趋势越来越强。为了培养出符合社会发展需求的高质量人才，我国高校中还建立了专业设置预测系统。这使我国高校专业设置面向市场进行专业调整和优化的趋势越发明显。

其二，我国本科专业中的冷门和热门专业十分明显。无论是重点大学还是非重点大学中的专业设置均存在冷门与热门专业界限分明的现象。热门专业每年吸引大量学生报考，招生分数节节升高；而冷门专业报考人数相对较少，甚至有的冷门专业招生指标几乎无法达成。近年来，我国高校对冷门专业和热门专业的招生指标不断调整，为了适应市场需要，我国一方面缩减冷门专业的招生人数；另一方面加强对传统冷门专业的改造，以平衡各专业的招生人数。

当前我国高等教育专业设置上存在一些不合理现象，导致我国教育资源配置不合理，浪费严重。具体表现在以下几个方面：

其一，我国高校专业设置趋同性高，特色不明显。自我国高校实施扩大招生制度以来，我国高校的规模扩张十分明显，尤其是新建本科大学发展迅猛。不同高校的专业设置相似性度高，趋同现象十分严重。尤其是对热门专业的设置，成为高校争相抢占的焦点。

从专业设置来看，新建本科院校的学科门类较全，然而特色专业却并不明显。这也导致我国新建本科院校的专业设置趋同现象更为严重。

其二，我国高校专业设置存在着一定的盲目性。高校专业设置直接关系到高校教育教学资源的分配，以及高校人才培养方向，因此高校专业设置是一项十分慎重且严肃的工作。然而当前我国高校专业设置中存在着严重的盲目性和随意性。具体表现在以下方面：一是我国高校，尤其是新建本科院校中存在着盲目追求大而全的专业设置的现象。许多新建本科院校，在升格为本科院校后，借鉴我国传统大学的综合性办学方向，向着万人大学的规模扩大，在专业设置上借鉴传统大学和重点大学，追求大全的学科建设和专业设置。甚至有的师范学院，也放弃了自身的特色，开办非师范类综合高校。二是我国高校在专业设置上存在着盲目追逐热门专业的现象。一些高校看到热门专业在招生中的吸引力后，不顾自身的办学条件与师资力量，盲目开设热门专业，由此导致个别高校以牺牲人才培养质量为代价，在缺乏师资力量和基础设备的条件下，盲目上马热门专业，导致教育教学质量得不到保障，培养出来的毕业生无法适应市场的需要。三是我国高校在专业设置上存在着与社会市场脱节的现象。我国一些高校在进行专业设置时，并没有从市场导向出发，也没有从本地优势行业、产业出发，甚至没有进行严肃的行业调查，想当然地将高校人才培养与社会市场割裂开来，甚至为了上马热门专业，随意取消冷门专业。这些均导致我国高校在专业设置上的盲目与不合理。四是我国高校专业设置结构存在不平衡、不合理的现象。当前，我国高校的专业结构并不平衡，存在着传统产业人才多，而高科技人才少；应用型人才多，创新型人才少等现象，高校专业结构失衡。五是高校中专业设置质量评估环节不足。近年来，我国高校不断优化专业设置，然而在专业设计的质量评估环节，却相对不足，对学科专业开设后的质量问题把握有所缺失。六是专业设置缺乏对市场的预测和科学论证。造成专业设置与社会市场的需求不协调，使大批毕业生就业难。

（三）我国高等教育专业设置的创新与重构

当前我高校专业设置的创新与重构可从以下几方面入手：首先，

进一步加强高校专业设置结构调整。当前我国正处于产业结构调整的关键时期，高校专业结构调整应与我国产业结构调整相适应，从产业结构调整的角度对高校原来的学科和专业进行调整。具体则包括对同类型的专业进行合并、拓宽专业方向、提高专业的学术水平和科研能力、重视文理学科交叉、建立面向市场需要并适应社会未来市场需求的专业设置，培养综合性高素质人才。在专业设置中还应重视特色学科建设，紧密关注现代科技发展趋势，以及国家产业发展战略，结合我国高校的实际情况，进行重点特色学科建设。除此之外，还可以市场需求为导向，在做好专业预测的前提下，适度超前设置新专业，以适应瞬息万变的人才市场需求。

其次，优化专业设置标准，进一步下放设置权限。我国高校本科专业设置的质量标准包括高校专业设置和调整必须符合社会市场以及学校发展规划，符合专业建设规划，还需以高校现有的专业设置为依托，此外，高校专业设置还必须考虑高校的实际情况和现有教学水平。然而根据这些标准所构建的专业设置，呈现出过分依赖学科分类，课程结构偏重于理论基础和知识，对学生的实践能力和应用能力要求不足的现状。因此我国高校专业设置在统一标准的前提下，还应进一步下放专业设置权，使高校依法自主设置专业，在一定程度上加强高校专业设置的灵活性和弹性。

最后，建立高校专业的优胜劣汰机制。从高校资源优化配置入手，突出特色专业和品牌专业，适应地方经济社会发展需要。同时，加强基础学科建设，推进专业融合，通过转变思路开辟途径，将学校的非优势专业转为优势专业，构建特色明显的新专业。

三、高校教育教学改革中的教学管理制度

所谓教学管理是指对学校教学予以管理的有目的、有组织、有计划的活动。在教学管理中，学校的管理人员根据我国教育部制定的大政方针，通过各种各样的管理手段，对学校教学及相关人员，进行组织、指挥、协调，从而高质量地完成教学任务，实现教学目标。教学管理是高校中心工作之一，直接关系到高校人才质量的培养。

高校教学管理的内容包括四个方面：第一，程序化的固定内容。

每一学期学年进行开学准备、期中检查、期末总结三大环节的工作程序，确保教学活动顺利开展。第二，教学管理工作常规合规性事务工作。主要包括对教学活动的组织与检查、教师教案检查、学生的学籍与成绩管理等。第三，教学中心内容。教学管理是为教育质量而服务的，因此，把握教育质量观是高校教学管理工作的中心内容。第四，教学管理的专项内容。包括教学计划的制订和管理，对于教师、师资、教材以及教学的管理等。在教学管理中应把握方向性原则、民主性原则、科学性原则、教育性原则、整体性原则、规范性原则、程序性原则、有效性原则，以及主体性原则和以人为本的原则，真正为教学而服务。

（一）高校教学管理制度反思

当前，我国高校教育管理制度中存在着许多不足，主要包括以下几个方面：

其一，教学管理理念落后。当前，随着科技信息技术和互联网通信技术的发展，我国高等教育面临着全新的发展环境，然而我国高校教育教学管理理念却相对落后，尤其是在许多新建本科院校中，由于此类学校多由专科学校升格而来，院校中的教学管理人员长期从事专科层次的教学管理工作，没有及时意识到本科教学管理与专科教学管理之间的差别，因此，对于自身的定位和发展方面不明确，出现管理上重行政命令而轻服务的思想，导致教学管理观念落后。随着我国高等教育改革的推行，知识经济时代的到来，以及市场经济的影响，高校间的竞争越来越激烈，高校也面临着人才培养创新等难题，相应地，我国高等教育教学管理理念也应向民主化、科学化、人性化方向发展，以适应当今环境的变化。然而，在一些高校中仍然存在着服务理念不到位、意识不足等情况，难以适应现代教育教学的要求。

其二，教学管理队伍建设相对落后。教学管理队伍是保障高校教学管理规范化、科学化的关键，当前我国高校教学管理队伍的不足主要体现在以下几个方面：首先，高校教学管理工作得不到应有的重视，对高校教学管理队伍的重要性认识不足。当前，我国许多高校对于教学管理工作的认识还停留在事务型、经验型等层面，认为教学管理工作无关紧要，因此忽视了对教学管理人员素质的培养与要求，造成教学管理队伍中存在着大量低学历、低职称的现象，教学管理质量得不到保证。尤其自2000年我国高校大规模扩招以来，许多高校将主要精力放在师资队伍建设上，而忽略了教学管理队伍的培养，导致教学管理人员的素质与能力不能满足高校教学工作发展的需要。其次，高校教学管理人员缺乏创新意识，许多高校管理人员只是被动接受国家政策，而不主动学习，跟不上现代教育教学的管理。除此之外，我国高校教学管理队伍还存在着人员变动频繁、流动性大，专业知识与教学管理工作不匹配等情况。

其三，教学管理制度不完善。当前，随着我国高等教育改革的实施，对高校的教学管理提出了新的要求，要求高校建立完善的教学管理制度。然而许多高校虽然在宏观层面上建立了较为完善的管理制度，在具体事务上的管理制度则相对缺乏。例如，我国高等教育改革中对教学质量进行了严格要求，但是许多学校却没有建立健全教学质量管理体系。有的高校教学管理制度相对较全，然而在具体执行中却存在着执行不规范的情况，导致我国高校教学工作受到一定影响。例如，一些高校建立了教学质量监管体系，然而在运行中却存在着很多漏洞，如教学质量评估方法不科学、不能适应现代教学需要等。

其四，教学手段相对落后。当前，随着互联网信息技术的发展，互联网和新媒体已渗透到社会的方方面面。此外，随着我国高校改革的持续推进，我国高校的专业设置和学科建设得到迅速发展，然而当前，我国许多高校仍然以传统的保守方法对高校教学进行管理，因其与当前的教学形势和社会发展格格不入，难免会引发学生的厌倦心理，消磨教师的激情，导致高校教学质量受到较大的负面影响。

（二）高校教学管理制度创新与重构

针对我国高校教育管理制度中存在的许多不足，可从以下几个方面入手进行创新与改革：

其一，创新教学管理观念。在教学管理工作中摒弃不适用于教学发展的管理观念，树立以人为本的教学管理观念。教学的主体是教师和学生，因此，教学管理工作也应以人为本，改变过去以行政管理对高校师生进行生硬的、强制性管理的方法，而是从教师和学生的需求出发，树立为学生和教师服务的理念，为师生做好教学服务，激发教师和学生的主观能动性，动员和鼓励教师和学生以多样化的方式参与到教学管理工作中来，对教学管理工作进行监督。

其二，加强教学管理队伍建设。一支优秀的教学管理队伍是高校教学工作的保障。加强教学管理队伍建设可从以下几个方面入手：首先，加强对教学管理人员的培训。由于我国教学管理工作的需要，教学管理方法不断革新，因此应定期对高校教学管理人员进行培训和考核，以提升高校教学管理人员的综合能力和素质，重点培养高校教学管理人员的创新能力，使高校教学管理人员适应时代需求，保障教学工作顺利开展。其次，不断优化教学管理队伍。针对当前教学管理队伍中学历、职称水平较低的现象，规范教学管理人员职务晋升、职称评审的机制，并定期组织形式多样的内部评比等活动，对表现突出的教学管理人员予以奖励和表彰，从而激发高校教学管理人员的工作热情。同时面向高校内外招募具有现代教育管理理论和管理素养的优秀教师，提升教学管理人员的整体素质。除此之外，还可在教学管理中实行岗位责任制、建立健全激励机制等，全面完善教育教学管理机制，从根本上提高高校教学管理人员的管理水平，保障高校教学活动的顺利实施。

其三，健全规范的教学管理制度。针对当前我国高校中存在的教学管理制度不健全等现象，可从高校需要出发，结合当前高校现有的教学管理制度，从微观层面和具体执行层面进一步细化高校教学管理制度。例如，结合实际教学情况，对教学评估指标体系进行完善和落实等。

其四，创新教学管理手段。在高校教学管理中，应根据学生的思想、性格、学习能力，以及教师在教学中遇到的新问题、新现象等，结合科技发展所产生的新工具，不断创新教学管理手段，例如，近年来，随着信息技术的发展，互联网和新媒体的影响越来越大，渗透到社会发展的各个角落，高校学生则是新媒体和互联网的主要使用人群，在高校教学管理工作中可借助互联网和新媒体，以学生喜闻乐见的形式，对学生进行管理。除此之外，高校教学管理人员还应根据不同学生的特点，采用灵活、多样的教学管理方式搭建学生与教师交流的平台，保障教学工作顺利开展。

四、高校教育教学改革中的学分管理制度

学分制是一种以学分为单位计算学生学习量的方法，学分制产生于德国，并在美国逐步完善，被世界各国的高等学校广泛采用。

（一）学分制的起源与发展

所谓学分制，又称选修制。根据《国际高等教育百科全书》的解释，学分制是以学分为计量单位，衡量某一教学过程对完成学位要求所做贡献的一种管理方法。[①] 学分制最初起源于19世纪德国选课制。19世纪末期，选课制被美国托马斯·杰斐逊先生引入美国的威廉和玛丽学院。

19世纪初期，垄断资本主义代替了自由竞争资本主义，由于垄断竞争的激烈、市场经济的成熟，导致知识更新速度加快，知识总量急剧增加。对于高校人才能力和综合素质提出了新的要求。为了适应社会对人才的需求，高校中的新兴学科不断涌现，导致课程体系也越来越膨胀，学生在规定的年限内无法完成所有课程的学习。在这种背景下，1810年，德国柏林大学对传统的教学内容和课程体系进行了改革，将学生所学课程分为必修课程和选修课程，以适应人才培养的要求。19世纪70年代到20世纪初，美国资本主义市场经济开始了突飞猛进的发展，这一时期随着科学技术的发展，自然科学的地位得到空前提高。随着大量自然科学进入高校课程体系，美国高校原有的教学管理制度已经不适应高等教育教学多样化的需求。美国因此引入了德国的选修制，并将其进行了一定的改革，使其更适用于美国大学的发展。从1872年开始，学分制作为一种新型高校教学制度，在哈佛大学开始实行。1909年，美国哈佛大学对学分制进行了改革。20世纪初，选课制和学分制在美国流行

① 倪少凯，陈露晓．学分制度导引[M]．北京：中国医药科技出版社，2006.

开来，并在世界范围内得到普遍推行，后为各国高校实行教学管理的主要方式。

我国高等教育学分制的实行，离不开经济社会以及科技的发展。

首先，从科技背景来看，20世纪40年代以来，随着原子能技术、生物技术以及电子技术的迅速发展，人类的发展进入了一个全新发展时期。这一时期科学技术的发展速度十分迅猛，知识老化速度加快。据不完全统计，一个人大学毕业后只能获得10%的有用知识，由此可见直视迭代速度之快。随着科学技术的迅猛发展，各种新兴学科边缘学科层出不穷，推动全球科技一体化趋势不断增强。1978年，随着中国改革开放政策的实施，我国开始从计划经济转向全面实行市场经济。与此同时，第三次科技革命以信息技术为特征，在全球范围内掀起势不可当的发展浪潮，在社会各个领域尤其是教育领域引发了一场深刻的革命。第三次科技革命推动了知识经济时代的到来。科技和知识的结合更加紧密，知识和科学技术在经济发展中的作用也越来越突出。这一时期，社会对于综合素质人才、高精尖人才，以及应用型人才的需求越来越迫切。因此当时中国高等教育单一的培养模式已经不能适应社会人才的培养需要。在这种经济背景下，我国的学分制教学管理制度被正式提上议事日程。

其次，从政治经济背景来看。中华人民共和国成立后，我国高等教育借鉴苏联计划经济的经验，实行教育计划经济体制，在高校内部实行学分制的教学管理制度。这与当时的计划经济体制是相适应的。改革开放后，随着我国经济体制改革的实施，我国经济体制从计划经济全面转向市场经济。为了适应新时期社会对高校人才培养的需求，我国高校开始引入学分制。当前，我国高校实行学年制与学分制并存的教学管理制度。

我国高等教育实行学分制是一种必然趋势，对于我国高校的制度改革、适应社会人才培养的需要，以及适应当前国际高等教育大众化、国际化的发展需要。具体来说，我国高校学分制的实行具有以下几方面意义：

首先，我国高校引入学分制是我国高等教育思想改革和制度改革的必然要求。高等教育思想和制度是高校人才培养的基础和依据。进入21世纪，随着社会经济和科技的不断发展，知识经济时代和全球经济一体化时代的到来，我国高等教育思想和制度已不适应当前高校人才培养的需求，必然进行一定改革。1999年国务院颁布了《关于深化教育改革，全面推行素质教育的决定》，这一决定中指出，培养有理想、有道德、有文化、有纪律的“四有”人才，而实行学分制正是顺应我国高校人才培养特点和改革趋势的必然选择。学分制教学管理改革，以全面提升高校学生的素质教育思想为主导，在学生培养上敢于打破常规，使高校教育教学目标设定、培养方式、课程体系等更加灵活、富有弹性，更加适应当前时代人才培养的需要。

其次，我国高校实行学分制改革，符合社会经济和科学发展对人才的需要。改革开放40多年来，伴随着我国社会主义市场经济体制的不断完善和深入发展，我国社会经济结构和产业结构发生了巨大变化，社会对于人才的需求也相应发生了较大变化。随着知识经济时代的到来，科技信息时代的深入发展，知识更新周期不断缩短，呈现出知识大爆炸的态势。与此同时，知识和科技的结合，一方面使我国市场专业更加细化，另一方面则对复合型人才的要求越来越高。这也导致我国市场经济对于人才的需求不仅注重数量，更注重质量，呈现出复合型、高层次、流动性强的特点。而学分制由于灵活性强、弹性大，更适合当前时代的发展要求，有利于我国社会主义市场经济人才的培养。

再次，我国高校引入学分制是当前高等教育国际化的必然要求。随着信息技术革命和通信技术的发展，全球经济一体化趋势越来越明朗。全球高等教育呈现出国际化趋势。我国于2001年发表的《中国国际竞争力的报告（2001）》中指出，当前我国大学教育在国际竞争中处于弱势地位。近20年来，随着我国“211”项目、“985”项目以及“双一流”大学项目的实施和推进，我国高等教育国际化取得了一定的成果。然而与西方发达国家相比，我国高等教育国际化仍然相对落后。而高等教育改革是推动我国高等教育实现国际化的重要动力。高等教育学分制改革是高等教育改革的重点，从这一意义上来说，高等教育学分制改革有利于我国高等教育国际化水平的提高。

最后，我国高校实行学分制是我国高等教育大众化的基本要求。改革开放以来，随着我国市场经济的发展，社会生产力水平的提高，我国教育从精英教育向大众化教育发展。而高等教育大众化是当前世界高等教育的必然趋势之一。1999 年以来，随着我国高校扩招政策，我国高等教育大众化取得了巨大的发展成就。当前我国高等教育毛入学率达到 48% 以上，进入高等教育大众化的成熟阶段，即将迈进高等教育大众化的普及阶段。随着我国高等教育大众化的发展，我国高等教育教学规模不断扩大，对我国高等教育教学管理提出了更高的要求。而学分制教学管理模式应具有较强的灵活性，能够起到节省教育资源，是培养符合新时代要求的个性化强、创造思维能力突出、自学能力较强人才的最佳教学模式之一。

（二）学分制在我国发展的历程

从世界范围来看，我国是世界上推行学分制较早的国家之一。学分制在我国高校的发展可追溯至 20 世纪初期。早在 1917 年，蔡元培就任北京大学校长之初即提出了“思想自由、兼容并包”的办学思想。1918 年，蔡元培在北京大学率先引进了学分制，当时称为选课制。当时北京大学学分制管理规定，本科生修满 80 个学分即可毕业。当时北京大学实行的学分制中必修课和选修课程各占一半。1923 年，原武昌师范大学（今武汉大学）效仿北京大学引进了学分制，其特点是允许学生选修一部分其他系课程，学分修满后即可毕业。这在一定程度上扩大了学生的知识视野。之后，学分制在东南大学、金陵大学以及广东地区的许多高校中流传开来。1929 年，当时的国民政府教育部颁布了《大学规程》，其中规定，在当时的高等学校中普遍推行学分制，然而提出不得提前毕业的要求。之后我国的大学陆续都采用了学分制。

中华人民共和国成立之初，许多中华人民共和国成立前的高校中仍然实行学分制。到了 1952 年，我国全面借鉴苏联经验在高校中推行学年制教学管理。1978 年 3 月，全国科技大会上第一次提出了有条件的高等院校可以实行学分制的号召。1983 年后，我国高校的学分制试行高校范围扩大，从重点大学扩大到了普通大学，并在综合性大学、多科性大学以及研究性大学中试行。截至1990年，我国约有200所左右大学已经采用学分制进行教学管理；1999年，我国高校中80%已实行了学分制。当前，我国高校均已引入了学分制度。改革开放后，我国高校中的学分制发展经历了四个阶段。

第一阶段：1977~1979年，这一时期是我国高等教育的恢复阶段。1978年3月，全国科技大会上第一次提出了实行学分制的号召。此后，我国武汉大学、南京大学等重点高校开始在校内试行学分制实验，成为我国高校中推行学分制的先行者。随着学分制在我国高校开始试点，关于学分制的讨论，以及学分制实行的经验等学术文章纷纷出台，一时间成为我国高校讨论的重点。这些学术性文章在总结了中华人民共和国成立之前大学实施学分制改革的经验后，指出了当前学分制发展过程中所出现的种种问题，并对于如何调整专业、改进教学方法、加强学校的管理和指导等，提出了一定的建设性意见。

第二阶段：1983年前后，这一阶段是我国高等教育学分制改革的发展阶段。随着这一时期学分制试行范围的扩大，我国高校学术界关于学分制的讨论也逐渐深入和扩大。这一时期我国从学分制角度对教学进行了一定改革，其中包括扩大专业选择、精简和更新教学内容、在教学中增加实践环节、对高校专业的必修课进行删减，同时增加了选修课课程数量，扩大了选修课的专业范围，此外还在学校实行双学位制。

第三阶段：1985~1992年，这一时期是我国高等教育学分制改革的稳定阶段。1985年，我国颁布了《中共中央关于教育体制改革的决定》，该决定中明确提出，在高校教学中，增加选修课，减少必修课，实行学分制和双学位制。这一时期我国尚未实行学分制的高校也开始做好积极准备，为实行学分制，进行了一系列的教学管理体制改革。这一时期关于学分制的学术文章大大增加。截至1985年，我国实行学分制的高校已接近我国高校总数的1/5，几乎所有的重点大学均实行了学分制。

第四阶段：1992年至今，这一时期是我国高等教育学分制改革的迈进阶段。1992年以后，我国经济开始由计划经济全面转向市场经济。与此相应，我国高等教育制度也开始实行全面市场机制。1993 年，国家教委联合国务院学位委员会制定并颁布了《关于进一步深化不同高等学校教学改革的意见》，其中明确提出继续推行学分制。进入 21 世纪之后，随着我国社会主义现代化事业的不断推进，我国政治、经济、文化教育等方面均产生了深刻变革，这为我国高等教育学分制的实行以及改革创造了必要条件。当前以学分制为核心的高校教学管理体制改革正在实施，我国学分制改革呈现出丰富性和多样化的特点。例如，以北京大学为主的重点大学开始实行完全学分制，有的高校则开始实行学分制收费等，这些发展特点标志着我国高等教育学分制改革已进入新的历史时期。

（三）我国高校学分制度改革现状

自 1978 年至今，学分制在我国高等教育中的实施已有 40 多年，当前我国绝大部分高校已实行学分制。经过数十年的摸索，我国高校实施的学分制包括以下几种类型：

第一种类型，完全学分制。所谓完全学分制是以学分作为衡量学生学习的计量单位，完全学分制不规定学习年限，只要修满一定学分即可毕业。完全学分制的教学管理制度具有一定的人性化特点，教师的教学计划更加灵活，富有弹性。学生在学习过程中拥有较大的自由度和自主权。完全学分制最大的特点是根据学生的个人发展要求进行选课，突破了学年的限制。学生可以主修一个专业，也可以同时主修两个专业。

第二种类型，学年学分制。学年学分制顾名思义就是把学年制和学分制通过某些管理方法结合在一起。这种学分制既坚持了传统的学年制，规定了具体的学习年限，同时又实行学分制，要求学生在一个学年或一个学期之内，修满相应的分数。对于提前修满学分的学生，一般不允许提前毕业。学年学分制将一部分课程划分为必修课，另一部分课程为选修课，一般来说，选修课的类别不是很多，学生选课的自由度相对较低。

第三种类型，计划学分制。计划学分制的特点是将一部分专业课程作为基础课程，其他相关专业的课程则作为选修课程。一般来说，计划学分制中的必修课和选修课的比例大约为 7 ∶ 3。计划学分制中对于学生的选修课类型和数量不设上限。计划学分制在学生修满学分后可以提前毕业，而在规定时间内没有修满学分的学生则延迟毕业。

第四种类型，复合学分制。所谓复合学分制，是指根据教学阶段以及课程类别，采用学年制和学分制相结合的方法。简而言之，即为分阶段实行的学年制和学分制。当前学分制主要有两种形式。一种是将课程分为必修课程和选修课程，其中必修课程采用学年制，选修课程则实行学分制；另一种则是按照学习年限进行分类，在大一和大二时实行学年制，大三和大四时实行学分制。这种学分制方法兼顾了学年制的计划性和学分制的灵活性。当前我国推行复合之间学分制的主要学校为工科类或医学类院校。

第五种类型，加权学分制。所谓加权学分制，即将计划中的学分根据课程差异分别确定权重或加权系数，计划学分乘以加权系数即为学生实际所得的学分。其中计划学分作为学籍管理，而加权学分则用来衡量学生学习质量优劣，并将此作为高校评优评价的依据。当前我国实行加权学分制的学校代表为北京航空航天大学。

第六种类型，特区开放学分制。所谓特区开放学分制，表明这种学分制最早出现于我国早期开放的经济特区。特区开放学分制是一种符合特区经济特点的人才培养模式。这种学分制与其他学分制相比，学生选课的自由度相对较大，管理上也更为灵活。特区开放学分制不受学年限制，学生修满规定的学分后即可毕业。实施特区开放学分制的学校代表有深圳大学、暨南大学等。

第七种类型，绩点学分制。所谓绩点学分制，是学生在学习规定课程时，既以学分作为衡量单位，也以学生考试中所取得的成绩对应的等级即绩点数作为衡量单位。一般绩点学分制中将学生的成绩分为五个等级，其中，90 分以上为优，80~89 分为良，70~79 分为中，60~69 分为及格，59 分以下则为不及格，这五个等级分别对应 4、3、2、1、0，共五个绩点。当学期结束时，以学生所取得的学分乘以绩点数作为衡量学生课程效果的学分绩点。绩点学分制将学生所修课程与学习效果联系起来，综合衡量学生的知识水平和素质。这一学分制类型在我国高校中得到普遍应用。

学分制与学年制相比，其优势主要表现在以下几个方面：

从教师角度来说，学分制加大了校内教师的竞争意识，极大地激发了我国高校教师的教学积极性。学分制是给予学生一定的选课权，学生通过自由比较选择某一位老师的课程进行学习。在一定程度上，增加了不同课程教师之间的竞争意识，倒逼教师不断改进教学方法，提高教学效果。

从学生角度来说，学分制给予了学生一定的自主权，使学生可以按照自己的喜好个性，主动地、独立地选择课程。有利于激发学生的学习潜能，提高学生的学习效率。

从教学效果来看，学分制打破了以往学生课程结构单一、固化的特点，使学生得以根据社会需要、就业需要以及个人特长选择课程进行学习。从一定程度上来说，优化了学生的知识结构，推动了文科、理科、工科、管理科等知识体系的融合与渗透，有利于培养适应社会发展的综合性和变通性人才。

从教学内容上来看，学分制打破了学年制中固有的教学内容，为更多新兴学科和边缘学科进入学生的课程体系创造了条件，这在一定程度上推动了前沿知识向教学内容的转化，确保教学内容富有时代性特点。

从教学管理上来看，学分制的推行有利于教学管理朝着科学性的方向发展，在教学目标和教学过程更加灵活，符合社会需要和时代特点。

从教学资源上来看，学分制的推行有利于我国高校教学资源的高度集中共享，在一定程度上达到节约教育成本、提高教育效益的效果。

（四）我国高校学分制度反思

中国高等教育学分制度改革中存在的问题和面临的挑战包括以下几个方面：

第一种错误思想，将高校学分制简单化。教育无小事，高校学分制改革并不是简单地将已修课程的学时换成学分而已，而是一项系统的教学工程，涉及高校教学思想、教学的组织和管理，以及后勤保障等，可以说是“牵一发而动全身”。当前，我国高校中存在着许多关于学分制的错误思想。第一种错误思想，为从众而实行学分制。有的高校在实行学分制改革时，并没有从学校的定位和优势出发，而是抱着赶时髦、从众的心理，看到其他大学引进学分制，并听说学分制是一种世界趋势，因此而引进了学分制。然而，却并没有提前组织师生对学分制进行充分了解，也没有提前对课程建设和学生的管理制度进行相应的改革，因此，这些学校在学分制的名义下，实行的仍然是学年制的课程，并没有对教学进行实质性的改革。

第二种错误思想，盲目实行绝对学分制。当前，在全国高校进行学分制改革的大背景下，一些高校认识到学分制的优越性后，在正式引进学分制前就在课程建设和学生管理制度方面进行了相应的改革，准备十分充分。然而，却将学分制当作万能工具，以为只要引进了学分制，就可以自动提高教学质量，调动学生学习的积极性，提升人才培养质量等。而忽视了教学的复杂性，以及教育循序渐进的特点。在这种思想的引导下，这类学校在高等教育管理中，对学分制进行“一刀切”，将原来教学管理制度和方法统统抛弃。然而，学分制的实行毕竟不是一蹴而就的，这类学校抛弃了原来的教学制度和方法后，又没有其他制度和方法代替，因此，造成了教学管理中无法可依的尴尬现象，导致本被寄予厚望的学分制，却将高校的教学计划搅得一团糟。

第三种错误思想，照搬西方学分制。学分制是一种弹性较大的教学模式，不同国家、不同学校，在实施学分制改革过程中可以采取不同类型。当前一些高校为了引进学分制，完全照搬西方发达国家的高淘汰率以及弹性较强的学分制，忽略了我国社会主义高等教育所强调的经济效益和办学规模效应，导致引进来的学分制并不符合国情、校情，以及地方经济发展情况。这种盲目照搬西方发达国家学分制经验的方法不仅不利于高校学分制改革，还对原有的高校教学模式造成了严重冲击。

第四种错误思想，学分制教学模式，有助于激发学生和教师的积极性，尊重学生的发展规律，承认学生个体的差异化，强调学生在学习上的合理选择权，使学生能够按照个人的兴趣爱好选择自己感兴趣的课程。学分制这种特点有助于尊重学生学习的主体地位，有利于高校培养综合性高素质人才。然而，在学校中也存在着一些学生自主性较差，不能及时完成学习任务。如果教师不进行干预，那么就会出现较高的淘汰率，这对国家、对社会、对学校以及对学生自己和家庭都是一种难以估量的损失。因此，在学分制改革中不应盲目放任自觉性不高、自主能力较差的学生，而应该在保证学生自主学习性之余，对于学生的整体发展进行监控，从而保障学生在规定时间内完成学习任务，避免造成高校教育资源的浪费。

第五种错误思想，对学生实行保姆式管理。在我国传统的师生关系中，教师作为教学主体，在学生的学习中实行保姆式管理，对学生学习的自主权保持怀疑态度。因此，当高校引入学分制改革后，一些高校教师仍然在教学中采取传统的教学模式，替学生制订教学计划，并详细安排教学内容，导致学分制名不副实，并不能发挥应有的作用。而学生由于长期处于传统的师生关系中，一旦引进学分制，在获得了自主权利后却不知如何选择课程，有的学生自主学习能力较差，极易产生学生完不成学习拿不到学分的现象。

综上所述，由于我国学分制改革中存在着以上五种错误思想，高校在学分改革制度过程中应首先对学校师生的思想进行改革，使高校教师和学生充分认识到学分制的优缺点。明确各自的任务和目标，在学分制改革初期教师还应对学生做出正确引导，帮助学生找到方向，选择有利于个人综合素质提升的课程。

学分制是一种教学理念，但是其改革过程不仅涉及教学，还涉及人事、招生、就业、设备等多个因素。因此可以说，学分制改革涉及高校工作的方方面面。这也导致我国高校学分制改革中面临着种种限制和影响。

首先，学分制改革中的弹性因素受到限制。从理论上来说，实行学分制教学制度的高校，学生的标准为学习完所有教学计划内规定的必修课程，并顺利取得学分；此外，修完所有教学规定的选修课课程，并顺利取得学分即可毕业。学分制的优势在于灵活性和弹性。对于学习较为优秀的学生，可以在修完学分后提前毕业，甚至可同时报考两个专业，毕业时取得两个学位。对于学习较差的学生，即便超过学习年限，仍然没有取得足够的学分，那么学生就不属于合格毕业生，因此，不能毕业，必须在校修完所有课程并取得学分后才可以毕业。然而在现实教学中，即便优秀学生提前完成所有课程学习并获得学分后，也不能及时取得毕业证。因为毕业证的发放并未与学分制有关规定相接轨。而对于那些未能在规定时间内学习完所有课程并顺利获得学分的学生来说，即便想继续留在学校学习，然而受学籍管理等原因的影响，也不能继续留下。这使高校优秀毕业生的情感受到一定打击，学分制的灵活性和弹性等优势完全没有发挥出来。

其次，学分制的选修课质量不理想。学分制改革是为了培养适应经济发展所需要的高素质、高层次综合性人才。而学分制中的选修课，能够打破学生惯有的思维方式和知识结构，从而有利于培养高素质综合性人才。然而在现实中，受传统观念的影响，高校教师和学生仍然只重视必修课的学习。对于选修课抱有一种敷衍了事的态度，存在不够重视的现象，这与学分制理想中的必修课模式相差甚远，导致学分制的优势并没有被发挥出来。

再次，学分制改革中师资力量缺乏导致课程设置不够合理。学分制的实行有助于拓宽学生的知识面，丰富学生的知识结构。然而在现实中，由于高校教师自身知识所限，一般每位教师只能开设一到两门课程。此外，由于我国缺乏交叉学科、边缘学科以及新兴学科的教师，因此在许多高校，这些课程不能列入选修课或必修课名单。此外，还存在着我国教师在开设选修课和必修课过程中，对于内容的选择不够精练，不能从教学的内容入手，对学生的知识、能力和综合素质进行全面培养。

最后，我国学分制改革中学生在选修课的选择上缺乏科学性和规范性。学分制的引入，使学生获得了一定的自主权，可以依照自己的兴趣发展方向而选择课程，并进行学习。然而在现实中的实际情况却是，由于学生长期处于传统的教学模式中，对于大学中突然到来的自主权，不知如何选择。许多高校并没有为学生选修课进行及时指导，导致学生盲目选课的情况。一方面，学生为了最终获得学分而选择选修课中容易获得学分的课程。另一方面，能够提升学生知识和专业的课程，因为专业性较强，难度较大，因此选择学生比例相对较小。除此之外，还有的学生为了在毕业时加分，而选择了职业性较强的学科，忽视了人文教育学科。以上这些现象导致学生非但不能从学分制中获得较为合理的知识结构，提高综合素质素养，反而因为过于职业化的倾向，而割裂了知识结构的完整性和系统性，违背了学分制的初衷。

除此之外，学分制改革中还存在着教学计划弹性不够、就业制度滞后、高校服务保障功能不完善等现象。这些都导致我国高校学分制改革进展缓慢、改革效果不理想。

当前我国高校在推行学分制改革中受到的重重阻力，其中之一即是教学管理跟不上，严重拖学分制改革后腿。主要表现在以下几个方面：首先作为一种教学管理方式，学分制改革的复杂程度较高。对于优秀学生来说，顺利修完所有课程并获得学分后即可毕业。然而对于一些学生来说，不能顺利修完所有课程，拿不到所有学分，学生就要面临重修，甚至再修的情况。而对于一些优秀学生来说，也面临着免修、辅修第二专业等情况。对于高校的管理工作来说，学分制中产生的复杂情况，增加了教学管理人员的工作量。对于一些准备不充分的高校来说，难免出现教学管理混乱状况，对学分制的推行产生一定的阻碍。

其次，高校教学管理网络系统的不健全在一定程度上阻碍了我国学分制的发展。学分制改革涉及学生的学籍、教学质量、教学质量监控、选课等方方面面的因素。如果使用传统的手段对这些工作进行统计，无意中会造成工作量的大幅增加。而如果使用现代化管理手段，引进计算机技术，在计算机上建立选课系统教学质量评价系统、教学质量监控系统等，则会起到事半功倍的效果，以确保学分制改革井然有序。然而当前我国高校计算机辅助管理系统不够健全和完善，因此导致高校学分制改革中效率低下，阻碍了我国学分制的有力推行。

再次，对于理工科学生来说，学分制改革要求进行实验室管理的配套改革。然而对于我国绝大多数高校来说，实验室管理严重滞后。无论是实验室的场地设置还是设备仪器，或者管理方法等，都无法满足学生在学分制要求下自主选择实验、自行设计实验课程的需要。这也在一定程度上阻碍了我国边缘学科综合学科以及交叉学科学习中学生的实践能力和动手能力。

最后，实践性教学环节难以达到学分制要求。在实行学分制改革后，对于一些学科来说，在教学中包括实践性环节。而根据我国学分制的要求，即便是同班同学，所选择的科目也不一样。因此无法像过去一样，集中到实习单位进行实习。然而对于我国当前大多数实习单位来说，存在着与学分制脱轨的现象，在一定程度上阻碍了学分制的实施。

此外，我国学校经费投入不足，硬件设施更新不及时，一级教师师资培训、工程建设配套跟不上等情况极大地提高了学校的经费投入，然而当前我国高等教育的经费大部分来自国家拨款，在国家拨款费用没有增加的情况下，给学校增加了极强的费用压力，这一点也在一定程度上制约着我国学分制的发展。

（五）我国高校学分制度的创新与重构

针对以上高校学分制度的种种问题，当前，我国高等教育学分制度的重构，应从以下几个方面入手：其一，正确认识学分制改革，更新教育理念。学分制度改革是适用于当前我国高校发展的一种先进教学理念，在高校正式引入这一教学理念时，应对其进行充分的了解。例如，学分制要求实行弹性学习，与原来高校学年制不同，可能会产生有的毕业生提前修满学分，早于规定的时间；也有的学生在规定时间内完不成学业的情况。因此，高校应在毕业标准和毕业年限上进行相应挑整，同时，对因此而产生的一系列教学和校务管理进行相应调整。

学分制改革要求学校党政领导和教学管理者转变思想，更新教育理念，对全校所有部门进行系统性改革，以适应学分制教学管理。具体来说，高校党政领导和教学管理者首先应坚定人才目标观，即通过学分制改革培养适合现代科技和社会发展的高素质、创新型、综合性人才。教师应树立以学生为主体的教学观。改变传统教学中以教师为主体、灌输式的教学方式思想，应在教学中充分尊重学生的自主性，实行以学生为中心的教学，培养学生的知识能力和综合素质。对于高校教师群体来说，应改变传统的教学内容和课程设置。在传统的教学内容和课程设置上，教师追求单一的教学方法，以及知识内容的完整性。而在学分制改革下，课程内容由学生自主选择，自主决定选择哪一个课程，因此造成了学生在单一知识学习上的不完整性，然而在一定程度上又增强了学生的知识结构，提升了学生的整体综合知识水平。从课程观上来说，学分制下的课程观培养了学生的自学能力和独立思考问题、解决问题的能力。因此，高校教授必须对传统的课程观进行修正。从教师的素质来说，学分制不同于传统的学年制。由学生自主选择学习哪位老师的课程，这就需要教师积极提升自身素质和知识素养，不断提高业务水平和教学能力，只有这样才能开设多门课程，并且在教学中受到学生的欢迎，提高教师自身的市场竞争能力。除此之外，高校领导在高校基础建设上应适应学分制的要求，建设现代化图书馆、实验室等有利于学生学习的场所，并及时更新教学实验设备、图书资料等，确保后勤保障适应学分制的发展需求。

其二，在实施学分制过程中避免“一刀切”现象，而应因地制宜采用适合学校发展的学分制类型，以达到推动教学改革、培养优质人才的目标。美国的学分制发展经过了多次改革，我国实行学分制 40 多年来也经历了多次学分制改革。由此可见，学分制体系是一个动态发展的过程，是随着社会环境以及教育制度而不断发展的。因此，各级各类学校在选用学分制的过程中应选择适合自身学校发展的学分制类型，循序渐进地推动学分制的发展。

其三，在实施学分制过程中，应不断对教学计划进行优化。学分制是一种教学体制，其与教学计划、教学内容息息相关。在进行学分制改革中，应对教学内容和课程结构进行合理安排，重视基础专业课程和通识教育，同时提高课程建设，整合课程体系，以确保学生知识结构的完整性和系统性，并在此基础上，丰富学生的知识结构，提升学生的综合素质。另外，在制订教学计划中，应适当压缩必修课的课程，增加选修课的课程，合理协调必修课和选修课的比例。在必修课和选修课的安排上进行一定的创新。必修课是学生必须掌握的专业知识，因此必须严格对其进行考核，而选修课则是为了鼓励学生发展特长，优化学生知识结构，拓宽学生视野的课程，因此在考核中可采取较为宽松的开卷考试、随堂考试方式等对学生进行考核。确保在拓展学生知识面的同时不加重学生的学习负担。除此之外，针对学生在选课中存在盲目性、随意性的特点，高校管理层应组织相关人员对学生选课进行指导。在选课指导中应坚持循序渐进、因材施教、确保结构知识完整系统等原则，在尊重和提高学生独立自主意识和能力的同时，加强对学生的辅助和指导。针对本校学生缺乏自主管理意识的现象，学生导师还应对学生进行强化管理，培养学生养成良好的自主学习的习惯。

其四，在实施学分制改革中，加强对教师教学方法的改革。为了适应学分制改革，教师必须改变原有的填鸭式教学方法，而应不断创新教学方法，利用多种教学工具，激发学生的学习兴趣，提升学生的综合素质。除此之外，在教学中教师还应着重培养学生的自学能力、信息能力、创新能力和外语水平，同时不断提高学生的思想素质。

其五，在实施学分制改革中，应重视师资管理，加大对教学的投入。在实施学分制改革中，教师的工作量较之学年制教学体制明显增加，并在一定程度上激发了教师的工作积极性。为了适应教学方式，鼓励教师的积极性，保护教师的教学热情，学校应做好师资投入和管理，确保教师教学实践的顺利开展。与此同时，高校应建立一支稳定的师资队伍，通过严格规范岗前培训制度，加强对青年教师的培养，鼓励优秀中青年教师开设多门课程，此外，在科研方面，鼓励和支持优秀教师开展科研工作。

其六，在高校工作中，建立教学评价体系，对教师的教学质量进行监督和监控，同时建立教学激励机制，评价、监督和激励三管齐下，提升教师教学质量和管理水平，以确保学分制在高校中顺利实施，培养符合当前社会发展需要的高素质人才。

综上所述，在学分制度改革中，应从转变思想观念入手，做好高校配套管理体系改革，加强对学生选课的指导，建立符合高校实际情况的教师激励和评价体系，使学分制的弹性学制真正落到实处，充分发挥学分制在我国高校人才培养中的积极作用。

第三节 中国高等教育开放制度创新与实践

高等教育在发展过程中一直在坚守传统的基础上，不断扩大与外部环境的融合。我国高等教育开放制度主要表现在我国开放办学方面。本书主要从高等教育面向国际的对外开放制度以及开放式大学教育等方面进行阐述。

一、中国高等教育开放制度的形成与深化

中华人民共和国成立之初，我国高等教育就十分注重开放性发展，主要表现在留学生教育的发展方面。1950 年，我国与苏联签订了《中苏友好同盟互联条约》，我国高等教育几乎全面引进苏联模式。1950 年，我国还设立奖学金资助首批与中华人民共和国建立外交关系国家的海外留学生。改革开放后，我国高等教育对外开放格局逐步形成。1985 年，《中共中央关于教育体制改革的决定》中指出，要以各种途径加强对外交流，将我国的教育事业建立在当代世界文明成果的基础之上，明确了我国高等教育对外交流的意义。这一时期，我国高等教育对外交流活动首先表现在留学生政策的制定与调整方面。一方面，颁布《关于改进和加强出国留学人员工作若干问题的通知》，不断提高留学生的派遣层次和扩大派遣国家范围；另一方面，出台多个相关政策和措施接受来华留学生，并逐步提高来华留学生的生活补助。1980 年，我国 42 所高校 52 个专业均可接受来华留学生进修学习。其次，我国与多个国际组织建立了教育合作关系。例如，与联合国开发计划署开展教育与现代化项目等。最后，积极引进国外教育经验，译介国外教育思想与经验的领导性期刊。与此同时，民间的高等教育交流活动也不断涌现。

进入 20 世纪 90 年代后，中国高等教育对外开放全方位展开。这

一时期，随着我国改革开放的深入，1993年2月，中共中央、国务院颁布《中国教育改革和发展纲要》，其中明确提出要做好教育对外开放的整体性部署与规划，扩大教育开放，加强国际教育交流与合作，并对出国留学、来华留学、合作办学以及对外汉语教学等多项内容进行了部署。1995年，我国第一部教育法《中华人民共和国教育法》颁布，其中对于我国对外教育文化交流的方针与原则进行了具体规定。1993年，《中华人民共和国教师法》颁布，其中对于外籍教师聘任办法进行了具体规定；1995年，《中华人民共和国职业教育法》颁布，其中对于境外机构或组织与个人在我国境内办学进行了具体规定；1998年，《中华人民共和国高等教育法》颁布，对于高等学校对外教育合作交流进行了具体规定。这些政策进一步推动了我国高等教育对外开放。

进入21世纪后，尤其是中国于2001年12月加入世贸组织后，我国高等教育对外开放和全球化迎来了新的发展与机遇。这一时期，我国高等教育国际化依托于我国一流大学建设，因此，我国于20世纪90年代提出并实施了“211”工程和“985”工程，力求在10~20年内建设若干所大学和一批重点学科进入世界一流水平。2017年9月，我国教育部联合财政部、国家发展改革委员会公布了世界一流大学和一流学科建设学校及建设学科名单，力争在21世纪末将我国由教育大国变成教育强国。另外，加强中外合作办学。此外，加强我国高等教育“走出去”战略，通过汉语桥工程、汉语水平考试等方式推广中国教育与中国文化，力求将中国高等教育和文化推广至全世界。例如，2017年9月，中国孔子学院的数量达到516所，遍及世界142个国家和地区。又如，我国北京大学在英国牛津创办独立海外分校，厦门大学在马来西亚创建分校，上海交通大学在新加坡设立研究生院等。

二、中国开放式大学的发展历程

世界高等教育的发展经历了多个发展阶段。中世纪时期，高等教育的开放性并不明显，到了19世纪时期，高等教育表现出些许开放性特征，然而，此时的高等教育开放性特征并不明显。进入20世纪以后，尤其是第二次世界大战后，随着第三次科技革命的到来，科技水平大大提高，社会对于高等人才的需求加剧，为此要求现有大学向社会开放，或政府创办新型大学面向社会开放。1971年，英国创办了新型开放大学，成为20世纪英国教育中的一项重要创举。英国开放大学的特征为以广播电视技术为主要手段，大学的对象、时间、地点方式统一具有开放性，并面向社会上有意愿、有能力接受大学教育的人开放。此后，世界各国纷纷向英国开放大学学习，建立起各国的开放大学。

1977年，改革开放前夕，英国前首相爱德华·希思在访华时向中国政府领导人介绍了英国开放大学的实践经验。1978年2月，我国教育部和中央广播事业局向党中央领导人提交了《关于筹办电视大学的请示报告》，该报告中指出要开展广播电视大学。1979年2月6日，中央广播电视大学和28个省、直辖市、自治区（除西藏、台湾外）广播电视大学在北京隆重举行开学典礼，标志着我国开放大学制度的建立。我国刚开始建立广播电视大学时由于没有经验，属于摸着石头过河，一边研究体制、机制，制定制度和办法，一边执行。当时，由于广播电视大学刚刚建立，并没有严格意义上的专业设置，根据《中央广播电视大学79级教学计划（草案）》中规定，只开办了电子、机械、理科三类10门课程，每学完一门课程，且考试成绩合格的，就给予相应的学分，修满学分后即可获得毕业证书，否则只能获得单科结业证书，因此广播大学的学生分为全科生和单科生两种。1982年，广播电视大学新增了汉语言文学类专业和经济管理类专业，专业开始增多，并逐渐朝着规范化发展。为了保证广播电视大学的教学质量，中央广播电视大学特从大学中遴选了一些一流教授进行录课讲授，因此而获得了学生的普遍认可。1985年5月，随着我国社会经济逐步朝着市场经济迈进，我国的教育体制改革大幕也相应拉开。1985年，《中共中央关于教育体制改革的决定》出台，其中，专门提出广播电视教育是我国教育事业的重要组成部分，应加强我国广播电视教育的改进。这一时期，我国高等教育迎来了发展高峰期，广播电视大学也得到了迅速发展，1985年，我国广播电视大学的在校人数已接近30万人，增长速度十分迅猛。1986年5月，根据国家教委相关指示精神，中央广播电视大学着手研究制定广播电视大学设置暂行规定。1988年5月，《广播电视大学暂行规定》由教育部颁布执行。这一时期，我国广播电视大学的办学系统初步形成，社会办学效益也受到社会各高层的重视。在国家政策的支持下，广播电视大学获得了迅猛发展。然而发展的速度过快，师资力量和管理水平跟不上，导致了许多问题。1991年，中央广播电视大学组织力量提出了一体化教学媒体设计方案，出台了《中央广播电视大学教材建设工作规程（试行）》。1992年，我国进行经济体制改革，正式实行社会主义市场经济体制。1993年3月，我国《中国教育改革和发展纲要》公布，其中特意指出积极发展广播电视开放大学。此时，随着我国高等教育的发展，中国的高等教育人才培养问题得到了一定程度的缓解，广播电视大学的发展空间受到多种因素的影响越来越小，广播电视大学进入发展低潮时期。1993年8月15日，《羊城晚报》发表的《电视大学作鸟兽散渐成趋势》反映了广播电视的消极发展情绪。对此，1994年，我国领导人对于广播电视大学的发展高度重视。1995年8月，中央广播电视大学出台了《关于广播电视大学贯彻〈中国教育改革和发展纲要〉的意见》，这一文件中提出了我国广播电视大学新的发展，开始试点“注册视听生”和“专升本”。1996年10月，我国出台了《关于广播电视大学教育改革和发展中若干问题的意见》。1999年1月，国务院批转教育部《面向21世纪教育振兴行动计划》，该计划中包含实施“现代远程教育工程”的任务，以及形成开放式教育网络、构建终身学习体系的目标要求。这一计划颁布后，中央广播电视大学向教育部提交了《关于中央广播电视大学1999年开展开放教育试点的请示》，同年4月底正式开展中央广播电视大学人才培养模式改革和开放教育试点，正式开始探索现代远程开放教育条件下专科和本科教育人才培养模式，为我国经济社会的发展培养高质量人才。这一文件有力地推动了我国开放性教育的进程。2008年，我国广播电视大学在校生人数达200多万人，较1999年在校生人数翻了数十倍。在这一阶段，我国中央广播电视大学为了适应现代信息技术的发展趋势，推动我国高等教育现代化，还与TCL集团合作建设电大在线平台，并形成了现代远程教育公共服务体系。为了服务特定群体，我国中央广播电视大学还与军队、中国残疾人联合会等合作，成立了八一学院、总参学院、残疾人教育学院等。

进入21世纪后，随着科学技术的新发展，为了适应教育改革的需要，2010年7月，国务院颁布了《国家中长期教育改革和发展规划纲要（2010—2020）》，该纲要中明确指出要求广播电视大学围绕办好开放大学进行改革发展。为了落实这一任务，2010年10月，国务院在“国家教育体制改革试点”项目中设立“探索开放大学建设模式”子项目，将中央广播电视大学和北京、上海、江苏、广东、云南五省市电大列为试点单位。2012年6月，教育部批准在中央广播电视大学基础上建立国家开放大学，将北京、上海、江苏、广东、云南五省市电大更名为开放大学，并于同年7月31日在人民大会堂进行揭牌仪式。《国家开放大学建设方案》中明确规定，在终身教育和全民教育的背景下开展开放性教育。2017年，中国国家开放大学荣获了国际开放与远程教育协会（ICDE）授予全球唯一的“杰出机构奖”。当前，经过多年开放大学试点教育，我国开放大学取得了重要成果。按照“自愿、平等、合作”原则，构建了一个跨地区、跨行业、覆盖全国城乡的“办学共同体”；通过开发远程在线平台，形成了“互联网+大学”信息化模式，建成了一个数字化资源中心以及数百个分中心，形成了三万多门五分钟课程和280多门专业网络核心课程，为我国学历与非学历教育提供了丰富的网络学习资源；同时坚持学历与非学历并举的发展模式，全国推动我国城乡高等教育和终身化教育；此外，还积极探索新时代教学模式，建立了“学分银行”模式，并积极探索国际化发展模式。

三、我国高等教育开放制度的创新与实践

（一）我国高等教育开放制度创新途径

当前，我国高等教育开放办学已经取得了一定的成绩，在经济全球化和知识经济时代的大背景下，受终身教育、教育国际化等理念的影响，我国高等教育开放制度还应坚持创新发展。

其一，正确处理政府与高校之间的关系，现向世界开放办学。我国高等教育诞生于特殊的历史背景时期，近年来，随着改革开放的深入以及我国政府职能的转变，政府通过简政放权加强了高校的自主权，增强了我国高校的发展活力。随着经济全球化与知识经济时代的到来，世界高等教育也在发生着深刻的变化，无论是哪一个国家的高等教育，只有面向社会、面向国际才能在未来的知识经济时代占有一席之地。对于我国高等教育来说，政府加大简政放权，可以加强高校自主权，从而激活高校发展潜力，进一步增强高校的国际话语权。

其二，推动高校开放水平。当前，我国高校提高开放水平，还需坚持三个方向。首先，面向社会开放办学。高校作为社会人才培养的重要组织机构，必须面向社会开放办学，而不能一味地躲在学问的象牙塔中。而面向社会办学可以通过校企合作、校所合作等方式。一方面根据社会需要和企业要求，合理调整高校的专业设置，及时增设新专业，为社会输送大批高素质、应用型人才；另一方面，高校可通过聘请企业的技术人才或高级工程师等担任高校教师，与企业合作培养适应现代社会和现代企业发展的高素质人才。此外，高校还可以与社会上的科研机构或企业科研部门合作，充分发挥高校人才、科研和技术开发优势，借助社会力量壮大科研实力，加强科研成果转化能力。其次，面向世界开放办学。一方面，在坚持依法治校的基础上，大胆借鉴和吸收国际知名大学的办学经验，面向世界开放办学；另一方面，通过学者互访、留学生互换以及学分互认等方式加强与世界知名大学的交流与合作，提高我国高校办学质量。最后，面向国内高校开放办学资源。一方面，通过借助互联网技术，大力发展网络教育和人工智能互助教室等，实现高校资源共享；另一方面，与国内高校开展广泛合作，通过取长补短，打破高校之间的各种壁垒，促进高校之间的合作，发挥高校各自特色，从而从整体上提高学生的综合能力。

（二）我国高等教育开放制度创新与实践典型案例——清华大学

改革开放以来，清华大学始终坚持对外开放，一方面，将加强国际交流与合作为重要发展战略；另一方面，清华大学积极借鉴发达国家高等教育的成功经验，开展高层次、实质性的国际交流与合作。从整体上来看，清华大学的开放式办学实践经验主要表现在以下几个方面：

其一，坚持面向世界培养人才的方向不动摇。改革开放以来，我国高等教育人才培养不仅要满足国内政治、经济、社会、文化的需求，还要面向国际。为此，清华大学将培养高素质、高层次、多样化、创造性的人才作为培养目标，坚持培养具备开阔的国际视野和国际竞争实力的创新人才。为此，清华大学围绕这一目标建立了人才培养体系。在人才培养中通过至少精通一门外语，培养学生了解世界的能力；通过了解本专业领域的学科前沿以及国际通行基本原则和国际惯例，对本专业知识达到精通，从而自信、坦然地开展国际学术交流；在全球化背景下，培养学生的创新能力；此外，也是最为重要的一点，培养学生的爱国意识和服务国家的能力。

其二，建立健全国际人才培养体系。清华大学通过建立健全师资力量、课程资源、校园环境、素质拓展、学习交流以及学位教育六大方面，构建了面向世界的学生培养体系。为学生构建了全球化视野，从多个角度和方面优化教育资源配置，并通过广泛的国际交流与合作促进清华大学人才质量培养。第一，国际化师资队伍建设。在师资队伍建设方面，清华大学坚持名师原则，通过邀请海外知名专家讲课，构建了学科分布合理的短、中、长期外国师资队伍，通过课程讲授、讲座等方式，将国际前沿信息多元文化带进清华大学，极大地开拓了学生的国际视野，构建了学生的国际思维，提升了学生的国际交流能力。第二，打造优质课程资源。清华大学在学科建设中，打造特色学科，在校园内开设了“海外名师讲堂”，并将其纳入学生的选修课体系，通过多元化、多领域、多层次的海外名师选修课打造清华优质课程资源，加强学生的国际化培养水平。除此之外，为了培养学生的国际化综合素质，清华大学还广泛在本科、硕士教学中开设了上百门全英文授课课程，这些课程分布于数十个院系，为清华大学学生了解国际动态、提高英语交流水平提供了条件。第三，打造国际化的校园环境和氛围。清华大学自改革开放以来不断扩大留学生规模，留学生人数高达数千人，国别多达100多个，构建了一个充满国际化气息的校园。另外，清华大学每年举办数百次跨文化交流活动、数十次国际或地区性学术会议，确保清华大学学术文化与世界科持发展前沿时刻保持同步。第四，不断拓展海外实习项目，加强学生综合素质培养。清华大学十分注重为学生提供海外实习或留学机会，通过多样化的海外实习项目、国际竞赛项目以及国际夏令营项目、“优秀新生海外研修计划”“拔尖创新人才暑期实验室研修计划”“暑期课程”“实习拓展计划”等活动，全方位加强学生综合素质的培养。早在2010年，清华大学即实现了30%本科生在校期间具有海外经历的目标。第五，加强境外学习与交流，提高国际人才培养质量。清华大学与世界上数十个国家的近百所大学签订了学生校际交换协议，通过学生校际交换和公派研究生项目等，资助并支持学生到境外学习与交流，通过不同文化的学习与了解，培养学生的国际交流、国际适应能力，提高学生的综合学习水平。第六，突出本校优势项目，扩大境外学位教育。通过与世界名校签订合作协议，不断优化学生的国际化培养模式。例如，通过加强与哈佛、耶鲁、牛津、剑桥等高校合作，为清华大学优秀学子构建一条前往世界一流大学学习的道路，实现世界人才培养目标。

其三，面向国内迈出异地办学步伐。2019年3月29日，清华大学深圳国际研究生院正式揭牌成立，这是清华大学唯一的国内异地办学机构。清华大学深圳国际研究生院面向全球招揽师资和生源，实施开放式的国际化办学机制，以拔尖创新人才培养为目标，探索现代大学治理制度，将在深圳建设一批世界一流的交叉型工程学科群，以推动清华大学向世界一流大学和世界顶尖大学发展。

参考文献

[1] 许庆豫，葛学敏 . 国别高等教育研究 [M]. 徐州：中国矿业大学出版社，2004.

[2] 雷晓云 . 中国高等教育制度变迁及其文化透视 [M]. 武汉：华中科技大学出版社，2007.

[3] 黄福涛 . 外国高等教育史 [M]. 上海：上海教育出版社 ,2008.

[4] 曾羽 . 中国高等教育制度变迁及创新研究 [M]. 上海：复旦大学出版社，2015.

[5] 朱平 . 高等教育制度伦理研究 [M]. 北京：北京理工大学出版社，2011.

[6] 熊志翔 . 高等教育制度创新论 [M]. 广州：广东高等教育出版社，2002.

[7] 徐国兴 . 日本高等教育评价制度研究 [M]. 合肥：安徽教育出版社，2007.

[8] 陈爱娟 . 中国高等教育市场化模式选择与制度安排 [M]. 北京：中央文献出版社，2006.

[9] 吕卓超 . 走进高等教育的新世界 21 世纪中国现代教育制度创新研究 [M]. 西安：西安出版社，2002.

[10] 朱先奇等 . 制度创新与中国高等教育 [M]. 北京：中国社会出版社，2006.

[11] 吴雪 . 英国高等教育质量管理制度变迁研究 [M]. 福州：福建教育出版社，2013.

[12] 魏姝 . 政策中的制度逻辑美国高等教育政策的制度基础 [M]. 南京：南京大学出版社，2007.

[13] 陈厚丰 . 高等教育分类的理论逻辑与制度框架研究 [M]. 广州：广东高等教育出版社，2011.

[14] 苏慧雯 . 洪堡的大学科研观及其实践影响 [D]. 长沙：湖南师范大学，2015.

[15] 别敦荣 . 现代大学制度的演变与特征 [J]. 江苏高教，2017(5):1-8，14.

[16] 孔繁荣 . 柏林大学对世界高等教育的影响 [J]. 当代教育论坛（宏观教育研究），2007(12):157-158.

[17] 周凌 . 英国现代高等教育发展对我国“双一流”建设的启示 [J]. 中国高教研究，2017(11):86-92.

[18] 杜卫华 . 德国和奥地利高等教育管理模式改革研究 [M]. 天津：南开大学出版社，2018.

[19] 董宝良 . 中国近现代高等教育史 [M]. 武汉：华中科技大学出版社，2007.

[20] 王静修 . 中国高等教育现代化的构建与反思 [M]. 北京：知识产权出版社，2017.

[21] 闫智勇 . 中国高等教育治理体系现代化研究 [M]. 重庆：重庆大学出版社，2018.

[22] 朱艳 . 制度视角下中国高等教育结构研究 [D]. 大连：大连理工大学，2012.

[23] 姜超 . 大学教师发展制度创新研究 [D]. 上海：华东师范大学，2019.

[24] 黄杰 . 我国高等教育评估制度变迁研究 [D]. 南宁：广西师范大学，2010.

[25] 梁燕玲 . 刍论高等教育国际化背景下的中国高等教育创新 [J]. 理论导刊，2005(8):61-63.

[26] 余倩 . 共同治理视域下我国高校院系治理结构研究 [D]. 杭

州：浙江大学，2019.

[27] 张允春. 大学治理制度体系研究[D]. 济南：山东大学，2016.

[28] 蔡连玉，李海霏. 我国高校内部治理的制度变迁(1949-2018)：基于历史制度主义的分析[J]. 清华大学教育研究，2019,40(2):99-106.

[29] 刘印房. 地方本科高校校企协同创新机制构建研究[M]. 北京：科学技术文献出版社，2018.

[30] 张丰娟. 新形势下新建本科院校面临的机遇与挑战[J]. 船舶职业教育，2019,7(4):86-88.

[31] 黄志兵. 现代化进程中地方高校内部管理体制转型路径[J]. 宁波教育学院学报，2014,16(3):1-4，12.

[32] 张学武. 普通地方高校转型发展与制度创新[J]. 玉溪师范学院学报，2016,32(10):1-7.

[33] 周绍森. 中国地方高等教育研究[M]. 南昌：江西人民出版社，2002.

[34] 华玉，李兵，赵国英. 地方新建本科院校发展概论[M]. 北京：光明日报出版社，2009.

[35] 赵哲，宋丹. 高校教学制度建设的问题及消解途径[J]. 国内高等教育教学研究动态，2016(13)：26-29.

[36] 薛天祥. 高等教育学[M]. 桂林：广西师范大学出版社，2001.

[37] 徐斌. 探究高校教学管理者工作中的不足与改善措施[J]. 高考，2019(9).

[38] 孙霄兵，翟刚学. 中国教育法治的历史回顾与未来展望[J]. 课程·教材·教法，2017,37(5):4-14.

[39] 刘永林. 新中国成立70年来高等教育法治建设的回顾与展望[J]. 中国高教研究，2020(1):27-34.

[40] 湛中乐，靳澜涛. 新中国教育立法70年的回顾与展望[J]. 首都师范大学学报(社会科学版)，2019(5):1-9.

[41] 谭趁尤，刘静姿. “法治中国”背景下我国高校法治教育的演进与完善[J]. 柳州职业技术学院学报，2019,19(3):67-71.

[42] 郭俊 . 学生参与大学治理的权力研究 [D]. 武汉：华中科技大学 ,2016.

[43] 梁阳 . 我国高校学生权利保障研究 [D]. 乌鲁木齐：新疆大学 ,2019.

[44] 秦惠民 . 高等教育法治发展从制度性探索走向良法善治 [J]. 中国高等教育 ,2019(17):10-12.

[45] 李俊宏 . 民办高校依法治校模式创新探究 [J]. 法制博览 ,2020(3).

[46] 丁力玮 , 方艺华 . 海南民办高校办学自主权落实现状、阻碍与突破 [J]. 科技创业月刊 ,2019,32(1):131-133.

[47] 国务院法制办公室 . 中华人民共和国常用法律法规全书精装大字本 [M]. 北京：中国法制出版社 ,2016.

[48] 朱玺 . 基于大学章程对民办高校办学自主权的研究 [D]. 北京：北京邮电大学 ,2014.

[49] 付蕊 . 公立高校自主权之完善 [D]. 上海：上海师范大学 ,2018.

[50] 李睿 . 高等教育管理中政府放权问题研究 [D]. 济南：山东师范大学 ,2018.

[51] 周振飞 . 简政放权在广西民办高校管理中探索和研究 [J]. 中外企业家 ,2019(10):201-202.

[52] 吴海燕 . 我国民办高校发展中的政府角色定位研究 [D]. 上海：上海师范大学 ,2018.

[53] 徐铭勋 . 新时代推进大学依法治校研究—— 基于大学章程实施现状调查 [J]. 中国高校科技 ,2019(4):66-68.

[54] 相运利 , 彭俊 . 高校法律顾问在依法治校中的问题及对策 [J]. 法制与社会 ,2020(4):176-177.

[55] 黎武廷飞 . 中越高等教育质量保障的比较研究 [D]. 南京：南京师范大学 ,2018.

[56] 赵利堂 . 高等职业教育质量第三方评估研究 [D]. 重庆：西南大学 ,2018.

[57] 祝艳 . 关于高等教育质量保障问题的思考 [J]. 教育观

察，2018,7(7):13-15.

[58] 孟凡芹，曲鑫建．中国高等教育质量标准演变历程及反思[J]. 信阳师范学院学报(哲学社会科学版),2018,38(4):75-79.

[59] 狄凌芳．中国高等教育管理创新现状及公平理念、创新研究探析[J]. 智库时代，2018(32):282-283.

[60] 涂阳军．高等教育质量评价方法与案例[M]. 长沙：湖南大学出版社，2016.

[61] 廖浩然．我国高等教育质量管理的制度分析[D]. 长沙：湖南师范大学，2008.

[62] 周海涛，杜云英，刘丽．高等教育质量认证模式和院校审核模式[J]. 山东高等教育，2015(5).

[63] 王荣．高校人才选拔制度改革成就、问题与前瞻——基于考生视角[J]. 人才资源开发，2019(11):15-17.

[64] 吕柔子．"语数外 + 学考 3 门"模式对高校人才选拔和培养的影响[D]. 南宁：广西大学，2018.

[65] 翟居怀．我国人才选拔制度的历史探析[J]. 教育与职业，2008(2):49-51.

[66] 陈小红，孙志远．改革开放 40 年研究生招生选拔模式的变革与趋势[J]. 郑州师范教育，2019,8(1):8-13.

[67] 朱鹏宇，马永红，白丽新．新中国成立 70 年来研究生招生制度变迁逻辑：回顾与展望[J]. 中国高教研究，2019(11):27-33，82.

[68] 曾赛阳．我国研究生推免制度研究[D]. 南京：南京师范大学，2019.

[69]. 教育部在部分高校试点"强基计划"[J]. 中国民族教育，2020(2):6.

[70] 陈志文．"强基计划"不是自主招生的升级版[J]. 中国民族教育，2020(2):8.

[71] 叶彤．建国 70 年我国高校开放办学的回顾与展望[J]. 高教论坛，2019(11):118-124.

后　记

我国高等教育制度自19世纪60年代至90年代起，至今已经历了100多年的发展。中华人民共和国成立以来，我国高等教育制度经过不断摸索与发展，已在高等教育政府体制建设、高等教育大众化建设、高等教育质量建设以及高等教育综合效益等方面取得了一定的成果。然而，当前随着经济全球化与知识经济时代的到来，我国高等教育在政府治理制度、教育资源分配制度、教育质量建设等方面还存在着诸多不足。本书通过对我国高等教育制度的反思，从我国高等教育创新的基本条件和影响因素入手，确立了我国高等教育制度的创新目标。另外，从高等教育的外部制度和内部制度创新与实践入手，对当前我国高等教育制度的重构进行了阐释和分析。当前，我国高等教育制度创新还应从推动我国高校“双一流”建设战略出发，从高等教育理念、确保自主办学、实现民主管理、推动高校多样化建设、高校内部管理机制创新、建立产权清晰的高校投资体制、创建完善的后勤管理模式等方面，对我国高校制度进行了创新与重构。